Schwester Maria Euthymia
Ihr Leben – Ihre Seligsprechung –
Ihre Ausstrahlung

Herausgegeben im Auftrag
des Bistums Münster

Schwester Maria Euthymia

Ihr Leben · Ihre Seligsprechung · Ihre Ausstrahlung

Herausgegeben im Auftrag
des Bistums Münster

Aschendorff
Münster

dialogverlag

Redaktion: Hans-Josef Joest
Lektorat: Winfried Daut
Herstellung: Ralf Thier-Hinse

Copyright 2001
dialogverlag Münster / Aschendorffsche Verlagsbuchhandlung Münster

Druck: Druckhaus Aschendorff, Münster

dialogverlag Münster ISBN 3-933144-45-0

Aschendorffsche Verlagsbuchhandlung Münster ISBN 3-402-05349-7

Zum Geleit

Schwester Euthymia gab dem Glauben ein Gesicht

Wort zur Fastenzeit 2001 von Bischof Reinhard Lettmann

Liebe Schwestern und Brüder!

Papst Johannes Paul II. wird Schwester Maria Euthymia Üffing selig sprechen.

1. Wer ist Schwester Maria Euthymia?

Emma Üffing wurde 1914 in Halverde in unserem Bistum geboren. Sie wuchs im Kreise einer gläubigen Familie in dörflicher Umgebung auf. 1934 trat sie in den Orden der Clemensschwestern in Münster ein und bekam den Namen Euthymia. Sie erlernte die Krankenpflege und war zwölf Jahre im St.-Vinzenz-Hospital in Dinslaken tätig.

1943 wurde Schwester Euthymia die Pflege der kranken Kriegsgefangenen und Fremdarbeiter anvertraut. Sie sah in ihnen nicht Feinde und Fremde, sondern Menschen, die Hilfe brauchten. So widmete sie sich ihrer Betreuung mit unermüdlicher Sorge und Herzlichkeit. Durch ihre menschliche Zuneigung und Nähe vermittelte sie ihnen Geborgenheit. Sie betete mit den Kranken und trug Sorge, dass sie die hl. Sakramente empfangen konnten. Man nannte sie den »Engel von St. Barbara« und »Mama Euthymia«.

1948 übernahm Schwester Euthymia die Leitung der großen Wäscherei im Mutterhaus der Clemensschwestern und der Raphaelsklinik in Münster. Es fiel ihr nicht leicht, in das Waschhaus zu gehen, da sie mit Leib und Seele den unmittelbaren Dienst an den Kranken liebte. Der Orden hoffte jedoch, mit ihr eine umsichtige Leiterin der Wäscherei gefunden zu haben. Trotz der Überfülle der Arbeit blieb Schwester Euthymia die freundliche und immer hilfsbereite Schwester, die für jeden und jede ein freundliches Lächeln und ein gutes Wort hatte, und allen, die sie um Hilfe baten, half.

Schwester Euthymia liebte es, in ihrer freien Zeit in der Kapelle oder später in Münster in der St. Servatiikirche zu beten. Viele, die sie kannten und darum wussten, baten sie um ihr fürbittendes Gebet.

Ein schweres Krebsleiden führte zu ihrem frühen Tod. Nach schmerzlichem Krankenlager starb sie am Morgen des 9. September 1955. Unmittelbar nach ihrem Tod begannen Menschen, die Fürbitte Schwester Euthymias anzurufen. So ist es bis heute geblieben. Ungezählte Briefe zeigen, dass Menschen in allen Anliegen bei Schwester Euthymia Hilfe suchen: in Krankheiten, bei Unfällen, in Glaubenskrisen, in Arbeitslosigkeit, Verzweiflung, Einsamkeit und Lebensangst. Zahlreiche Briefe geben der Überzeugung Ausdruck, dass sie auf die Fürbitte von Schwester Euthymia in ihren Anliegen Hilfe erfahren haben. Die Verehrung Schwester Euthymias ist weit über Deutschland hinaus verbreitet. Ihre Biographie ist in mehreren Weltsprachen erschienen. Ihr Grab auf dem Zentralfriedhof in Münster ist ständig mit Kerzen und Lichtern, mit Blumen und Kränzen geschmückt. Zahlreiche Votivtafeln bringen den Dank der Menschen zum Ausdruck.

2. Wir freuen uns, dass der Heilige Vater Schwester Euthymia selig sprechen wird. Was bedeutet Seligsprechung?

Die Kirche ist nicht in erster Linie Institution und Organisation. Sie ist die Gemeinschaft derer, die durch Glaube und Taufe zu Christus gehören und in seinem Geist miteinander verbunden sind. Weil Gottes hl. Geist sie eint, nennen wir sie die Gemeinschaft der Heiligen. Diese Gemeinschaft endet nicht mit dem Tod. Wir glauben an die bleibende Gemeinschaft mit den vielen, die auf dem Weg Jesu gegangen sind und die ihr ewiges Ziel bei Gott erreicht haben.

Seit frühester Zeit hat die Kirche bestimmte Christen als Heilige verehrt in der gläubigen Überzeugung, dass sie endgültig bei Gott sind. Heilige sind Menschen wie wir. In ihnen wird sichtbar, dass der christliche Glaube nicht eine abstrakte Idee, sondern gelebte Wirklichkeit ist. Sie haben Wege gewiesen, wie ein Christ in der Gnade Gottes zur Fülle des Lebens gelangen kann. Sie machen uns Mut, uns auf den Weg Jesu einzulassen. Dabei rufen wir ihre Fürbitte an in dem gläubigen Bewusstsein, dass das fürbittende Gebet der Schwestern und Brüder, die ihr Ziel bei Gott erreicht haben, von besonderer Bedeutung ist.

Wenn der Papst im Namen der Kirche einen Menschen selig oder heilig spricht, bedeutet das: Wir sind im Glauben davon überzeugt, dass er sein ewiges Ziel bei Gott erreicht hat und uns Vorbild christlichen Lebens sein kann.

Was ist der Unterschied zwischen Selig- und Heiligsprechung? Die Seligsprechung stellt einen Menschen als Bild und Beispiel für die Kirche eines Landes oder eines Bistums oder auch für eine bestimmte Gemeinschaft heraus. Die Heiligsprechung dehnt diese Verehrung auf die ganze Weltkirche aus.

3. Was kann uns Schwester Euthymia sagen?

Schwester Euthymia ist eine von uns. Das zeigt ihr Leben, aber auch ihr Grab. Sie ruht auf dem Zentralfriedhof in Münster mitten unter vielen Schwestern und vielen unserer Verstorbenen. Wir sind davon überzeugt, dass sie auch in der Seligkeit des Himmels eine von uns bleibt.

»Alles für den großen Gott«, dieser Titel einer Würdigung des Lebens von Schwester Euthymia nimmt ein Wort auf, das sie häufig wiederholte und das die innere Ausrichtung ihres Lebens bestimmte. »Ich diente, und mein Lohn ist Frieden«, ist der Titel einer Lebensbeschreibung. »Treu im Kleinen«: Unter diesem Titel steht eine Videodokumentation ihres Lebens und Wirkens.

Schwester Euthymia hat unserem christlichen Glauben Gesicht gegeben. Im Gebet und Gottesdienst hat sie ihr Gesicht dem Herrn zugewandt. Güte und Menschenfreundlichkeit, die auf dem Antlitz Jesu aufgeleuchtet sind, prägen auch ihr Gesicht. Schwester Euthymia ist eine Frau mit Herz. Sie begegnet den Menschen mit einer schlichten Herzlichkeit und Güte. Menschlichkeit, Güte, Herzlichkeit: Davon lebt unsere Welt. Darin kann Schwester Euthymia uns Vorbild sein.

Schwester Euthymia ist eine Frau des Alltags. Sie hat in ihrem Leben keine großen Schlagzeilen gemacht. Ihre Treue im Alltag kann auch uns Beispiel sein. Von Schwester Euthymia können wir lernen, im Alltag als Christen zu leben und dem Glauben Gesicht zu geben. Wir bitten sie, dass sie uns mit ihrer Fürbitte dabei begleite.

In der Vorfreude auf die Seligsprechung grüße ich Sie alle

✝ *Reinhard Lettmann*

Bischof von Münster

1.
Die Feiern in Rom

Mutter Kirche ehrt »Mama Euthymia«
Die Seligsprechung am 7. Oktober 2001 auf dem Petersplatz

*»Der Herr soll mich brauchen,
ein Sonnenstrahl zu sein,
der alle Tage leuchtet.«*
Schwester Maria Euthymia

Strahlend blauer Himmel auf dem Petersplatz, ein goldener Oktober-Sonntag in Rom.
Um 10.33 Uhr spricht Papst Johannes Paul II.
unter dem Altarbaldachin die »Formula di
beatificazione«, die dem Bistum Münster die
Clemensschwester Maria Euthymia als neue
Selige schenkt, sie den Gläubigen als Fürbitterin empfiehlt, ihre Anrufung im Hochgebet
der Eucharistie gestattet und ihren Todestag
am 9. September als Gedenktag festlegt.
Langsam hebt sich der beige Sichtschutz auf
dem Gobelin an der Fassade des Petersdoms
und gibt den Blick frei auf das Gemälde von
Leonhard Klosa aus dem oldenburgischen

Garrel: Schwester Euthymia lächelt vor einem
blauen Himmel. Sieben Gobelins bilden den
unverwechselbaren Hintergrund der feierlichen Papstmesse. Sieben beispielhafte
Christinnen und Christen haben 40 000 Pilger auf den Petersplatz geführt. Nun spenden
die Menschen den Vorbildern an der Fassade
des Petersdoms respektvollen Beifall.
Sieben Seligsprechungen – ihre Reihenfolge
beschreibt zugleich eine kirchliche Rangfolge,
wie sie aus der Heiligen-Litanei vertraut ist:
Der armenische Märtyrerbischof Ignazio Ma-
loyan (1869 bis 1915) führt die Reihe an, der
Märtyrer Nikolaus Groß (1898 bis 1945)
folgt. Die Italiener dürfen gleich drei neue Selige bejubeln: den Priester und Ordensgründer Alfonso Maria Fusco (1839 bis 1910) und
den Geistlichen und Ordensgründer Tomma-
so Maria Fusco (1831 bis 1891) sowie die Or-

densfrau Eugenia Picco (1867 bis 1921). Im vatikanischen Protokoll lässt die einfache Schwester Picco allerdings der kanadischen Ordensgründerin Emilie Tavernier Gamelin (1800 bis 1851) den Vortritt.

Schwester Maria Euthymia Üffing (1914 bis 1955) ist die letzte in der Reihe – das dürfte ihr gefallen haben! Vom Gobelin bedankt sie sich unverwechselbar: als einzige in der Porträtreihe zeigt sie ein Lächeln. Kein Wunder also, dass der münsterische Beifall dem der italienischen Pilger mindestens ebenbürtig ist.

Bischof Reinhard Lettmann hat diese Begeisterung gesteigert. In souveräner Auslegung zeremonieller Zwänge hat er bei der Vorstellung von Schwester Euthymia die rote Kladde mit dem vorgefertigten Text geschlossen gelassen und als einziger der vortragenden Bischöfe frei gesprochen. »Sie haben uns das schöne Wort ›Zivilisation der Liebe‹ geschenkt«, spricht Bischof Lettmann den Heiligen Vater direkt an, »dafür steht Schwester Euthymia. Und wir danken Ihnen, dass Sie sie uns als Begleiterin in das neue Jahrtausend hinein schenken.«

Beim Begegnungstreffen der Pilger am Vorabend in der Audienzhalle hat der Bischof sein persönliches Verhältnis zur neuen Seligen beschrieben, so froh und unkompliziert, wie er jetzt auf der Altarinsel offenbar allein mit dem Papst spricht. Am Vorabend verwies er darauf, dass er selbst in dem langwierigen Seligsprechungsprozess Anfang der siebziger Jahre Vizepostulator gewesen sei. Mit einem Lächeln in den Augenwinkeln beschrieb Bischof Lettmann seine damalige Stimmungslage: »Schwester Euthymia, wenn wir etwas für deinen Seligsprechungsprozess tun, dann kannst du auch etwas für uns tun.«

Nur kurze 41 Jahre hat Schwester Euthymia gelebt, aber lange 41 Jahre hat ihr Seligsprechungsprozess gedauert. Und doch ist sie die jüngste unter den sieben neuen Seligen.

Die Mühen des Seligsprechungsprozesses sind an diesem Sonntagmorgen vergessen.

Nach dem Kyrie stellten die Ortsbischöfe dem Papst die künftigen Seligen vor. Bischof Lettmann war der letzte in der Reihe der (stehenden) Bischöfe.

Bereits zwei Stunden vor Beginn der Eucharistie strömen 3500 münsterische Pilger auf den Petersplatz. Geduldig ertragen sie strenge Sicherheitskontrollen, öffnen Handtaschen, lassen sich mit Metalldetektoren abtasten.

Wer an der festlichen Liturgie mitwirken darf, empfindet dies als persönliche Auszeichnung: ob die Messdiener aus Halverde, der Freckenhorster Kinder- und Jugendchor, der Mädchen- und Frauenchor Emsdetten, der Domchor Münster und das Santini-Bläserensemble unter Leitung von Professor Heinz-Gert Freimuth, die Mitzelebranten Peter van Briel und Hugo Goeke aus Halverde oder Bernhard Kösters aus Dinslaken.

Die münsterischen Pilger, an sonnengelben Schals und Schildkappen klar zu erkennen, haben ihren Bistumspatron vor sich, die acht Meter hohe Statue des heiligen Paulus. Hinter der mächtigen Figur hängt der Gobelin mit dem noch verhüllten Porträt von Schwester Euthymia. Die künftige Selige und den Bistumsheiligen verbindet das Paulus-Wort:

»Das Schwache in der Welt hat Gott erwählt, um das Starke zuschanden zu machen« (1 Kor 27).

Während die künftigen Seligen in Briefen und Dokumenten vorgestellt werden, nehmen hochrangige Vertreter der deutschen Kirche ihre Plätze auf der Altarinsel ein: Kurienkardinal Joseph Ratzinger, Kardinal Karl Lehmann, Kardinal Joachim Meisner, Kardinal Friedrich Wetter, Kardinal Paul Mayer OSB, Kurienkardinal Walter Kasper . . . Die gleichzeitig in Rom stattfindende Weltbischofssynode wertet die Gästeliste von Schwester Euthymia und Nikolaus Groß auf.

Obwohl der Papst bereits vor zehn Uhr die Altarinsel betritt, wird die festliche Liturgie über die Angelus-Zeit hinausdauern. Die eigentliche Seligsprechung erfolgt zwischen dem Kyrie und dem Gloria. Für die Ortsbischöfe aus Armenien, Italien, Kanada und Deutschland bittet der armenische Patriarch Boutros Marayati um die Seligsprechung der sieben vorbildlichen Christinnen und

Logenplätze auf dem Petersplatz für die Pilgerinnen und Pilger aus dem Bistum Münster. Entsprechend groß fiel die Begeisterung aus.

Christen. Dann stellen die Ortsbischöfe sie einzeln vor, Bischof Lettmann setzt den Schlussakkord.

Jedem Bischof zur Seite steht eine im Seligsprechungsprozess wichtige Persönlichkeit, für Münster ist es der Vizepostulator, Offizial Martin Hülskamp. Für seinen früheren Mitarbeiter im Staatssekretariat des Vatikans nimmt sich der Papst extra einen Moment Zeit zum persönlichen Austausch.

Mit der Seligsprechungsformel erteilt der Papst die Erlaubnis zum »cultus publicus«, also zur öffentlichen Anrufung als Fürbittende bei Gott. Das »Halleluja« der Chöre drückt die Freude auf dem Petersplatz musikalisch aus. Bei der Reliquienprozession treten die Generaloberin der Clemensschwestern, Schwester Pacis Helleberg, und Schwester Raphaelis Banniza mit Josef Üffing aus Halverde vor den Papst. Der Landwirt und Neffe von Schwester Euthymia trägt das Reliquiar.

Wie er erleben auch Angehörige von Nikolaus Groß unvergessliche Stunden: Für Bernhard Groß, den jüngsten Sohn des neuen Seligen,

hat sich ein Herzenswunsch erfüllt – als Diakon steht er am Papstaltar. Thomas Groß, ein Enkel des ersten Seligen im Bistum Essen, spricht die erste Lesung.

Das Evangelium wird im armenischen Ritus vorgetragen, umrahmt von Halleluja-Rufen, Weihrauchduft und Schellenklang: ein tief bewegendes Erlebnis weltkirchlichen Reichtums in der Liturgie.

Im Predigt-Abschnitt über Nikolaus Groß und Schwester Euthymia wendet der Papst den Blick zurück in die Kriegszeit, die er selbst als dunkle Episode durchlitten hat. Nicht einmal das »innige Band zu seiner eigenen Familie« habe es Nikolaus Groß erlaubt, »sich vom Bekenntnis zu Christus und seiner Kirche zurückzuziehen«. Und Schwester Euthymia habe ohne Ansehen der Person selbstlos geholfen nach dem Motto: »Der Herr soll mich brauchen, ein Sonnenstrahl zu sein, der alle Tage leuchtet.«

Die auf Schwester Euthymia bezogene Fürbitte blendet in die schreckliche Kriegszeit zurück und erweist sich schon wenige Stunden später als aktuell: »In der Bescheidenheit, mit

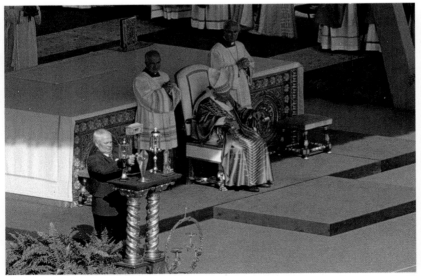

Josef Üffing aus Halverde, Neffe von Schwester Euthymia, brachte eine Reliquie der Seligen zum Altar. Schwester Margret Trepmann, die Generalassistentin der Clemensschwestern, übergab dem Papst eine Bronze-Statue.

der Schwester Euthymia als Ordensfrau den Menschen diente, hat sie gezeigt, dass sich vom Glauben und vom Evangelium her ein Leben inspirieren lässt, das die Kraft hat, die Welt zu verändern. Wir bitten Schwester Euthymia, dass sie den Völkern, die noch heute zerrissen werden von Spaltung, Hass und Krieg, den ersehnten Frieden bringe.« Ebenso zeitgemäß fällt die an das Wirken von Nikolaus Groß erinnernde Fürbitte aus, sich gegen jeden Rassismus zu stemmen.

Bei der Gabenprozession überbringt Regina Üffing, die Ehefrau von Josef Üffing, dem Papst eine große Kerze. Schwester Margret Trepmann, die Generalassistentin der Clemensschwestern, schenkt Johannes Paul II. eine Bronze-Statue der neuen Seligen, von der 90-jährigen Künstlerin Hilde Schürk-Frisch trotz schwerer Krankheit gestaltet.

Vor dem Apostolischen Segen wendet sich der Papst direkt an die Menge auf dem Petersplatz: »Herzlich grüße ich alle Pilgerinnen und Pilger aus den Bistümern Münster und Essen. Das Beispiel der beiden Seligen schenke Euch Kraft und Hoffnung, um Gott und den Menschen in Eurem Alltag zu dienen.« Als das Papa-Mobil nach der Eucharistie und dem Angelus an der Menge vorbeifährt, liegt der Petersplatz in der gleißenden Mittagssonne, am Himmel ist kein Wölkchen zu sehen – anders auf dem Gobelin der seligen Schwester Euthymia. Nicht alle Tage ist Sonntag in Rom, daheim erwartet manche Pilger ein Alltag mit Sorgen. Daran mag noch niemand denken. Im lebhaften Gespräch lassen die Reisenden aus dem Bistum Münster auf dem Petersplatz das Ereignis nachklingen – eine frohe Christengemeinschaft im offenen Rund der Kolonnaden.

Als Gestaltungsidee soll der Erbauer Bernini bei diesem einmaligen Säulengang die ausgebreiteten Arme der »Mutter Kirche« vor Augen gehabt haben. Jetzt lächelt von der prächtigen Fassade der Zentralkirche der katholischen Christenheit das Bild einer gütigen Frau aus Halverde, der schwerkranke Zwangsarbeiter und Kriegsgefangene dankbar den Ehrentitel »Mama Euthymia« gaben.

HANS-JOSEF JOEST

Regina Üffing, die Ehefrau von Josef Üffing, schenkte dem Papst eine große Kerze mit dem Bild von Schwester Euthymia.

»Zivilisation der Liebe« gelebt

Bischof Reinhard Lettmann stellte in der Eucharistie Schwester Euthymia vor

In der Vorbereitung auf das Jubiläumsjahr 2000 haben Sie, Heiliger Vater, uns das gute Wort geschenkt: »Jesus Christus, das menschliche Gesicht Gottes.«

In Ihrem programmatischen Weltrundschreiben zum Beginn des neuen Jahrtausends laden Sie uns ein, dem Glauben Gesicht zu geben: das Gesicht Jesu Christi; das Gesicht, geprägt von Menschlichkeit und Güte. Das hat Schwester Euthymia Üffing getan.

Geboren zu Beginn des vergangenen Jahrhunderts in Halverde, aufgewachsen in einer frommen Familie, folgte sie dem Ruf Gottes, einzutreten in den Orden der Clemensschwestern. Viele der Angehörigen und Schwestern, die sie gekannt haben, sind heute bei uns.

Stationen ihres Lebens waren das Krankenhaus in Dinslaken und das Mutterhaus in Münster. Getragen von der Kraft des Gebetes strahlte sie Menschlichkeit, Herzlichkeit und Güte aus.

Ein Beispiel: In der schweren Zeit des Nationalsozialismus und des Krieges pflegte sie mit hingebender Liebe die Kriegsgefangenen aus der Ukraine, aus Polen, aus Russland, ebenso Franzosen und Engländer. Sie sah in den jungen Menschen nicht den Gegner und Feind, sondern den Menschen, der Hilfe braucht.

An manchem Sterbebett hat Schwester Euthymia nachts gestanden und den kranken Männern die Hand festgehalten, damit sie nicht ganz allein, einsam, fern der Ehefrau, fern ihrer Mutter und fern ihren Kindern sterben mussten. Manch einer hat von ihr gesagt: »Sie war so gut zu uns wie eine Mutter.« Menschlichkeit, Herzlichkeit und Güte, davon leben die Menschen auch heute, im neuen Jahrtausend. Sie haben uns das schöne Wort »Zivilisation der Liebe« geschenkt. Dafür steht Schwester Euthymia, und wir danken Ihnen, dass Sie sie uns als Begleiterin in das neue Jahrtausend hinein schenken.

Eine Begegnung voller Herzlichkeit zwischen Papst Johannes Paul II. und Bischof Reinhard Lettmann.

Zwei Selige aus dunkler Zeit

Aus der Predigt des Papstes über Schwester Euthymia und Nikolaus Groß

Die beiden neuen Seligen aus Deutschland führen uns in eine dunkle Zeit des 20. Jahrhunderts. Unser Blick richtet sich auf den seligen Nikolaus Groß, den Journalisten und Familienvater. Mit Scharfsinn erkannte er, dass sich die nationalsozialistische Ideologie nicht mit dem christlichen Glauben verbinden lässt. Mutig griff er zur Feder, um ein Plädoyer für die Würde des Menschen abzulegen.

Nikolaus Groß hat seine Frau und Kinder sehr geliebt. Aber nicht einmal das innige Band zu seiner eigenen Familie erlaubte es ihm, sich vom Bekenntnis zu Christus und seiner Kirche zurückzuziehen. Ihm war klar: »Wenn wir heute nicht unser Leben einsetzen, wie wollen wir dann vor Gott und unserem Volk einmal bestehen.« Für diese Überzeugung musste er an den Galgen, doch dafür öffnete sich ihm der Himmel. Im seligen Märtyrer Nikolaus Groß verwirklicht sich, was der Prophet uns vorausgesagt hat: »Der Gerechte bleibt wegen seiner Treue am Leben« (Hab 1,4).

Ein Zeugnis ganz anderer Art hat die selige Schwester Euthymia abgelegt. Unermüdlich hat sich die Clemensschwester in der Pflege der Kranken, besonders der Kriegsgefangenen und Fremdarbeiter, eingesetzt. Daher nannte man sie auch »Mama Euthymia«.

Nach dem Krieg musste sie von der Krankenpflege in die Wäscherei wechseln. Sie hätte viel lieber Menschen als Maschinen bedient. Trotzdem blieb sie die einfühlsame Schwester, die für jeden ein freundliches Lächeln und ein gutes Wort hatte.

Ihr Vorsatz lautete: »Der Herr soll mich brauchen, ein Sonnenstrahl zu sein, der alle Tage leuchtet.«

Die Ordensfrau lebte nach dem Motto: Was immer wir tun, wir sind nur »unwürdige Diener. Wir haben nur unsere Schuldigkeit getan« (Lk 17,10). In der Treue im Kleinen liegt ihre Größe.

Der Papst grüßt die Pilger.

Die neuen »Vorzeige-Christen«

Ihre öffentliche Würdigung

Sieben Gobelins am Petersdom mit den Porträts der sieben »Vorzeige-Christen«.

Das Heraufziehen der Gobelins an der Fassade ist Schwerarbeit und erfordert großes Geschick.

Hinter der mächtigen Statue des heiligen Paulus, des Bistumspatrons, lächelt die neue Selige den münsterischen Pilgern zu. Im Vordergrund ist der Papst auf einer Videowand zu sehen.

Auf diesen Moment haben Euthymia-Verehrer lange gewartet.

Etwas Seliges, das unser Herz erreichte

Über die Seligsprechung meiner Großtante

Wir schauen aus dem kleinen Fensteroval unseres Flugzeugs. Strahlend blauer Himmel über den Wolken, weit unter uns die Alpen. Zusammen mit über 200 Clemensschwestern, der Ordens- und Bistumsleitung und weiteren 100 Pilgern sind wir an diesem Freitagvormittag auf dem Weg nach Rom. Eine fröhliche, aufgeregte Stimmung.

Mein Mann und ich haben Plätze im vorderen Teil des Flugzeugs. Immer wieder geht unser Blick aus dem Fenster – wir genießen das Licht, den Platz an der Sonne. Und so sind wir uns sicher, dass dieser Raum hier oben, diese Augenblicke zwischen Himmel und Erde, ein passendes Bild für Euthymias Weg zur Seligsprechung sind – ein Leben berührt von Himmel und Erde. Kurz nach zwölf Uhr landen wir in Rom. Es ist warm, sehr warm, als wir aus dem Flieger steigen. Später am Kofferband beginnt die Suche nach den Gepäckstücken, anschließend finden sich die Busgruppen zusammen. Wir sammeln uns um das Schild mit der Nummer sieben.

In den folgenden Tagen erzählt uns unsere Stadtführerin Madalena vieles über die Facetten und Chroniken der Weltstadt Rom. Wir betreten Orte der ersten urkirchlichen Bewegungen, besuchen die Vatikanischen Museen, einige fahren zudem in die Albaner Berge. Jeden Tag treffen wir uns mit den anderen Pilgergruppen. Wir erleben einige große gottesdienstliche Feiern miteinander. Dazu versammeln wir uns in den großen alten Stadtkirchen oder auf dem Petersplatz. Am Sonntag dann der feierliche Akt der Seligsprechung. Die Sonne scheint, ein wahrer Sonntag. Schon früh sind alle Pilger unterwegs. Viele treffen sich hier, freudiges Begrüßen, Händeschütteln, Umarmen. Alle sind in Erwartung. Noch zwei Stunden bis zum Beginn.

An den Einlasspforten finden Taschenkontrollen statt. Jeder spürt das Sicherheitsbemühen vor Ort. Die angespannte weltpolitische Lage ist auch in diesem weltkirchlichen Herzstück präsent. Als später plötzlich ein Flugzeug über den Petersplatz zieht, gehen für einen kurzen Moment viele Blicke zum Himmel. Dann entschwindet die Maschine aus unseren Augen . . .

Die Feierlichkeiten beginnen gegen 10 Uhr. Als der Papst den Altarbereich betritt, wird

Margarete Heitkönig-Wilp erlebte die Seligsprechung ihrer Großtante mit.

er laut begrüßt. Sieben Selige werden an diesem Morgen benannt. Ihre Porträts werden enthüllt und sind weithin sichtbar. Als letztes erscheint das Bild von Schwester Euthymia. Sie lächelt uns zu, vielleicht schmunzelt sie auch darüber, dass wir alle nach Rom gekommen sind, allein ihretwegen. Zufriedenheit ist in ihrem Gesicht zu sehen. Und so schauen alle, die sich auf den Weg nach Rom gemacht haben, ebenfalls zur ihr hinüber und spüren ebenfalls diesen Frieden.

So feiern wir die Liturgie miteinander. Der weite weltkirchliche Kontext unserer Gesamtkirche ist ebenso spürbar. Worte und Gesänge erheben unser inneres Erleben. Dazu die Sonne, die mit ihrer großen Kraft zu spüren ist. Wahrhaft Sonnenkinder sind wir an diesem Tag, ganz durchsonnt, durchwärmt. Etwas zwischen Himmel und Erde begegnet uns an diesem Morgen. Etwas Seliges, das unsere Herzen erreichte. Irgendwie etwas Neues.

In den folgenden Tagen erzählen wir uns immer wieder von diesem Ereignis. Innerhalb unserer Gruppe werden alle vertrauter und offener miteinander. Fast den ganzen Tag sind wir zusammen, singen und lachen. Ein recht buntes Klübchen: Junge und Ältere, Paare und Alleinlebende, Ordensfrauen und »Normalpilger«, aus Ost- und Westdeutschland. Nach und nach erfahren wir voneinander, wo unsere Lebens- und Arbeitsorte sind, was unser Leben trägt.

Als wir am vorletzten Abend mit dem Bus aus der Stadt zurückkommen, begleitet uns die untergehende Sonne. Eine Ordensfrau beginnt mit dem Lied der »Caprifischer«. »Das ist unsere Vesper heute«, sagt sie lachend und alle stimmen singend mit ein. So kommen wir gut gelaunt zu unseren Gästehäusern »Domus Pacis« und »Regina Pacis«. Später nach dem Abendessen wird weitergesungen. Das Liedgut wechselt augenscheinlich mit den Getränken. Unbekannte und vertraute Wein-, Weib-, Jagd- und Schützenfestlieder sind an unserer langen Tafel zu hören. Zwischendurch erscheint der Koch im Gastraum und ist beeindruckt von unserer umfangreichen musikalischen Abendgestaltung.

Ins Herz geschlossen haben wir in den Tagen auch unsere Gastgeberinnen. Es sind Salesianerschwestern, die uns in ihrem Gästehaus zuvorkommend betreuen. Geordnete Schuhreihen begrüßen uns jeden Abend in unserem Zimmer. Sogar das Frühstück hat ein festgelegtes Ritual. Die Schwestern bedienen uns am Tisch. Sie servieren Milch, Tee und Kaffee in Kannen und umsorgen uns mit liebevoller Akribie. Die Selbstbedienung am Serviertisch wird freundlich unterbunden. So heißt es bald: »Warte lieber bis Schwester Latte (Milch) kommt.« Die anderen beiden Ordensfrauen nennen wir gemäß ihrer aufmerksamen Getränkeversorgung – allerdings nur inoffiziell – Schwester Thé und Schwester Café.

Als wir am Donnerstagnachmittag zum Flughafen fahren, um uns auf den Rückflug zu begeben, ist die größte Gruppe der Bistumspilger bereits schon auf den Rückweg. Die Buspilger aus meinem Heimatdorf Halverde sind schon fast daheim und die Gruppe aus unserer Pfarrgemeinde Emsdetten/Hembergen ebenfalls. Die Erfahrung, dass man in einer fremden Großstadt soviel vertraute Gesichter entdeckt, bleibt eng mit den eigenen Rombildern verbunden.

Ein recht buntes Kirchenvölkchen war nach Rom gepilgert, das sich nun wieder auf den Weg nach Hause machte. Zurück in die Familien, Haushalte, an die Lebens- und Arbeitsorte. Als wir zurückfahren, ist das Euthymia-Bild an der Fassade des Petersdoms bereits entfernt. Bald wird es in Münster hängen, in den neueingerichteten Räumen des Euthymia-Zentrums am Kloster der Clemensschwestern. Wir fliegen zurück und nehmen innerlich dieses Bild jetzt schon mit. Ein wunderschöner Sonnenuntergang begleitet unseren Rückflug. Morgen irgendwie neu beginnen . . .

MARGARETE HEITKÖNIG-WILP

Das feierliche Pontifikalamt

Auf dem Petersplatz

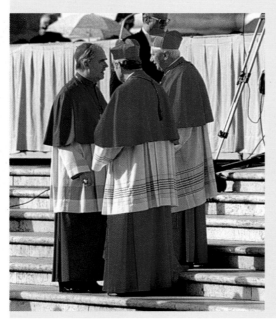

Eine kurze Begrüßung auf der Altarinsel: Kurien-Erzbischof Paul Josef Cordes im Gespräch mit Kardinal Joachim Meisner und Kurien-Kardinal Joseph Ratzinger (links). Mit dem großen Einzug begann das Pontifikalamt (oben). Bernhard Groß, jüngster Sohn von Nikolaus Groß, wirkte im Gottesdienst zur Seligsprechung seines Vaters als Diakon mit. So brachte er den Kelch für den Heiligen Vater zum Altar (rechts Seite, links oben). Bischof Reinhard Lettmann und der Essener Bischof Hubert Luthe beim Friedensgruß, im Hintergrund das Euthymia-Reliquiar (rechte Seite, oben rechts). Den weltkirchlichen Reichtum in der Liturgie veranschaulichte die Lesung des Evangeliums im armenischen Ritus, umrahmt von Halleluja-Rufen, Weihrauchduft und Schellenklang (rechte Seite unten).

Stolz auf Vater – und auf Mutter

Über die Seligsprechung des eigenen Vaters

In seinem unmittelbar vor seiner Verhaftung verfassten Buch »Sieben um einen Tisch« beschreibt Nikolaus Groß im Blick auf seine sieben Kinder die Zahl sieben als seine Lieblingszahl. Er sieht sie allerdings mit ihrem Stand und dem angewinkelten Querbalken in prophetischer Weise in die Nähe eines Galgens gerückt. Er beschließt sein Buch mit dem Wunsch: »Wollte Gott, dass uns die herzinnige Gemeinschaft mit den Sieben ohne große Opfer, ohne Opfer an Leib und Leben erhalten bleibe.«

Nikolaus Groß überlebte als Einziger seiner Familie nicht. Er starb am 23. Januar 1945 am Galgen von Berlin-Plötzensee.

Am 7. Oktober 2001 hat ihn der Papst als Märtyrer selig gesprochen. Damit endete der kürzeste Seligsprechungsprozeß in der 2000-jährigen Geschichte der Kirche. So betonte es der Postulator des römischen Prozesses, Dr. Andrea Ambrosi, auf dem Begegnungs-abend.

Mir ist kein vergleichbarer Fall bekannt, dass Kinder die Seligsprechung des eigenen Vaters erleben konnten, zumal die zur Ehre der Altäre gelangten Laien auch heute noch leicht an einer Hand abzählbar sind. Umso mehr ist es dem Heiligen Vater zu danken, dass er mit der Seligsprechung dieses Laien ein deutliches Hoffnungszeichen in die Kirche unserer Zeit gesetzt hat. Er hat damit deutlich gemacht, dass beispielhafte Nachfolge Christi nicht an einen bestimmten Beruf gebunden ist, sondern dass der Ruf zu einem heiligmäßigen Leben – auch bis zur Hingabe des Lebens um des Glaubens willen – zu allen Zeiten Menschen in völlig unterschiedlichen Lebenssituationen sowie beruflichen und gesellschaftlichen Stellungen trifft.

Im Blick auf Sr. Euthymia und Nikolaus Groß sagte der Papst: »Diese Vorzeigechristen sind ein Aushängeschild für Eure Diözesen, darauf dürft Ihr stolz sein.«

Eigentlich zählt Stolz nicht gerade zu den herausragenden christlichen Tugenden, aber auf Weisung des Heiligen Vaters will ich mir dieses Empfinden gern erlauben und es auch allen zeigen.

Natürlich bin ich stolz auf meinen Vater, aber gleichermaßen auch auf meine Mutter. An sie habe ich während des Gottesdienstes in Rom besonders intensiv gedacht. Ein seliger Familienvater macht schließlich ohne seine Frau keinen Sinn.

Unsere Mutter hat alles in tiefer Glaubens- und Gebetsgemeinschaft mitgetragen. Sie hat alles mitgetragen, was unser Vater zu tragen hatte. Darum muss nun auch alles getan werden, um ihre Lebensleistung nicht in Ver-

Bernhard Groß mit einem Brief seines Vaters, den das Bistum Essen dem Papst schenkte.

gessenheit geraten zu lassen. Wenn ich beschreiben sollte, welche Empfindungen mich bewegten, als der Papst Nikolaus Groß als Seligen verkündete und das Tuch über seinem Bild hochgezogen wurde, spüre ich, dass unsere Sprache hierfür nicht die richtigen Worte bereit hält.

Es war ein im wahrsten Wortsinn »unbeschreibliches« Gefühl, das sich noch verstärkte, als sein Name zum ersten Mal im Hochgebet genannt wurde.

In den letzten 50 Jahren haben meine Geschwister und ich alles mit anderen Menschen teilen und ihnen mitteilen müssen, was ursprünglich doch nur für unsere Augen und Ohren und für die unserer Mutter bestimmt war. Wir haben seine intimsten Gedanken aus dem Gefängnis, bis hin zu seinem Abschiedsbrief, den er zwei Tage vor seiner Hinrichtung mit gefesselten Händen geschrieben hat, mit ungezählten Menschen geteilt. Da wir kein Grab von Vater haben, konnten wir uns nie eine eigene Regung bewahren.

Ich möchte darum die Gefühle, die mich bei der Seligsprechung in Rom bewegt haben, da belassen, wo sie sich unauslöschlich eingegraben haben. Meine Freude und meine Dankbarkeit möchte ich aber mit allen teilen, besonders mit den vielen Menschen, die das Bemühen der Kirche um die Seligsprechung des Familienvaters Nikolaus Groß betend begleitet haben.

Tief beeindruckt hat mich der Heilige Vater. Seine gütige Nähe durfte ich in der Sakristei des Petersdomes und als Diakon am Altar erfahren, besonders deutlich beim Friedensgruß. Diese Bilder werden mir immer vor Augen stehen.

Kein Papst und kein Verantwortlicher im Weltgeschehen hat so oft und erfolgreich die Beachtung der Menschenwürde angemahnt wie Johannes Paul II. Ich bin darum froh und glücklich, dass gerade er meinen Vater selig gesprochen hat. Ich danke Gott, dass er mich all das hat erleben lassen.

BERNHARD GROSS

Für Bernhard Groß wurde ein Herzenswunsch wahr: Als Diakon steht er am Papstaltar.

Ein unvergessliches Erlebnis

40 000 begeisterte Pilgerinnen und Pilger, davon 3500 aus dem Bistum Münster

Vor dem Pontifikalamt werfen Bischof Reinhard Lettmann und Domchordirektor Heinz-Gert Freimuth einen Blick auf die Pilgerschar — und sind begeistert: 40 000 Gläubige, darunter NRW-Ministerpräsident Wolfgang Clement und Weihbischof Friedrich Ostermann.

Erkennungszeichen gelbe Mütze und gelber Schal: Weihbischof Heinrich Janssen zeigte sich bereits bei der Anprobe auf dem Bahnhof hochzufrieden.

Mit neuneinhalb Jahren einer der jüngsten Pilger aus dem Bistum Münster war Markus Üffing-Schneiders aus Halverde (links). Zu den prominenten Teilnehmern am Pontifikalamt zählte das Botschafter-Ehepaar Wallau (unten).

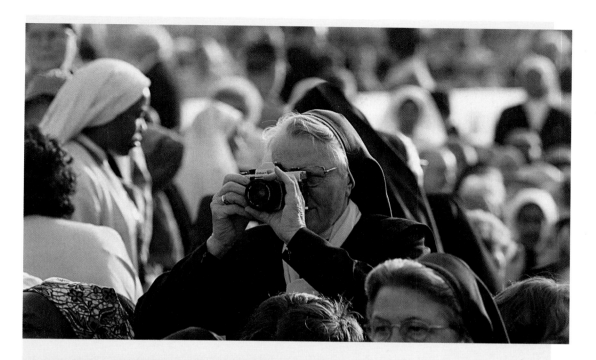

Da waren Erika Agus und ihre Freunde aus der KAB von Christus — König in Duisburg-Rheinhausen nicht zu bremsen: Bei der Einlasskontrolle zum Seligsprechungsgottesdienst auf dem Petersplatz hatte die Schweizergarde ihnen ohne langes Fackeln den Bannerstock weggenommen — aus Sicherheitsgründen. Erika Agus lieh sich deshalb von gehbehinderten Mit-Pilgern Krücken aus, die während des Gottesdienstes nicht notwendig waren. Und an den Krücken spannte sie dann das KAB-Banner auf. Um doppelt Flagge zeigen zu können: bei der Seligsprechung des Seligen aus der katholischen Arbeiterbewegung, Nikolaus Groß, und bei der Seligen aus dem heimatlichen Bistum, Schwester Euthymia.

Rückenstärkung im Glaubensalltag

Vorbildliches Handeln vollzieht sich in eigener Verantwortung

Im Licht des Morgens schenkte der Papst den Bistümern Münster und Essen neue Selige: Schwester Maria Euthymia, die im Krieg Gefangenen und Zwangsarbeitern menschliche Wärme schenkte, und Nikolaus Groß, der sein lautes Nein zu Rassenhass und staatlicher Gewalt mit dem Leben bezahlte.

In der Dämmerung des Abends begannen amerikanische und britische Soldaten Vergeltungsangriffe auf Afghanistan, nachdem der terroristische Drahtzieher Osama Bin Laden Muslime in aller Welt zum »Heiligen Krieg« aufgerufen hatte.

So wenig die »Goldenen Zwanziger« ein Jahrhundert waren, so rasch ist die »Spaßgesellschaft« schon Episode.

Erstaunlich, ja ermutigend: vor allem junge Menschen spüren diesen Wandel. Wird es Seelsorgern, Religionslehrern und anderen Christen gelingen, ihre Sinnsuche zu begleiten?

Zeugen überzeugen! Die Kirche empfiehlt uns Schwester Maria Euthymia und Nikolaus Groß als Vorbilder im Glauben – eine Ordensfrau und einen Familienvater. Beide haben ihre Berufung angenommen und in ihrem Handeln Gottes Liebe und Gerechtigkeit bezeugt. Vor dem Wirken beider Seliger verblassen übliche Abwehr-Argumente wie: »Was kann ich kleine, schwächliche Person schon schaffen?« – »Wie soll ich als Vater von sieben Kindern Zeit finden, politisch zu wirken?«

Beide Lebenswege machen anschaulich, dass sich vorbildliches Handeln in eigener Verantwortung vollzieht, unabhängig vom Verhalten von Vorgesetzten und Autoritäten. Schwester Euthymia stemmt sich nicht gegen die plötzliche Versetzung ins Waschhaus; vielmehr reibt sie sich auch dort in selbstloser Liebe für andere auf. Nikolaus

Groß nimmt das Versagen kirchlicher Autoritäten nicht zum Vorwand für eigene Untätigkeit; ohne Rückendeckung stellt er den Rattenfänger Hitler bloß.

Schwester Euthymia und Nikolaus Groß ermutigen uns, gewissenhaft zu arbeiten, unsere Berufung zu bejahen, geradlinig unseren Weg zu gehen und unser Christsein nicht zu verstecken.

Die Biographie beider Seliger belegt, dass zum Leben Situationen gehören, die uns an Gottes Güte zweifeln lassen, weil sie uns das Kreuz in den Weg stellen. Da soll die beliebte Krankenschwester ins Waschhaus abtauchen . . . Da wird dem Vater und Ehemann bewusst, dass seine Opposition lebensgefährlich ist . . .

Auch im Glaubensleben ist nicht alle Tage Sonntag; dem Jubel am Ostermorgen geht die Verzweiflung am Karfreitag voraus. Müssen viele Sonntagschristen erst wieder den Alltag in den Blick nehmen? So wenig unsere Welt konfliktfrei ist, so wenig bleibt unser Glaube ohne Anfechtung.

Aber die neuen Seligen ermutigen dazu, sich dem Alltag zu stellen – im Vertrauen auf Gott und mit ganzem persönlichen Einsatz.

Hans-Josef Joest

Ein großer Tag

Wie Christen im Bistum Münster den 7. Oktober 2001 erlebten

Tausende von Pilgern aus dem Bistum Münster haben in Rom direkt die Seligsprechung von Schwester Euthymia miterlebt. Was aber passierte zu dieser Zeit im Bistum Münster, an den verschiedenen Orten, die mit der neuen Seligen in Verbindung stehen? Wie begingen diejenigen den Tag, die zu Hause blieben? Was ereignete sich am Tag der Seligsprechung in Halverde, dem Geburtsort von Schwester Euthymia, in Dinslaken, wo sie liebevoll Kriegsgefangene pflegte, und in Münster, wo sie als Clemensschwester arbeitete und begraben ist?

»Selige Euthymia«
in Litanei aufgenommen

Ein ruhiges Kommen und Gehen an der neu errichteten Kapelle über dem Grab von Schwester Euthymia herrscht am Morgen der Seligsprechung auf dem Zentralfriedhof in Münster. Um 10 Uhr, dem Zeitpunkt, wo in Rom die feierliche Zeremonie beginnt, steht ein Dutzend stiller Beter am Grab der Ordensfrau. Ab und zu bückt sich jemand, um in die Schar roter Kerzen eine neue einzureihen oder einen Blumenstrauß an den Rand des Blumenmeers zu stellen. Jeder betet still.

Für Werner und Anni Klöpper war es ein spontaner Entschluss, am Tag der Seligsprechung an der Grabstätte der neuen Seligen zu beten. Eigens aus Stadtlohn sind die beiden gekommen. »Wir haben uns gedacht: sonntags morgens sind die Straßen schön leer, da könnten wir an diesem Tag doch nach Münster zum Zentralfriedhof

fahren«, sagt Anni Klöpper. Faszinierend findet die Stadtlohnerin, »dass Schwester Euthymia eine so einfache Person gewesen ist«.

Zwei ältere Herren, die ihre Namen nicht nennen möchten, sind aus Rhede gekommen. »Ich bin schon als Jugendlicher an ihrem Grab gewesen, als es gerade mit der Verehrung anfing«, sagt der eine. Und ergänzt: »Wenn ich nach Münster fahre, entweder allein oder mal zusammen mit anderen, besuche ich entweder den Dom oder das Grab von Schwester Euthymia. Heute, aus Anlass der Seligsprechung, bin ich natürlich zum Zentralfriedhof gefahren.« Derweil ist Otto Ferlemann aus Münster mit dem Fotoapparat rund um die Kapelle unterwegs. »Wir waren vor einiger Zeit mit Besuch aus Höxter hier«, verrät er. »Für die sind die Fotos, die ich heute mache. Die haben ja die Grabkapelle noch gar nicht gesehen.« Seine Frau, weiß Otto Ferlemann, bete heute zwei Vaterunser mehr – aus Anlass der Seligsprechung. Und er selbst meint nachdenklich: »Manchen hat Schwester Euthymia sicher geholfen. Das muss ja wohl so sein, wenn immer so viele an ihrem Grab stehen.«

Dann, auf einmal, vergrößert sich die Schar der Andächtigen: dunkel gekleidete junge Männer mit dem »Gotteslob« in der Hand steuern zielstrebig auf die Grabkapelle zu. Die 19 Männer werden im Januar zu Diakonen geweiht und erweisen der neuen Seligen zusammen mit ihrem Subregens die Ehre. Gemeinsam singen sie die Allerheiligen-Litanei, in der Schwester Euthymia zum ersten Mal als Selige eingefügt wird – zwischen »Seliger Karl Leisner« und »Ihr Heiligen unseres Bistums«.

Der Gesang zieht weitere Friedhofs-Besucher aus der Umgebung an. Rund 60 Personen

In stiller Freude am Euthymia-Altar

Während die Eltern von Karl Leugers in Rom sind, besucht die junge Familie das Grab Euthymias.

Festtagsstimmung im Mutterhaus der Clemensschwestern an der Loerstraße in Münster, wo 26 der sonst 75 Schwestern den Tag feiern. Nachmittags öffnen die Daheimgebliebenen für eine Stunde das neue Euthymia-Zentrum, das noch nicht ganz fertig ist. Der Hochaltar, vor dem Schwester Euthymia ihre Profess ablegte, lädt aber schon heute zum stillen Verweilen. »Es wäre toll, wenn sich der Ort zu einer ruhigen Oase mitten in der Stadt entwickeln würde«, sagt Schwester Mariata Kemper und erinnert an Besucher des Tages, die vom Zentralfriedhof gekommen sind, »weil dort so viel los war, dass sie kaum zum Beten gekommen sind«.

»Zufällig« dagegen ist Janette Coppehege im Euthymia-Zentrum gelandet und informiert sich vor den Schautafeln über das Leben der Clemensschwester: »Mein Vater hat mir schon in meiner Kindheit viel von ihr erzählt.« Die 40-Jährige kann sich gut vorstellen, dass Menschen, die die Nähe Euthymias suchen, diesen Ort aufsuchen werden. Zu ihnen gehört Johannes Drees. Der Priester aus Emden ist heute hierher gekommen, »um an dem Ort zu stehen, an dem Euthymia gewirkt hat«. Auch einige Schwestern beten in der Gedenkstätte, bevor sie sich wieder zusammenfinden, um die Berichterstattung über den großen Tag zu verfolgen. »Nach dem Morgenlob standen die Fernseher des Hauses im Mittelpunkt«, erinnert sich Schwester Mariata an die große Freude an der Übertragung aus Rom. Natürlich wären einige der Schwestern jetzt auch gern in Rom. Doch in Münster werden sie besonders bei der Pflege ihrer älteren Mitschwestern gebraucht. »Gerade heute habe ich die Rolle als Vermittlerin der Ereignisse«, sagt Schwester Beatina Lehmann. Sie hat am Vormittag einer fast erblindeten Mitschwester die Bilder aus Rom

sind inzwischen am Grab der neuen Seligen versammelt. Unter den andächtigen Betern sind auch Doris und Karl Leugers aus Rheine mit ihren drei Kindern. »Meine Schwiegereltern verehren Schwester Euthymia sehr«, erzählt Doris Leugers. Die Familie sei sogar entfernt mit der Seligen aus Halverde verwandt. Zu dem Zeitpunkt, wo ihre Familie am Grab von Schwester Euthymia bete, sagt Doris Leugers, nähmen ihre Schwiegereltern in der Ewigen Stadt an der Seligsprechung teil. Es sei ein großer Wunsch ihres Schwiegervaters gewesen, »dass wir während der Seligsprechung am Grab von Schwester Euthymia sind«.

ANNETTE SAAL

erklärt. »Ich habe ihr beschrieben, wie temperamentvoll der Bischof war und wie das große Porträt Euthymias vor dem Petersdom aussah.« Die Beschreibungen hätten die 95-Jährige so beeindruckt, dass sie gebeten habe, ihr bald Ton zu besorgen, damit sie eine Euthymia-Figur modellieren kann.

MICHAEL BÖNTE

Stilles Gebet im neuen Euthymia-Zentrum.

Patienten am Fernseher dabei

Im St.-Vinzenz-Hospital in Dinslaken, in dem Schwester Euthymia zwölf Jahre als Krankenschwester tätig war, verfolgten viele Patienten die Seligsprechung live auf ihren Bildschirmen. Um die Direkt-Übertragung in die Krankenzimmer zu ermöglichen, die der WDR sonst nur im Sendegebiet Münster, Essen und Dortmund ausstrahlte, war zuvor ein Fernsehtechniker gerufen worden. Mit einer Lautsprecher-Durchsage wurden die Patienten auf die Sendung aufmerksam gemacht. Auf allen Essenstabletts hatte tags zuvor ein kleines Info-Heftchen über die Schwester gelegen.

Zwei, die das Geschehen am Bildschirm intensiv verfolgten, waren Waltraut Schulz und Mathilde Langhoff. Beide waren früher Krankenpflegerinnen im St.-Vinzenz-Hospital. Während Waltraut Schulz als Patientin auf Station sieben die Sendung vom Bett aus verfolgte, war Mathilde Langhoff bei ihrer ehemaligen Kollegin vom nahen St.-Franziskus-Altenpflegeheim zu Besuch herübergekommen.

»Ich kannte Schwester Euthymia noch persönlich«, erzählt die 89-jährige Mathilde Langhoff, die 40 Jahre im Hospital gearbeitet hat, erst in der Küche, später auf der Station und an der Pforte. Auf der Männerstation habe sie manchmal gemeinsam mit Schwester Euthymia Patienten gepflegt. Als Schwester Euthymia in der Barbara-Baracke Kriegsgefangene und Zwangsarbeiter versorgte, sei sie ihr auf dem Hof begegnet. Schwester Euthymia hatte den Arm voller schmutziger und verlauster Wäsche. Sie sei eine zerbrechliche, zarte Frau gewesen, die ihre ganze Zeit den Kranken gegeben habe. »Damals habe ich oft gedacht: So gut wie sie möchte ich auch sein.« Deswegen freue sie die Seligsprechung. Gern wäre sie nach Rom gefahren. »Aus gesundheitlichen Gründen habe ich mir das aber nicht zugetraut.«

Auch die 74-jährige Waltraut Schulz bewundert Schwester Euthymia. Der evangelischen Christin ist sie aus vielen Erzählungen aus dem Krankenhaus präsent, wo sie ab 1973 vor allem als Nachtschwester arbeitete. Nach Rom wäre sie nicht gefahren, winkt sie ab. Viel zu anstrengend. Die diensthabenden Krankenschwestern Daniela Penkalla und Elvira Rademacher auf Station sieben erhaschen nur zwischendurch einen Blick auf die Fernsehbilder aus Rom. Ist die aufopferungsvolle Euthymia für moderne Krankenschwestern noch ein Vorbild? Auf jeden Fall, sagt Schwester Daniela: Nächstenliebe, Freundlichkeit und Hilfsbereitschaft, für die Schwester Euthymia stehe, seien Grundsätze, die uneingeschränkt gelten. Schwester Elvira ergänzt: Einem Patienten die Hand zu halten, da zu sein, »das macht die Schönheit unseres Berufs aus«. Der diensthabende Arzt an diesem Sonntag sagt: »Ich trage bei jeder Operation ein Bild von Schwester Euthymia bei mir.«

KARIN WEGLAGE

Mathilde Langhoff (links) und Waltraud Schulz verfolgten am Fernsehen im Dinslakener Krankenzimmer das Geschehen in Rom.

Euthymia-Kerze brannte im Festgottesdienst

Besonders feierliches Glockengeläut rief die Gläubigen in Halverde am 7. Oktober zum Gottesdienst, in dem erstmals der Name von Schwester Euthymia, die am selben Tag in Rom selig gesprochen wurde, im Hochgebet der sonntäglichen Liturgie genannt wurde. Und so wie in Rom an diesem Tag bei der Seligsprechung die Euthymia-Kerze angezündet wurde, so geschah dies auch in der heiligen Messe in Halverde. Der Lektor und Kommunionhelfer Clemens Siebelmeyer entzündete nach der Kommunion die Kerze mit dem farbigen, goldumrandeten Bild der Schwester, der aus Halverde gebürtigen Emma Üffing.

Obwohl die Hälfte der 1000 Katholiken, die Halverde zählt, zur Seligsprechung in Rom war, war der Gottesdienst gut besucht. Wer zum Festgottesdienst gekommen war, der erfuhr viel über Schwester Euthymia, über ihre Botschaft an die Menschen. Denn den Gottesdienst zelebrierte der gebürtige Halverder Pfarrer Franz Lambrecht, der Schwester Euthymia gut kannte und sie sehr verehrte.

»Wir sind verbunden mit denen, die nach Rom gepilgert sind und zur selben Zeit Gottesdienst feiern«, sagte der 79-jährige Pfarrer zu Beginn des Gottesdienstes. Das Wunder, das Schwester Euthymia zugesprochen wird und ihre Seligsprechung bezeichnete er als ein Zeichen, auf die Schwester zu schauen, die zum Segen geworden sei für viele Menschen.

Auch seine Predigt war ganz auf Schwester Euthymia, geborene Emma Üffing, ausgerichtet. »Schwester Euthymia ist eine, auf deren Lebensweise zu schauen allen gut tut. Aber keiner kann so leben wie sie«, stellte der Pfarrer fest. Wie einst Schwester Euthymia ihren einmaligen Weg gegangen sei, so habe jeder Mensch seinen einmaligen Weg. Aber allen könne Schwester Euthymia

Wegweiserin sein. »Ihre Lebensgeschichte ist Frohe Botschaft.«

Nach dem Vorbild Schwester Euthymias solle sich jeder Mensch so annehmen und bejahen, wie er sei. »Jeder darf sich, so wie er ist, von Gott geliebt wissen und sich ihm anvertrauen, in der Bereitschaft zu tun, zu lassen, zu ertragen, was Gott will.«

Schwester Euthymia habe in ihrem Glauben an Gottes Liebe gewusst, dass Gott alle Menschen liebt. So seien ihr alle Menschen liebenswert gewesen, und sie habe ihre Liebe jeweils dem Nächsten erwiesen. Als Ordensschwester sei sie zu einer großen Beterin herangereift. Zur Sorge der ihr anvertrauten Menschen gehörte es, für sie zu beten. »Auch wir können anderen den Liebesdienst des fürbittenden und stellvertretenden Betens erweisen.«

Nicht erspart geblieben sei Schwester Euthymia bitteres Leiden. Sie sah ihre Krankheit und ihr Sterben als Berufung. »Die Seligsprechung, die Verehrung Schwester Euthymias und das Beten zu ihr geht davon aus, dass sie lebt nach dem Tod«, sagte Pfarrer Lambrecht. »Das zu wissen tut uns gut, wenn wir, inmitten einer Gesellschaft, wo viele Menschen nicht an ein ewiges Leben glauben, den Glauben daran behalten.«

MARIANNE SASSE

Festgottesdienst in Halverde.

Lese-Aufführung in Münster

Die Kapelle des Kettelerhauses in der Schillerstraße 46 in Münster: 50 Besucher einer Lese-Aufführung mit dem Titel »Vom Grab aus – Annäherung an Schwester Maria Euthymia« haben sich abends in dem Andachtsraum versammelt.

In Rom hat am Vormittag Papst Johannes Paul II. die Clemensschwester Maria Euthymia selig gesprochen. Gespannte Erwartung für die Daheimgebliebenen in der Kapelle des Kettelerhauses, als die Künstler Silvia Steinberg und Gregor Bohnensack – in rote Overalls gekleidet – den Raum betreten. 41 Grableuchten stellen sie auf den Boden. Später zündet Bohnensack sie an. 41 Kerzen: Schwester Euthymia starb im Alter von 41 Jahren. 41 Jahre nahm der Seligsprechungsprozess in Anspruch.

Die beiden Künstler gingen im Vorfeld der Seligsprechung mehrmals zum Grab der Clemensschwester und fotografierten die Bauarbeiten an der neuen Grabkapelle. Gleichzeitig erstellten sie Texte. Die Ergebnisse dieser Spurensuche präsentieren die beiden Künstler den Zuschauern in der Kapelle des Kettelerhauses: mit Texten und Dias, Musik und Aktionen.

»Genügen 156 Zentimeter und 60 Kilogramm für den Ordensstand?«, fragen die Künstler in ihrem Text »Lebenslauf«. Die »Kurzbeschreibung einer Wundmalträgerin« charakterisiert den schweren Stand der Emma Üffing: »Du hattest Rachitis, warst oft krank und schwächlich. Du warst klein, konntest schlecht laufen und warst beileibe keine Schönheit.«

Und doch schafft Emma, was ihr am Herzen liegt: Sie wird in die Ordensgemeinschaft aufgenommen und besteht ihr Examen als Krankenschwester mit »sehr gut«. Was die schwächliche Clemensschwester körperlich zu leisten vermag – die Zuschauer in der Kapelle des Kettelerhauses vernehmen es mit

Staunen. »Für die große Maschine zwei-
einhalb Kilogramm Pulver, 3400 Liter
Wasser. Zehn Maschinen täglich, an sechs
Werktagen.«
Zwischen den Textvorträgen zeigen Silva
Steinberg und Gregor Bohnensack Dias vom
Grab auf dem Zentralfriedhof in Münster:
Norbert Kellmann, Hausmeister der Cle-
mensschwestern im Mutterhaus, bei der Pfle-
ge des Grabs. Die Arbeiten an der neuen
Grabkapelle. Und immer wieder stille Beter.
Eine Stunde dauert diese ungewöhnliche
Aufführung in der Kapelle des Ketteler-
hauses. Silvia Steinberg und Gregor Bohnen-
sack haben es geschafft, das Leben und
Sterben einer ungewöhnlichen Frau
künstlerisch ins rechte Licht zu rücken.

BERND SCHUMACHER

*Zum ersten Mal fügten die angehenden
Diakone »selige Schwester Euthymia« in die
Allerheiligen-Litanei ein – am Grab von
Schwester Euthymia, kurz nachdem in Rom die
Seligsprechung erfolgt war. Am Nachmittag
versammelten sich mehr als 300 Beter an der
Grabkapelle auf dem Zentralfriedhof, um in
einer Andacht der neuen Seligen zu gedenken.*

Freude im Himmel und auf Erden

Liturgien und Begegnungen in Rom vor der Seligsprechung

»Heaven is a wonderfull place . . .« (Der Himmel ist ein wundervoller Platz) – ja, von dem, was der Frauen- und Mädchenchor aus Emsdetten unter der Leitung von Jürgen Etzrodt in der Audienzhalle des Papstes sang, könnte – weiß Gott – auch Schwester Euthymia ein Lied singen. Auch wenn sie in der Schule im Fach Musik nicht die besten Noten bekam . . .

Als Schwester Euthymia am 9. September 1955 im Alter von 41 Jahren in Münster starb, stand für viele Gläubige fest: »Sie war eine Heilige.« Dieser Heiligsprechung durch Volkes Stimme folgte nun nach 41-jähriger Dauer des 1959 eingeleiteten Prozesses die offizielle Seligsprechung durch Papst Johannes Paul II. auf dem Petersplatz in Rom zusammen mit dem aus dem Bistum

Essen stammenden Märtyrer Nikolaus Groß und fünf weiteren Männern und Frauen. Zur Einstimmung auf dieses von vielen Gläubigen über all die Jahre erhoffte und erbetete Ereignis gab es für die über 5000 Pilger aus den Bistümern Münster und Essen zwei Veranstaltungen, in denen die Romreisenden am Zentrum der Weltkirche zu einer Gemeinschaft von Betenden, Singenden und schließlich Feiernden wurden.

In der Mitte der Pilgerschar standen im buchstäblichen wie übertragenen Sinne die 210 mitgereisten Clemensschwestern sowie Mitglieder der Familien Üffing und Groß. Wann hat es das je gegeben, dass – wie in diesem Fall mit Diakon Bernhard Groß – der Sohn eines Märtyrers bei dessen

Lichterprozession in der römischen Kirche San Ignazio.

Seligsprechung mit dem Papst am Altar steht?!

Wann hat es das je gegeben, dass Nichten und Neffen einer Seligen – wie jetzt bei Schwester Euthymia – in unmittelbarer Nähe des Papstes auf dem Petersplatz sitzen, während an der Fassade des Petersdomes der Gobelin mit dem Bild der neuen Seligen enthüllt wird?!

Für den Teilnehmer an der beeindruckenden Feier der Papstmesse ist es nur schwer vorstellbar, was Schwester Euthymia dazu gesagt hätte . . .

Ganz sicher aber wird man davon ausgehen dürfen, dass sie mit Freude und Wohlgefallen auf den Gottesdienst und den Begegnungsabend an den Tagen vor dem großen Ereignis vom Himmel herabgeblickt hat. Während sie ihr Leben weitestgehend im Verborgenen verbracht hat, stand sie in diesen Tagen im Mittelpunkt. Ein leuchtendes Vorbild der Gottes- und Nächstenliebe.

»Schwester Euthymia hat dem Glauben ein Gesicht gegeben«, sagte Bischof Reinhard Lettmann im Wortgottesdienst, der in der Jesuitenkirche San Ignazio, der Universitätskirche der Gregoriana, stattfand und an dem Gläubige aus den beiden Bistümern Essen und Münster teilnahmen.

Porträts von Schwester Euthymia und Nikolaus Groß standen im Chorraum, in dem die Clemensschwestern eine brennende Kerze aufstellten, während die Essener Domsingknaben den Lichthymnus »Du Licht vom Lichte . . .« sangen.

Bergleute in ihren traditionellen Ausgehuniformen, Clemensschwestern sowie KAB-Mitglieder mit ihrem Banner geleiteten den münsterschen und den Essener Bischof, die mit Beifall von den Pilgern begrüßt wurden. Zur musikalischen Gestaltung des Gottesdienstes trugen an der Orgel Johannes Engel von Heilig Kreuz Münster und der Essener Domorganist Jürgen Kursawa, das Santini-Bläserensemble und der Domchor aus Münster unter der Leitung von Domchordirektor Heinz-Gert Freimuth, der Frauen- und Mädchenchor Emsdetten unter Leitung von Jürgen Etzrodt sowie die Essener Domsingknaben bei.

Gesang und Musik wurden von Weihrauch zum Himmel hinauf getragen, wo der Chor der Seligen und Heiligen sicher mit einstimmte in den Lobpreis Gottes, um ihm zu danken für das Geschenk der neuen Seligen Schwester Euthymia und Nikolaus Groß, die den Christen von heute und in Zukunft ein Vorbild für das Christsein im Alltag sind.

Die Vorstellung von Schwester Euthymia

Die Feierlichkeiten in Rom begannen mit einer bewegenden Andacht in San Ignazio.

erfolgte durch die beiden münsterschen Clemensschwestern Christel und Charlotte. In den frei vorgetragenen Fürbitten wurde Gott u.a. um Folgendes gebeten: Um Mut für die Eltern, die christlichen Werte weiter zu geben an die Kinder und Enkel; um neue Perspektiven aus der Kraft des Glaubens für die Menschen, die in ihrem Leben keinen Sinn mehr erkennen; für junge Menschen, dass sie den Anruf Gottes wahrnehmen und ihm folgen; für Familien, die vom Terrorismus auseinander gerissen wurden; für Frieden auf der ganzen Welt und in den Herzen der Menschen; für alle Kinder auf der Erde.

Im Anschluss an jede vorgetragene Bitte wurden Weihrauchkörner in ein Weihrauchschiff gelegt, das auch bei den vergangenen Jugendgebetsabenden im Dom zu Münster verwendet worden war. Zum Abschluss entzündeten die Gottesdienstteilnehmer Kerzen, die sie hinaus trugen in die laue römische Nacht, wo sie von den be-swing-ten Klängen des Altenberger Jugendblasorchesters unter Leitung von Franz Müllenbeck empfangen wurden. Die Kapelle wechselte sich ab mit Gesängen des Ruhrkohlechors aus Essen.

Beim Begegnungsnachmittag am Vorabend der Seligsprechung »eroberten« die Diözesanen aus Münster, deren Zahl bis dahin auf rund 3500 angestiegen war, und Essen den Vatikan. Bei dieser Gelegenheit gehörte ihnen die unter Papst Paul VI. gebaute Audienzhalle des Papstes ganz allein.

Dort, wo gewöhnlich Johannes Paul II. seinen Platz einnimmt, standen an diesem Samstagnachmittag Hubert Schulze Hobeling aus Münster und die Römerin Marina Collaci, um durch ein buntes Programm zu führen, in dem die Lebensbilder der beiden Seligen, ihre Zeit und ihre Bedeutung für Gegenwart und Zukunft sichtbar werden sollten.

Zu dieser Veranstaltung konnte Generalvikar Norbert Kleyboldt außer den Pilgern und Angehörigen der Familien Üffing und Groß Vertreter aus Politik, Kirche und Verbänden begrüßen, darunter den Ministerpräsidenten des Landes Nordrhein-Westfalen, Wolfgang Clement, Bundes- und Landtagsabgeordnete, Landräte und Bürgermeister.

Durch die Äußerungen der von den Moderatoren Befragten entstand ein facettenreiches Bild von Schwester Euthymia. So wurde etwa berichtet, dass die Mutter Üffing ihrer Tochter Emma – allerdings vergebens – abgeraten habe, in den Orden einzutreten. Eine Verwandte erinnerte sich an einen Besuch bei Schwester Euthymia 1946 in

Zeit zum Gedankenaustausch am Rand der Gottesdienste.

Dinslaken. Sie habe die Schwester vor einem Steinhaufen kniend vorgefunden, den Resten der kriegszerstörten Kapelle. Zur Begründung für das Abpicken der Steine habe Schwester Euthymia gesagt: »Wir müssen doch wieder ein Haus haben, wo wir beten können.«

Ministerpräsident Clement unterstrich die Vorbildfunktion von Schwester Euthymia und Nikolaus Groß für die heutige Zeit: »Ihre Beispiele, die einem den Atem verschlagen, können uns heute Orientierung geben.« Auch die Politik in einem christlich geprägten Land müsse sich an solchen Beispielen orientieren.

Den Mut und die Zivilcourage von Schwester Euthymia und Nikolaus Groß lobte die Duisburger Bundestagsabgeordnete Irmgard Karwatzki. So wie sich Schwester Euthymia den ausländischen Kriegsgefangenen und Zwangsarbeitern vorurteilslos zugewandt habe, müssten sich die Menschen heute schützend vor diejenigen stellen, die angesichts des Terrors in der Welt von Vorurteilen bedroht seien.

Der Essener Bischof Hubert Luthe sah in dem Zeugnis von Nikolaus Groß, dass der Glauben keine Privatsache sei. Im Kreuz und Hammer, den Symbolen der Katholischen Arbeitnehmer-Bewegung (KAB), werde die Verbindung von Glaube, Politik und Arbeit und dem Einsatz für soziale Gerechtigkeit sichtbar. Luthe bedauerte, dass die Ehefrau von Nikolaus Groß und Mutter der sieben Kinder nicht zusammen mit ihrem Mann selig gesprochen werde. Überdies regte er an, dass Groß eigentlich der Schutzpatron der Familien werden müsse.

Bischof Lettmann, der in den siebziger Jahren als Vizepostulator an der Fortführung des 1959 eingeleiteten Seligsprechungsverfahrens beteiligt war, gestand, dass er selbst seit jener Zeit häufiger Schwester Euthymia um ihre Fürsprache bitte. Von den

Die Freude steht in den Gesichtern geschrieben.

zahllosen Gebetserhörungen und wunderbarer Hilfe berichtete der Aachener Bischof Heinrich Mussinghoff, der während seiner Zeit als Offizial in Münster als Vizepostulator tätig war. »Wenn's schwierig wird, bitte ich auch heute noch Euthymia um Hilfe«, sagte er. Den Bogen der Bedeutung der beiden Seligen hinein in die Weltkirche spannte der Vizepräsident der Gemeinschaft Sant' Egidio, Don Ambrogio. Er verwies darauf, dass Glaube und Liebe, wie sie in Schwester Euthymia und Nikolaus Groß sichtbar wurden, das Böse in der Welt überwinden könnten.

Die Gemeinschaft Sant' Egidio habe mit der Initiierung eines christlich-islamischen Treffens zeigen wollen, dass Christen den Weg des Dialogs und der Liebe gehen müssten, um angesichts des Terrors dem Fanatismus, dem Fundamentalismus und religiös bedingter Gewalt einen Riegel vorzuschieben. Das Treffen fand in der Woche vor der Seligsprechung in Rom statt.

Ebenso wie der Eröffnungsgottesdienst erhielt auch der Begegnungsnachmittag durch zahlreiche musikalische Beiträge eine besondere Note. Für Sang und Klang sorgten das Jugendorchester Altenberge, der Frauen- und Mädchenchor Emsdetten, der Freckenhorster Kinder- und Jugendchor, die Schola der Clemensschwestern, der Ruhrkohlechor Essen, die Essener Domsingknaben sowie der der Domchor Münster.

Und was die Teilnehmer des Begegnungsnachmittags am nächsten Tag erwartete, konnten sie beim Verlassen der Audienzhalle bereits schwarz auf weiß lesen: Die schon am Samstagabend ausgelieferte Sonntagsausgabe der Zeitung des Papstes »L'Osservatore Romano« verkündete in der Schlagzeile auf der Titelseite: Der Papst proklamiert sieben neue Selige.

KARL-HEINZ RIESENBECK

Gesang verbindet, Gemeinschaft stärkt: das war für die münsterischen Pilger in Rom spürbar.

Begegnung von Kardinälen und Politikern

Empfang in der Deutschen Botschaft beim Heiligen Stuhl

Eine prächtige Residenz, ein lauschiger Garten, eisgekühlte Getränke, leckere Häppchen und gelöstes Plaudern: Die warme römische Oktobersonne senkte sich schon zum Horizont, als Wilhelm Hans-Theodor Wallau, der Deutsche Botschafter beim Heiligen Stuhl, am späten Nachmittag des Seligsprechungstages zum Empfang bat. Im Garten seiner Residenz an der Via Tre Orologi gaben sich weit über hundert geladene Gäste guten Gesprächen hin. Die Anspannung der langen Vorbereitungen auf den großen Festtag war gewichen. Die Clemensschwestern unter der Führung von Generaloberin Schwester M. Pacis Helleberg zogen mit Bischof Reinhard Lettmann oder Domkapitular Martin Hüls-kamp eine erste Bilanz der erlebnisreichen Tage, die Vertreter der Bistümer Essen und Münster kamen sich näher. Unter die Ehrengäste mischten sich auch die deutschen Kardinäle Karl Lehmann, Joachim Meisner und Friedrich Wetter. Die zeit-gleich stattfindende Bischofssynode in Rom forderte ihre Präsenz. Ministerpräsident Wolfgang Clement erschien ebenfalls. Die Freude darüber, dass gleich zwei Selige aus Bistümern des Landes Nordrhein-Westfalen selig gesprochen wurden, war ihm anzumerken.

Mitten unter seinen hochrangigen Gästen war Wilhelm Hans-Theodor Wallau zu finden, der erst seit einem Jahr als deutscher Botschafter beim Vatikan im Dienst ist. Zuvor zeigte er als Botschafter in Israel sein ganzes diplomatisches Geschick. »Dies ist ein besonderer Tag für mich«, sagte er mit Nachdruck, denn zum ersten Mal erlebte er am 7. Oktober eine Seligsprechung auf dem Petersplatz mit. Seinen Dienst als Botschafter charakterisiert er als »hoch-interessant«, zumal er im Vatikan bei seinen Gesprächen der Weltkirche begegne, und damit allen hochpolitischen Fragen von der Einhaltung der Menschenrechte bis hin zur Entwicklungspolitik. Dass Rom für einen weitgereisten und weltgewandten Diplomaten darüber hinaus ein besonders schönes Fleckchen Erde ist, versteht sich von selbst. Der Botschafter bringt es auf den Punkt: »Jeder Dienstgang ist ein Kunstgenuss.«

JOHANNES LOY

Das Botschafter-Ehepaar Wallau mit Clemensschwestern und Bischof Lettmann.

Dank beim Bistumspatron

Feierliche Eucharistie in der Basilika St. Paul vor den Mauern

Vor dem Bild ihrer Mitschwester haben sich die Clemensschwestern versammelt. Eine Öllampe wirft ein flackerndes Licht auf das Lächeln, das Euthymia den vor ihr knieenden Ordensfrauen schenkt. »Gegrüßet seist du, Maria . . .« Mit diesem mehr als 700 Jahre alten Gebet der Kirche bereiten sich die Ordensfrauen auf den Dankgottesdienst zur Seligsprechung »ihrer Euthymia« in der Basilika St. Paul vor den Mauern vor. Während die Schwestern den Rosenkranz beten, strömen die Pilgerinnen und Pilger aus dem Bistum Münster vorbei an der gewaltigen Statue des Völkerapostels und Bistumspatrons Paulus in die große Basilika und stimmen in das Gebet ein. Mehr als 3000 Menschen kommen an diesem Morgen in der Kirche zusammen, um zu danken und zu feiern. Es sind so viele, dass der Hochchor in St. Peter, in dem sonst die Dankgottesdienste stattfinden, nicht ausreicht.

Bestimmte bis vor wenigen Augenblicken die graue oder schwarze Ordenstracht das Bild, leuchten jetzt immer öfter die gelben Mützen und Schals in der Kirche auf. Unter der goldenen Apsis, in der Christus als Weltrichter thront, sitzt der Domchor aus Münster, der diese Eucharistiefeier musikalisch prägt. Ihn unterstützen der Kinder- und Jugendchor aus Freckenhorst sowie die Schola der Clemensschwestern.

Tosende Orgelklänge kündigen den Beginn der Eucharistiefeier an. Bischof Lettmann zieht mit acht Bischöfen bzw. Weihbischöfen in die Basilika ein, gefolgt von zahlreichen Priestern und vielen Messdienerinnen und Messdienern des Bistums. Der Chor- und Gemeindegesang der vielen Frauen und Männer erfüllt das große Gotteshaus. Feierlich ist die Stimmung. Denn das Bistum Münster – und vor allem die Clemensschwestern – möchten in diesem Gottesdienst für ihre neue Selige danken. Der Heilige Vater hatte erst zwei Tage zuvor Schwester Euthymia auf dem Petersplatz selig gesprochen.

Man merkt es dem Beten und Singen an, dass die Menschen in der Kirche nicht nur feiern möchten, sondern vor allem einer tiefen inneren Freude Ausdruck verleihen. Der Freude darüber, dass »eine von ihnen« eine so große Auszeichnung erfahren hat. Dass eine aus ihren Reihen, die mutig bis zum Schluss gekämpft hat und trotzdem mit vielen Widrigkeiten des Lebens fertig werden musste, am Ende auf ein geglücktes, durch den Glauben erfülltes Leben zurückblicken konnte.

Bischof Lettmann spricht in seiner Predigt das aus, was viele in dieser Stunde empfinden: »Schwester Euthymia war kein Star, sie hat weder durch Worte noch durch Taten großes Aufsehen erregt. Sie ist eine Selige des Alltags. Und sind wir doch ehrlich: Sind wir nicht auch Menschen des Alltags, der oft genug grau in grau ist?«

Der Bischof spricht vom inneren Glanz, der sich selbst in dem schlichten, unauffälligen Dienst in der Wäscherei entfaltet hat. Und vielleicht ist die Sehnsucht vieler Menschen, dass auch ihr unauffälliges Wirken im Leben Glanz verliehen bekommt, der Grund dafür, dass die feierliche Freude über die Seligsprechung an diesem Morgen in der Basilika so groß ist. Die Freude der Menschen belegt eines auf jeden Fall: Euthymia ist eben vor allem eine »Selige des Volkes«.

JÜRGEN KAPPEL

Kein »Star« im Rampenlicht

Die Papst-Audienz auf dem Petersplatz

Bis spät in die Nacht brannte am Sonntag, dem Tag der Seligsprechung, in den Gemächern des Papstes das Licht. Am Montagmorgen verzögerte sich die Herausgabe des päpstlichen »Bolletino« mit dem Redetext der Audienz anlässlich der Seligsprechungsfeiern. In seiner Ansprache vor mehreren Zehntausend Pilgern auf dem Petersplatz ging Johannes Paul II. jedoch nur mit wenigen Worten auf die dramatische Lage nach den ersten Luftangriffen der Amerikaner in Afghanistan ein: »Gemeinsam mit euch möchte ich dem Herrn unsere Ängste und Sorgen vortragen, die uns in diesem schwierigen Moment des internationalen Lebens bewegen.«

Seit dem 11. September 2001, als islamistische Terroristen Flugzeuge in die Türme des World Trade Center in New York und auf das Pentagon in Washington stürzen ließen, ist der Weltfriede bedroht.

In den jeweiligen Landessprachen richtete der Papst das Wort an die verschiedenen Pilgergruppen: »Einen herzlichen Gruß entbiete ich den Pilgern aus Deutschland, vor allem den Gläubigen aus den Bistümern Essen und Münster mit ihren Oberhirten Hubert Luthe und Reinhard Lettmann.« Der Papst fuhr fort: »Im Märtyrer Nikolaus Groß und in der Clemensschwester Euthymia wurden euren Ortskirchen zwei neue Selige geschenkt. Solche ›Vorzeigechristen‹ sind ein Aushängeschild für eure Diözesen. Darauf dürft ihr stolz sein.« Das Beispiel des seligen Nikolaus Groß lehre die Christen, Gott mehr zu gehorchen als den Menschen, sagte der Papst. »Gerade unsere Zeit braucht dringend überzeugte

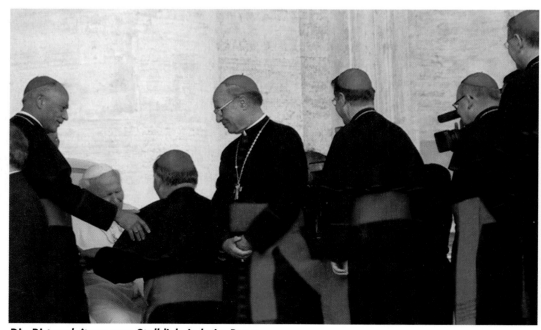

Die Bistumsleitung zum Stelldichein beim Papst.

Christen, die auf die Stimme des Gewissens hören und den Mut aufbringen, den Mund zu öffnen, wenn es um die Würde des Menschen geht.« Dann sagte der Papst: »Auch die selige Schwester Euthymia hat eine aktuelle Botschaft für unsere Tage. Ihr Leben zeigt uns, dass scheinbar kleine Dinge in den Augen Gottes ganz groß sein können. Menschlich gesprochen war die Ordensschwester kein ›Star‹ im Rampenlicht, doch ihr Wirken im Stillen war für viele ein Lichtblick, der bis heute ausstrahlt.« Johannes Paul II. erteilte den Pilgern aus Deutschland den Apostolischen Segen und beendete seine Audienz-Ansprache mit dem lateinischen Friedenswunsch: »Herr, gib Frieden in unseren Tagen.«
Der Papst nahm sich anschließend noch eine gute halbe Stunde Zeit, um einzelne Personen und Delegationen der verschiedenen Pilgergruppen zu begrüßen. Bischof Reinhard Lettmann setzte sich neben den Pontifex und stellte ihm die stattliche Gruppe seiner Weihbischöfe vor. Martin

Üffing aus Mettingen, ein Großneffe von Schwester Euthymia, ließ sich vom Papst eine Barbara-Statue segnen. Sie wird künftig in der St. Agatha-Kirche in Mettingen ihren festen Platz erhalten.
Die musikalische Gestaltung der Audienz lag wieder ganz in den Händen von Musikern und Sängern aus dem Münsterland. Zum Dank dafür durften sich die Mitglieder des Domchores und des Santini-Bläserensembles aus Münster, des Emsdettener Frauen- und Mädchenchores und nicht zuletzt die engagierten Sängerinnen und Sänger des Freckenhorster Kinderchores mit ihren bunten T-Shirts zum Gruppenbild mit dem Papst aufstellen.
Der Tag der Audienz in Rom war ein heiterer, warmer Spätsommertag mit begeisterten Pilgern aus dem Münsterland. Auch wenn diese aufgrund der kriegerischen Auseinandersetzungen in Afghanistan manche Sorge in ihrem Herzen trugen.

JOHANNES LOY

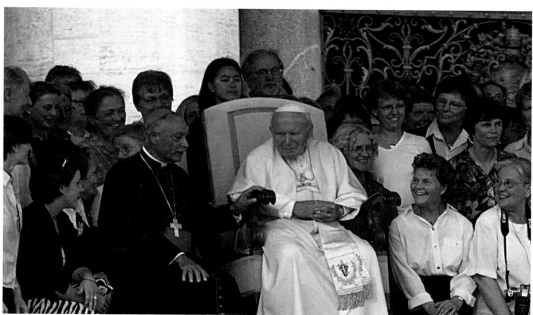

Als Dank für hervorragenden Gesang einmal ganz nahe beim Papst sein.

Feierlichkeit und Herzlichkeit

Das Pontifikalamt in St. Paul vor den Mauern

Eine voll besetzte Basilika, aufbauende Predigtworte, erhabene Gesänge – und im Innenhof be-swing-te Klänge.

Zähes Ringen um Wahrheit

Zwei Empfänge nach der Seligsprechung

Über die kirchliche Feier hinaus wurde die Seligsprechung auch zum gesellschaftlichen Ereignis. Das Bistum Münster bedankte sich mit einem Essen bei allen, die den Seligsprechungsprozess vorangebracht und die Feiern organisiert hatten. Der deutsche Botschafter beim Heiligen Stuhl, Wilhelm Hans-Theodor Wallau, bat außerdem zum Empfang in seine Residenz.

Beim gemeinsamen Essen nutzte Ministerpräsident Wolfgang Clement die Gelegenheit, Bischof Reinhard Lettmann zu seinem Redevortrag bei der Vorstellung von Schwester Euthymia während des Pontifikalamts zu beglückwünschen: »Besser kann man das nicht machen!«

Der römische Anwalt im Seligsprechungsprozess, Dr. Andrea Ambrosi, gab einen sehr persönlichen Rückblick auf die Vorgeschichte: »Zu keinem anderen Seligsprechungsprozess habe ich eine so enge Beziehung gehabt wie zu diesem. Die großen Schwierigkeiten haben ihn mir ans Herz wachsen lassen.«

Ambrosi kennt kein Beispiel in der jüngeren Vatikangeschichte, bei dem das gleiche Wunder den Prozessgutachtern vier Mal vorgelegt wurde – wie im Fall von Schwester Avelline, deren gequetschte und brandverwundete Hand auf Fürsprache von Schwester Euthymia unerklärbar heilte. Der Anwalt: »Ich habe mich mit aller Kraft bemüht, dass die Wahrheit herauskam.«

Die Generaloberin der Clemensschwestern, Schwester Pacis Helleberg, deutete an, im Orden sei zeitweise am Erfolg des Verfahrens gezweifelt worden: »Aber Herr Dr. Ambrosi hat uns mit seiner italienischen Begeisterung angesteckt.«

Als Dank dafür, dass die Clemensschwestern dem Bistum eine Selige geschenkt haben, überreichte Bischof Lettmann Schwester Pacis einen Nachguss der Bronzestatue von Schwester Euthymia, die das Bistum als Gabe für den Papst von Hilde Schürk-Frisch gestalten ließ.

HANS-JOSEF JOEST

Anwalt Dr. Andrea Ambrosi im Gespräch mit Bischof Reinhard Lettmann.

Clemensschwestern – glückliche Schwestern

Mehr als 200 Ordensfrauen waren in Rom dabei

Schwester Margareta fliegt zum ersten Mal. Und dann gleich ein Jumbo. Ob sie Angst hat? »Ach was!« Über 200 Clemensschwestern, zwei Bischöfe und 150 weitere Pilger scheinen ein besonderes Gefühl der Sicherheit zu geben. Nach dem Start rumpelt es etwas laut. Schwester Margareta spitzt den Mund, zieht die Augenbrauen hoch. »Keine Sorge«, beruhigt ihre Mitschwester sie und tätschelt ihr die Hand, »das war nur das Fahrwerk.« Alte Hasen, was die Fliegerei betrifft. Bevor ihre Schwester Euthymia zur Ehre der Altäre erhoben wird, gehen die Schwestern in die Luft. Und das im Großen und Ganzen in relativer Gelassenheit.

Über den Wolken sind auch die letzten Ängste und Sorgen verflogen. Die Generaloberin, Schwester Pacis, und Weihbischof Friedrich Ostermann jetten rückwärts. Sie haben auf den Sitzen der Flugbegleiter Platz genommen und beginnen das Pilgergebet, das in einen Telefonhörer gesprochen aus den Lautsprechern dringt. Bald singen sie alle: »Maria, breit den Mantel aus, mach Schirm und Schild für uns daraus; lass uns darunter sicher stehn bis alle Stürm vorübergehn . . .« Es war ein Flug gänzlich ohne Turbulenzen.

Nun also Rom. Abends, vor Beginn des Eröffnungsgottesdienstes, sieht man in einem kleinen Gässchen unweit der Kirche San Ignazio zwei Schwestern an einem Tischchen, die im Kerzenschein vor dem Ristorante Rosa Rosae auf ihr Essen warten. Pizza gibt es. Eine funzelige Straßenlaterne geht mal an, mal wieder aus. »Ist das nicht romantisch?«, fragt eine Mitschwester, die vorbeikommt.

Immer wieder bleiben Schwestern stehen, blicken auf die weniger werdenden Pizzen auf

Letzte Vorbereitungen für das große Ereignis.

Mehr als 200 Clemensschwestern flogen in einem Jumbo nach Rom. Generaloberin Pacis Helleberg und Weihbischof Friedrich Ostermann hielten eine Pilgerandacht hoch über den Wolken.

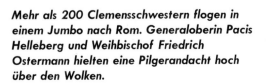

den Tellern ihrer Mitschwestern, wünschen einen guten Appetit. »Ist das nicht herrlich«, sagt eine, »dass man so schön draußen sitzen kann? Und das im Oktober!« Die speisenden Schwestern nicken kauend. Die andere geht weiter und sagt noch einmal in den Abendhimmel: »Ist das herrlich!«

Ein paar Meter weiter stehen drei Ordensfrauen, die ihre noch in Münster bereiteten Brote verspeisen. »Bevor es verkommt«, sagt eine und tut einen kräftigen Biss.

Über Rom bricht die Nacht herein – und in San Ignazio beginnt der Eröffnungsgottesdienst mit einer Lichterfeier. Langsam sammeln sich die Pilger aus den Bistümern Münster und Essen. Die beiden Schwestern aus dem Ristorante sind glücklich und zufrieden und schlendern staunend die Köpfe mal nach links, mal nach rechts wendend, die Pilgerbeutel in den Händen, durch die große barocke Jesuitenkirche.

Im Altarraum ist das Bild von Schwester Euthymia aufgestellt. »Ich glaube, heute strahlt sie besonders«, sagt eine Mitschwester lachend, setzt sich in die Bank, legt die Hände auf die Beine und atmet erst einmal durch. »Was wir schon alles gesehen haben in der kurzen Zeit! Pantheon, Piazza Navona, Spanische Treppe, Trevi-Brunnen . . .«

Eine der Clemensschwestern berichtet im Gottesdienst vom Leben »ihrer« Schwester Euthymia. Sie war eine von ihnen. Das spürt man immer wieder in diesen Tagen. Vor allem bei jenen Schwestern, die sie noch persönlich erlebt haben. »Sie hatte einfach etwas Besonderes«, sagen sie dann, oder: »Die hatte so eine Ausstrahlung . . . Ich weiß gar nicht, wie ich es sagen soll . . .« Was es doch zu sagen gibt, sind Erzählungen von kleinen und größeren Diensten, die die ältere Schwester Euthymia den damals meist noch jungen Novizinnen erwiesen hat. Und die, die sie nicht

Am Ziel: vier glückliche Schwestern.

Sonnentage in Rom, die die Clemensschwestern nie vergessen werden. Da strahlte auch der Aachener Bischof Heinrich Mussinghoff mit.

mehr erlebt haben, sagen dennoch: »Sie war eine von uns.«

Das erzählen sie häufig in diesen Tagen in Rom. Auch wenn sie bei den großen Gottesdiensten in San Ignazio, auf dem Petersplatz und in St. Paul vor den Mauern meist als große Gruppe zu sehen sind: Beim touristischen Programm sind auch die Clemensschwestern ganz selbstverständlich unter die anderen Gruppen gemischt – und oft ergibt sich ein Austausch darüber, was den einen oder die andere mit Schwester Euthymia verbindet.

Immer wieder sieht man sie in der Stadt: Schwitzend und mit aufgekrempelten Ärmeln den Worten des Reiseführers lauschend; geduldig an den römischen Haltestellen auf einen Bus wartend; sich gegenseitig den gelben Pilgerschal drapierend; still und allein auf einer Marmorbank an der Via della Conciliazione sitzend den Petersdom bestaunen.

Vor dem Rückflug drubbeln sie sich in gewohnter schwarz-grau-gelber Menge am Flughafen Ciampino, lachend, erzählend und ein bisschen geschafft. Alles ist gut gegangen, auch wenn die eine oder andere Schwester mal gestürzt ist. Nichts Ernsthaftes. »Dieses Erlebnis war auch wichtig für unsere Gemeinschaft«, sagt Schwester Amata Terwolbeck. »Wir sind so selten alle zusammen. Das muss erst einmal aufgearbeitet werden.«

Über den Wolken, begleitet von der untergehenden Sonne, singen sie wieder, die 350 Pilger im Flugzeug: »Gib dich in seine Hand mit innigem Vertrauen . . .« Und Schwester Pacis sagt wieder durch das Mikrofon, dass dies ein besonderer Tag sei. »Denn heute, am 11. Oktober, wäre das 65. Professjubiläum von Schwester Euthymia.«

Sanft und weich landet der Flieger auf dem Flughafen Münster / Osnabrück. »Danke, Euthymia«, sagt ganz leise und erleichtert eine Stimme. Die Stimme von Schwester Irminella Dröger. »Ich habe solche Ängste ausgestanden«, sagt sie, »ich bin doch noch nie geflogen!«

MARKUS NOLTE

Bei der Lichterfeier in San Ignazio.

»Bella Figura« am Papstaltar

Acht Messdiener aus Halverde und Bevergern beim Pontifikalamt

Diesen Tag werden sie wohl nie vergessen: Acht junge Männer aus Halverde und Bevergern durften beim Seligsprechungsgottesdienst für Schwester Euthymia Messdiener für den Papst sein. Im Alltag, zu Hause etwa in Sankt Peter und Paul Halverde, versehen sie vor einigen Hundert Kirchenbesuchern ihren Dienst. Bei der Seligsprechung auf dem Petersplatz in Rom waren es diesmal aber 40 000 Menschen – und Millionen zu Hause an den Fernsehern.

Es ist Samstagmorgen, Generalprobe. Noch machen die acht Messdiener aus Halverde und Bevergern einen lässigen Eindruck. Auch wenn an diesem Samstagmorgen vor dem Petersdom schon eine Menge los ist: Die letzten Vorbereitungen für den Gottesdienst laufen, Kabel werden verlegt, Stühle gerückt.

Auf die Messdiener wartet Prälat Martin Hülskamp aus Münster und weist sie ein. Hier in Rom sage man, bei solchen Feiern gelte es, »bella figura« zu machen, also einen guten, würdigen Eindruck zu vermitteln. »Und das schlimmste ist ›bruta figura‹.« Aber das übersetzt Hülskamp den Messdienern erst gar nicht. Zwei der acht versehen einen unmittelbaren Dienst für den Papst: Michael Ostholthoff hält ihm die Mitra, Christoph Beine den Bischofsstab. Die übrigen tragen das Kreuz und die Kerzen, übernehmen den Altardienst. Angespannt folgen sie den Anweisungen des römischen Zeremonienmeisters, üben das Schreiten, versuchen, sich den Ablauf eines Papstgottesdienstes einzuprägen.

Keine leichte Aufgabe selbst für erfahrene Messdiener. Peter van Briel, der Pfarrer von Halverde, hat da jedoch nichts dem Zufall überlassen. »Man hat bei mir Messdiener mit guter Erfahrung und schneller Auffassungsgabe angefordert. Und ich habe die Besten ausgewählt, die ich bei mir habe.« Van Briel begleitet eine Jugend-Pilgerfahrt mit 240 Teilnehmern; etwa 50 davon sind Messdiener aus Halverde. Sie hatten schon bei einem Eröffnungsgottesdienst zwei Tage vor der Seligsprechung den Altardienst übernommen. Da kamen sie im Chaos des römischen Verkehrs nur wenige Minuten vor dem Gottesdienst in der Kirche San Ignazio an. Und doch sei alles glatt verlaufen, sagt Pfarrer van Briel.

Aber hier auf dem Petersplatz, da scheint es nun doch etwas anderes zu sein. Nach anderthalb Stunden Üben merkt man den jungen Männern aus Halverde und Bevergern die Anspannung deutlich an. Zumal ihnen Prälat Martin Hülskamp noch eine eindringliche Schlussansprache hält, sie zu würdiger Kleidung und anständigem Schuhwerk ermahnt – und ihnen zum Schluss besondere Passierscheine in die Hand drückt, mit denen sie am frühen Morgen vor dem Seligsprechungsgottesdienst die Sakristei des Petersdoms betreten dürfen.

Alexander Büscher starrt auf den hellbraunen Zettel in seiner Hand und seufzt: »Mensch, ich bin tierisch nervös.«

Franz Josef Scheeben

*Der Stolz, am Papstaltar dienen zu dürfen,
wich rasch harter Anstrengung beim
konzentrierten Üben.*

In einem Zug nach Rom

350 Frauen und Männer pilgerten per Schiene

Mit gelben Mützen und Schals winken die rund 350 Frauen und Männer. Sie applaudieren, rufen und recken ihre Arme begeistert in die Höhe, als langsam der große Wandteppich mit dem Bild von Schwester Euthymia auf dem Petersplatz in Rom enthüllt wird. »Mir läuft ein Schauer über den Rücken«, beschreibt eine Frau aus Dinslaken ihre Reaktion auf den Höhepunkt der Seligsprechung. Eine Stimme, die die Stimmung vieler zusammenfasst.

Schon am frühen Morgen haben sich die Frauen und Männer aus dem Bistum Münster von ihren Herbergen in Rom aus mit Bussen auf den Weg gemacht. Als Gläubige des Bistums Münster, das die Seligsprechung von Euthymia über 41 Jahre hinweg begleitet hat, haben sie für diese Feier gute Plätze bekommen. Sie sitzen nahe an den Stufen und können gut verfolgen, wie ihr Bischof Reinhard Lettmann im Rahmen eines lebendigen Vortrages den Heiligen Vater bittet, Euthymia in der Kirche von Münster als Vorbild im Glauben verehren zu dürfen. Und sie hören, wie der Papst die Bedeutung der beiden neuen deutschen Seligen – Schwester Euthymia und Nikolaus Groß – herausstreicht.

»Sie sind Aushängeschilder des Glaubens«, sagt er. Beide hätten in einer dunklen Zeit Zeugnis abgegeben. Groß als Journalist und Gewerkschafter, Euthymia als Krankenschwester und Ordensfrau. Ihre Größe liege in der Treue im Kleinen.

Und gerade dieses ist es, was viele der Frauen und Männer mit dieser Frau verbinden. Vor allem aber die Frauen, die in ihrem Leben schon oft ihre Bitten vor Euthymia getragen haben, in der Hoffnung, dass sie ihnen hilft. Viele haben sie noch persönlich gekannt, andere haben sie durch die Erzählungen ihrer Eltern kennen gelernt und später oft an ihrem Grab gebetet. Andere wiederum erinnern sich dankbar, dass Euthymia ihnen oft schon geholfen hat.

Unter ihnen ist Elisabeth Hülso-Horstmann aus Metelen. Sie ist mit 87 Jahren die älteste Teilnehmerin der Gruppe und hat in Begleitung ihrer Tochter die Pilgerreise gewagt. Die Verehrung für Schwester Euthymia hat sie bereits von ihrer Mutter übernommen. »Ich verehre die Schwester schon lange. Denn sie hat schon vielen geholfen«, sagt sie, »auch mir.« Immer wenn sie in Not gewesen sei, habe sie Euthymia angerufen. »Und ich war schon oft in meinem Leben in Not.«

Für Elisabeth Hülso-Horstmann wie für viele andere Frauen ist diese Reise die Krönung ihres Glaubenslebens. Das empfindet auch Rita Grewe aus Dülmen so. »Es ist wichtig, dass gerade Frauen wie Euthymia selig gesprochen werden. Denn sie hat in ihrem Leben gezeigt, dass man nicht unbedingt große Positionen einnehmen muss, um an seinem Platz wertvolle Dienste zu tun und so zu einer wichtigen Stütze für seine Mitmenschen zu werden.«

Auch Renate und Heinz Titze aus Westbevern verbindet ein persönliches Schicksal mit Euthymia. Ihr Sohn ist mit zehn Jahren von einem Pferd getreten worden und lag 30 Tage im Koma. Die Ärzte hatten die Hoffnung schon aufgegeben. »Jetzt hilft nur noch Euthymia«, haben sie sich damals gesagt.

Ihr Sohn ist wieder genesen, nachdem er quasi noch einmal von vorne anfangen musste. Als bekannt wurde, dass Euthymia selig gesprochen werden sollte, haben sie sich sofort angemeldet. Denn beide sind sich einig: »Sie hat uns geholfen!« Für das Ehepaar war die feierliche Seligsprechung auf dem Petersplatz deshalb ein ganz besonderes Ereignis.

In der Hoffnung, feierliche Gottesdienste im

Zentrum der Weltkirche zu erleben, darüber hinaus aber auch Rom als Zentrum der Kunst und der antiken Welt kennen zu lernen, hatten sich die 350 Frauen und Männer aus dem Bistum zwei Tage vorher mit dem Zug auf den Weg gemacht. In Münster war der Zug morgens gestartet und war auf den Schienen durch das Ruhrgebiet, das Rheintal gezogen, um gegen Mitternacht »den Brenner« zu passieren.

Der niederrheinische Regionalbischof Heinrich Janssen ist unter den Pilgerinnen und Pilgern als geistlicher Begleiter, unterstützt von Regionalvikar Karl Rieger und einem Team von rund einem Dutzend Helferinnen und Helfern.

Im Rahmen eines geistlichen Impulses stimmt der Weihbischof die Frauen und Männer auf die Seligsprechung ein. Janssen erzählt von seinem persönlichen Bezug zu Euthymia. Er begann mit dem Theologiestudium, als sie starb. Schon früh hat er ihr Grab besucht und dort gebetet. Euthymias Grab war für ihn immer ein Ort der Vergewisserung: »Tief in ihrem Innern suchen Menschen Orte der Vergewisserung, Orte, wo sie den Glaubenszeugen nahe sind.« Für Janssen ist die Seligsprechung von Euthymia die Bestätigung ihres Glaubenszeugnisses. Das Leben von Schwester Euthymia gibt für Janssen eine Antwort auf die Frage: »Was kann ich denn tun?«

Die Seligsprechung, die Audienz einen Tag später und das Dankamt des Bistums und der Clemensschwestern in St. Paul vor den Mauern sind die liturgischen Höhepunkte der Tage in Rom. An den Nachmittagen lernen die Pilger die Metropole von ihren anderen schillernden Facetten her kennen. Der erste offiziell zugelassene ausländische Fremdenführer Roms, ein österreichischer Archäologe – »nennen Sie mich Markus« – zeigt ihnen beispielsweise das antike Rom. Er erschließt den Pilgern die Welt der Senatoren, Kaiser und Gladiatoren, führt sie durch die Katakomben in eine der spannendsten Epochen des Christentums und bringt ihnen die religiöse Kunst am Beispiel der großen Kirchen in Rom nahe: der St.-Peters-Kirche, der Laterankirche und der Kirche St. Paul vor den Mauern.

Aber auch vom Weltgeschehen sind die Pilger nicht abgeschottet. Nach dem Höhepunkt der Seligsprechung auf dem Petersplatz am Sonntagmorgen folgen abends Stunden der Sorgen und Nöte. Das beginnende Bombardement der Amerikaner und Engländer auf Afghanistan lässt viele ängstlich nach der Zukunft fragen. »Musste das sein?« – »Konnten die Politiker nicht besonnener reagieren?«, lauten die Fragen der Menschen. Regionalbischof Janssen nimmt ihre Anliegen mit in den morgendlichen Gottesdienst. Ähnlich auch wie der Heilige Vater, der während der Audienz um den Frieden in der Welt bittet.

Doch trotz dieser Sorgen ist diese Reise für die meisten der Pilgerinnen und Pilger ein Höhepunkt ihres Lebens – vor allem des Glaubenslebens: »Es war ein ergreifendes Erlebnis«, resümiert Heinz Deckers aus Dinslaken, der Euthymia persönlich noch gekannt hat. Er hatte sich im Vorfeld der Reise intensiv mit der Ordensfrau beschäftigt. Er fügt hinzu: »Diese Reise gibt mir einen Schub für mein Glaubensleben. Denn man wendet sich ja doch wieder intensiver an Euthymia, wenn man ein Anliegen hat.« »Die Erlebnisse bringen mich sicher wieder stärker auf den Weg des Glaubens zurück«, sagt Rita Grewe. Sie hat alle Anliegen aus der Familie mit nach Rom genommen. Ähnlich wie Regionalvikar Karl Rieger. Er ist quasi stellvertretend für seine Mutter auf die Pilgerreise gegangen, die durch eine Krankheit daran gehindert ist. Viele haben auch ihn gebeten, ihre Bitten und Anliegen mit nach Rom zu nehmen. »Beten Sie für mich in Rom«, haben Sie ihm mit auf den Weg gegeben. Bewegt hat er die Verehrung der Menschen für Euthymia verfolgt. »Sie ist eine Selige der kleinen Leute«, sagt er. In ihrem Herzen haben die so genannten kleinen Leute die Selige in Rom gekrönt.

JÜRGEN KAPPEL

Mit Pauken und Trompeten

300 Musiker und Sänger gaben ihr Bestes

Beeindruckende
künstlerische
Leistungen boten
die mitgereisten 300
Musiker und Sänger
aus dem Bistum
Münster: ob der
Freckenhorster
Kinder- und
Jugendchor (oben
links beim Auftritt
in der Audienzhalle
Paul VI.), der
Mädchen- und
Frauenchor
Emsdetten (unten
links), das Santini-
Bläserensemble
(oben rechts) oder
der Domchor Müns-
ter (Mitte). Als
Belohnung kamen
die Freckenhorster
Kinder und
Jugendlichen dem
Papst ganz nahe.

Die Eindrücke der Familie daheim und in Rom

Gertrud Üffing: »Wir brauchen heute solche Vorbilder«

Für Gertrud Üffing und ihre beiden Töchter Helene und Maria sind mit Schwägerin und Tante Emma nicht nur viele Erinnerungen verbunden. Eine vertrauensvolle Verbindung besteht zu Schwester Euthymia, die in schwierigen Situationen in Gesprächen mit der verstorbenen Schwägerin und Tante zum Ausdruck kommt. Gertrud Üffing und ihre Töchter sind überzeugt, dass Tante Emma ihnen auch geholfen hat. Maria Krug fügt hinzu: »Aber eigentlich habe ich ein Leben lang sehr viele Gelegenheiten gehabt, dankbar zu sein.«

Das Vertrauen zu Euthymia gründete sich für Maria Krug in einer Begegnung als fünfjähriges Mädchen mit der Tante. Als sie auf Besuch nach Hopsten kam – die Familie hatte damals gerade mit dem Hausbau begonnen – wurde sie mit einer Kutsche abgeholt. Weil es für alle ein wenig eng in der Kutsche wurde, nahm Tante Emma ihre kleine Nichte Maria kurzerhand auf den Schoß und ließ sie auch später nicht mehr von der Hand.

Just zu diesem Zeitpunkt erwartete Gertrud Üffing ihr drittes Kind. Maria Euthymia umarmte die Schwägerin beim Abschied mit dem Versprechen, in der heiligen Messe für eine glückliche Geburt zu beten. Pfingsten 1953 wurde die Tochter Helene geboren. Die Geburt verlief ohne jede Komplikation. Außer sorgfältig abgehefteten Briefen von Euthymia, die sie regelmäßig an ihre Verwandten geschrieben hat, bewahrt Gertrud Üffing noch viele Erinnerungen an die Schwägerin auf: So zum Beispiel die Episode, die sich während eines Besuchs bei Euthymia in Münster ereignete. Die beiden Schwägerinnen gingen über den Hof und

hörten aus dem offenen Fenster eines Krankenzimmers den Hilferuf eines Patienten. An der Reaktion Euthymias war zu erkennen, wie gerne sie in der Krankenpflege gearbeitet hätte, denn sie sagte voller Traurigkeit: »Ach, könnte ich doch diesem Menschen helfen.«

Sie muss wohl damals schon, so glaubt Gertrud Üffing, ihren nahen Tod gespürt haben. Als sie an der Leichenhalle vorbeigingen, sagte sie zu den Verwandten: »Hier könnt Ihr mich noch einmal alle besuchen.«

Braucht unsere Zeit heute Vorbilder wie Schwester Maria Euthymia? Mutter Gertrud und ihre beiden Töchter Maria und Helene – insgesamt gehören zur Familie drei Töchter und zwei Söhne – sind sich einig: »Ja, wir brauchen solche Vorbilder – wir haben sie immer gebraucht. Allerdings müssen sie in unsere Zeit hinein übertragen und uns heute anders nahe gebracht werden. Die Strenge und Konsequenz, mit der Maria Euthymia ihr Leben als Ordensfrau gestaltet hat, ist in der heutigen Zeit kaum zu vermitteln. Zu vermitteln sind aber die Werte, die Euthymia in ihrem Leben verwirklicht hat: Treue und Einsatzbereitschaft für eine Aufgabe.«

Die Seligsprechung am 7. Oktober 2001 war für Gertrud, Schwägerin von Maria Euthymia aus Hopsten, und ihre Kinder Maria, Helene, Franz und Werner mit ihren Frauen ein Höhepunkt, den sie sobald nicht vergessen können. Tochter Maria Krug berichtet: »Es war für uns alle ein bewegender Moment, als der Vorhang über dem Bild von Tante Emma hochgezogen wurde. Uns allen kamen die Tränen.«

Als Maria Krug ihre Mutter zum Petersplatz begleitete, habe sie gesagt: »Du Mutter, das heute ist Tante Emmas Tag.«

Die Familie ist sich bewusst, dass Tante Emma als die selige Schwester Euthymia jetzt der ganzen Kirche gehört. Ob die Familie stolz darauf ist, eine Selige in der Familie zu

haben? »Nein. Wir haben uns alle nur
unbeschreiblich gefreut und sind sehr
dankbar.« Allerdings weiß Maria Krug aus
Erzählungen der Eltern: Tante Emma habe
sich während ihrer Zeit im Kloster immer
sehr gefreut, wenn an den Besuchstagen die
Familie zusammen gekommen sei. »Vielleicht wäre es schön gewesen, wenn auch in
Rom alle Verwandten von einem Platz aus
ihre Seligsprechung hätten erleben können.«
Maria Krug ist von Beruf – »genau wie Tante
Emma« – Krankenschwester. Sie sieht die Seligsprechung von Maria Euthymia mit Blick
auf die Zukunft sehr realistisch. Eine Frau
wie Euthymia, die ihre Aufgabe darin
gesehen hat, sich vor allem Kranken und
Hilfsbedürftigen zuzuwenden – ohne einen
Unterschied in der Person zu machen – »ist
Vorbild für die heutige Zeit«. Sie begründet:
»Wir werden immer mehr alte und kranke
Menschen haben, folglich werden auch
immer mehr Menschen gebraucht, die sich
liebevoll um sie kümmern. In ihrer
kompromisslosen und liebevollen Hinwendung zu Hilfsbedürftigen hat eine Selige wie
Euthymia uns heute viel zu sagen.«

Else Üffing: »Sie hilft auch heute noch oft«

Else Üffing, die 77-jährige Witwe von Euthymias Bruder Clemens aus Altenberge, hat
ihre Schwägerin Emma zwar nur selten
gesehen. Nachdem Euthymia 1948 von Dinslaken in die Wäscherei nach Münster
versetzt worden war, begegnete sie ihrer
Schwägerin an den jährlichen Besuchstagen
im Mutterhaus der Clemensschwestern.
Wenn dann »die ganze Sippe« versammelt
war und liebevoll mit Kaffee und Kuchen bedient wurde, war Euthymia anzumerken, wie
glücklich sie war. Strahlend, aber ohne viel
zu sagen, saß sie mit der Familie zusammen.

Else Üffing mochte die stille, bescheidene Art
ihrer Schwägerin, sie war beeindruckt von
ihrer Demut und Gottergebenheit.
Bei Besuchen in Münster nutzten Else und
Clemens Üffing gerne die Gelegenheit,
Emma im Kloster zu besuchen. Sie freute
sich, Bruder und Schwägerin wiederzusehen,
schrieb aber eines Tages ihrer Mutter, Else
und Clemens sollten ihr Kommen doch nur
auf die offiziellen Besuchstage beschränken.
Die anderen Mitschwestern erhielten auch
keine zusätzlichen Besuche. Bei einem dieser
Besuche fiel Else Üffing auf, dass Euthymia
völlig ausgelaugte Hände hatte – eine Folge
der schweren Arbeit in der Wäscherei. Als
die Schwägerin etwas erschrocken fragte, ob
denn nicht mal jemand anders in der
Wäscherei arbeiten könne, winkte Euthymia
bescheiden ab: »Das ist doch ganz egal. Es ist
doch alles für den großen Gott.«
Else Üffing ist zutiefst überzeugt, dass Euthymia ihr und ihrer Familie in vielen
schwierigen Situationen geholfen hat. Kurz
bevor Schwester Euthymia an ihrer
Krebserkrankung starb, durften Bruder und
Schwägerin sie besuchen. »Ich hatte damals
große Probleme mit meiner Galle und litt
dauernd unter Gallenkoliken«, erinnert sich
Else Üffing. Als sie der Schwägerin davon
erzählte, antwortete Euthymia: »Warte, bis
ich oben bin, dann wird alles besser.«
Bei diesem Gespräch wurde deutlich, dass
Euthymia unter starken Schmerzen litt. Aber
sie wollte keine Spritzen. Emma hatte
Sorgen, »dass ich nicht mehr beten kann«,
erinnert sich die Schwägerin. Einige Tage
später starb Euthymia. Else Üffing: »Nach
ihrem Tod hatte ich das Gefühl, dass sich
meine Gallenbeschwerden besserten.«
Auch in einer anderen Situation ist Else
Üffing sicher, dass Euthymia geholfen hat:
Die Tochter Ursula war an einer schweren
Gehirnhautentzündung erkrankt. Sie konnte
weder Nahrung aufnehmen noch bei sich
behalten. Der Arzt war besorgt und kündigte
an, Ursula ins Krankenhaus einzuweisen,
wenn sich ihr Zustand bis zum nächsten
Morgen nicht gebessert habe.

Else Üffing sagte in ihrer Not: »Emma, wenn duo helpen wiällst, dann dod no«. (Emma, wenn Du helfen willst, dann tue es jetzt.) Am nächsten Morgen wünschte sich Ursula ein Butterbrot mit Schinken. Sie hat es bei sich behalten und wurde wieder gesund.

Sechs Mädchen gingen aus der Ehe von Clemens und Else Üffing hervor. Die fünfte Schwangerschaft verlief nicht gut, und Else Üffing sprach mit ihrer Schwägerin Euthymia: »Wenn ich das überstehe, dann soll das Kind Emma heißen.« Ein gesundes Mädchen wurde am 27. Januar 1959 geboren und Else Üffing hielt Wort: Das Kind wurde auf den Namen Emma getauft.

Clemens Üffing, der viel mit dem Lkw unterwegs war, erlitt plötzlich einen Schlaganfall. Innerhalb kürzester Zeit erhielt er ärztliche Hilfe. Auch in diesem Fall ist Else Üffing überzeugt, dass Euthymia ihre Hand darüber gehalten hat. »Ich habe das Gefühl, dass sie auch heute noch oft hilft, wenn ich Sie darum bitte.«

Selbstverständlich habe es auch Probleme gegeben, wo die erbetene Hilfe ausgeblieben sei. Else Üffing: »Ich habe dann immer gesagt – der Herrgott hat das letzte Wort.«

Else Üffing war selbst nicht mit in Rom. Sie wurde aber bestens vertreten durch ihre sechs Töchter, die sich mit ihren Familien auf den Weg in die »Ewige Stadt« gemacht hatten. Während die Feierlichkeiten auf dem Petersplatz in Rom ihren Lauf nahmen, hatte die 25-jährige Nichte Silke aus Altenberge Else Üffing auf den Zentralfriedhof nach Münster zum Grab von Schwester Euthymia begleitet.

In Rom spürten alle Familienmitglieder zuweilen etwas traurig, »dass Tante Emma eigentlich nicht mehr der Familie gehört, sondern der ganzen Kirche«. Diese Erkenntnis schmälert aber keineswegs die Freude über die Seligsprechung Euthymias. Obwohl »sie es selbst ganz sicher nicht gewollt hätte, so bescheiden wie Tante Emma war. Aber sie hat die hohe Ehrung nun wahrlich verdient.«

Beim Stichwort »Bescheidenheit« werden Er-innerungen an den Vater Clemens, einen Bruder von Euthymia, wach. »Tante Emma und unser Vater haben viel gemeinsam. Vor allem die stets liebevolle und freundliche Geduld, mit der er uns Kinder erzogen hat.« Nun sind Kinder ja keineswegs immer lieb und brav, »und wenn wir es verdient gehabt hätten, dass er mit uns schimpft, dann hat er uns nur traurig angeschaut und kein Wort gesprochen. Das war viel schlimmer, als wenn Papa mit uns richtig geschimpft hätte. Manchmal wäre uns das lieber gewesen.« Eine weitere Parallele wird deutlich: »Er war bescheiden und genügsam, hat nie geklagt, auch wenn er noch so belastet war. Wer unseren Vater kennt, kann das Leben von Schwester Euthymia besser nachvollziehen. Die beiden Geschwister haben eines gemeinsam: Je mehr sie belastet wurden, um so stärker wurden sie.«

Nach diesem Exkurs in Kindheitserinnerungen rücken wieder Eindrücke aus Rom in den Vordergrund. Begeistert sind alle von dem Eröffnungsgottesdienst am Freitagabend in San Ignazio. Texte, Gesänge und Fürbitten haben stark beeindruckt. Nach dem Gottesdienst spielte auf dem Platz vor der Kirche das Jugendorchester Altenberge: »Das war einfach alles großartig.«

Ergreifend für alle der Augenblick, als zur Seligsprechung das riesige Bild Euthymias auf dem Petersplatz enthüllt wurde: »Diesen Augenblick kann man nicht vergessen«, ist die übereinstimmende Meinung in der großen Runde der Familie.

Die Altenberger und Havixbecker Verwandten von Euthymia haben einen festen Zusammenhalt. Sie feiern gemeinsam alle Feste, stehen in guten und schlechten Zeiten zueinander: »Wir haben das Fest der Seligsprechung so fröhlich gefeiert, wie wir alle anderen Feste in unserer Familie auch feiern«, lautet das Fazit.

Und der Blick in die eigene Seele und das Bekenntnis dazu, ob Euthymia in schwierigen Situationen um Beistand gebeten wird? »Ja, da kommt schon mal öfter das Stoßgebet – Tante Emma nun hilf mal.

Sie ist und bleibt für uns ›Tante Emma‹ «.
Auch die 23-jährige Bankkauffrau Katja
Laubrock, ebenfalls eine Altenberger
Großnichte von Euthymia, nickt bei dieser
Frage zustimmend. Ihr Vetter Philipp Hüwe,
von Beruf Werbekaufmann, bringt die Sache
ganz realistisch auf einen Nenner: »Wenn
alle Stricke reißen, dann bitte ich lieber
Tante Emma um Hilfe, als irgend einen
anderen Heiligen. Wenn man schon eine
Selige in der Familie hat, dann muss man
auch seine Beziehungen nutzen.« Ob
Schwester Euthymia jungen Menschen heute
ein Vorbild sein kann? Katja bezweifelt es ein
wenig: »Man kann heute untergehen, wenn
man sich nicht durchsetzen kann.« Es fällt
ihr schwer nachvollziehen, wie jemand als
Ordensfrau so im totalen Gehorsam leben
will. Allerdings weiß sie auch, dass ein
Klosterleben heute völlig anders ist als vor 50
Jahren. Im nächsten Satz klingt bei Katja
ehrlicher Respekt durch: »Ich finde es
bewundernswert, wenn jemand das so in
seinem Leben verwirklicht, wie Tante Emma
es getan hat – diese Treue im Kleinen.«

Josef Üffing:
»Vor Freude
dem Weinen nahe«

In Halverde erinnert heute nichts mehr an
das einstige, stille Dorf, in dem Emma
Üffing geboren wurde und aufwuchs. Im
kleinen Bauernhaus am Ende des Dorfes
lebte sie im Kreis ihrer großen Familie, mit
ihren Eltern und zehn Geschwistern. Eine
breit ausgebaute Asphaltstraße führt durch
den Ort. Halverde ist mit seinen 1100 Einwohnern ein moderner Ortsteil von Hopsten geworden. Wenige Kilometer weiter
beginnt das Emsland. Größere Waldgebiete
prägen die Landschaft des auslaufenden
Tecklenburger Landes im nördlichen
Münsterland.

Fast am Ende des Dorfes liegt die Kirche. Ein
kleines Stück weiter nur zum Ortsausgang
hin steht das Haus Langenacker 9, in dem
Emma Üffing lebte. Das ursprüngliche
Elternhaus steht nicht mehr. Es wurde 1967
abgerissen, n seiner Stelle steht heute ein
moderner, äußerst gepflegter Bauernhof. Ein
großer Traktor auf dem blank gepflegten, ge-
pflasterten Hof. Schweinställe im fast rechten
Winkel zum Wohnhaus. Es wird Ferkel-
aufzucht im Nebenerwerb betrieben.
1934 verließ Emma Üffing das häusliche
Umfeld, um in die Genossenschaft der
Clemensschwestern in Münster einzutreten.
Auch wenn Haus und Umfeld der Emma
Üffing von einst mit dem von heute nichts
mehr zu tun haben – Erinnerung und
vertrauensvolle Verehrung sind in der
Familie tief verwurzelt. Die heute 90-jährige
Auguste Üffing, ihr Sohn Josef, Schwiegertochter Regina und fünf Söhne berichten mit
tiefer Ehrfurcht über Emma Üffing. Ein
sorgsam gehüteter Schatz von Briefen
befindet sich im Besitz der Familie, sorgfältig
abgeheftet, Brief für Brief nach Datum
geordnet über die Zeitspanne des Klosterein-
tritts von Emma bis kurz vor ihrem Tod
1955.
Besonders liebevoll aufbewahrt: ein kleiner
Zopf aus hellbraunem Haar. Für Emmas
Mutter, die 1975 im Alter von 97 Jahren
starb, ein ganz besonderes Andenken an die
Tochter. Junge Mädchen, die in früheren
Zeiten ins Kloster eintraten, mussten sich die
Haare abschneiden lassen.
Berichtet die Familie aus ihren Erinnerungen
an Emma Üffing und die spätere Schwester
Euthymia, wird immer wieder deutlich: Die
ruhige, freundliche bescheidene Art der
Verwandten hat alle beeindruckt. Etwa die
Geschichte mit dem Stoff für ein neues
Ordenskleid, den die Familie ihr und ihrer
Schwester M. Damiane, die im Hiltruper
Kloster Ordensschwester war, zu einem
Weihnachtsfest geschenkt hat. Es waren
Kriegszeiten damals. Stoff für Ordenskleider
zu organisieren, war schon recht schwierig.
Von Schwester M. Damiane kam alsbald ein

Dankesbrief zurück. Sie beschrieb in der ihr eigenen Fröhlichkeit, wie schön das neue Ordenskleid geworden sei und wie sehr sie sich darüber freue. Von Emma aber kam lange keine Nachricht. Als die Mutter nachfragte, kam es heraus: Euthymia hatte den Stoff einer Mitschwester geschenkt, die ihn noch nötiger gebraucht habe als sie.

Schwägerin Auguste Üffing und Schwiegertochter Regina berichten mit großem Respekt von der Mutter Euthymias. Sie war nicht nur fromm. Sie war auch eine starke Frau – und unbeschreiblich fleißig. Als Emmas Bruder Franz, der Mann von Auguste Üffing, nicht mehr aus dem Krieg zurückkehrte, stand Maria Üffing der Schwiegertochter zur Seite: Ein Bauernhof von 40 Morgen musste bewirtschaftet werden, die Kinder verlangten ihre Zuwendung. Bis zum letzten Atemzug ihres Lebens, so berichtet die Familie, hat sich die Mutter von Emma auf die Seligsprechung ihrer Tochter gefreut. Sie hat sie nicht mehr erleben dürfen.

Die Freude über die Seligsprechung ist auch im Üffingschen Haus in Halverde groß. Einer der fünf Söhne, Bernward, ein 27-jähriger Betriebswirt, gibt ganz unumwunden zu, dass er in aller Bescheidenheit stolz ist auf seine Großtante Euthymia. Er ist sicher, dass es seinen vier Brüdern ebenso geht. Ihm imponierten die Leistung und die vorbildliche Haltung Euthymias. Er ist überzeugt – die Jugend von heute braucht solche Vorbilder.

Auf die Frage, ob die Familie schon mal in Notsituationen Euthymia um Hilfe bittet, wird deutlich: Alle haben viel Vertrauen zu ihr, rufen Sie in schwierigen Situationen um Hilfe an.

So war es eigentlich selbstverständlich, dass Familie Üffing aus Halverde zur Seligsprechungsfeier nach Rom reiste. Ein kleiner Wermutstropfen in der Vorfreude: Die 90-jährige Schwägerin von Schwester Euthymia, Auguste Üffing, konnte die beschwerliche Reise nicht mehr auf sich nehmen. Auch sie hat sich jahrzehntelang auf

diesen Tag gefreut. Aber sie trägt es mit Fassung: »Alles kann man nicht haben«, sagt sie und fügt bewegt hinzu: »Ich freue mich darüber, dass ein so schlichter, lieber Mensch wie Emma jetzt endlich selig gesprochen worden ist.« Auguste hat ihre Schwägerin Emma von Jugend auf gekannt. »Wenn wir in den Schulpausen Spiele machten, stand Emma immer bei Seite. Wegen ihrer Krankheit war sie nicht so beweglich wie wir. Aber wenn eine von uns hingefallen ist und sich verletzte, dann war Emma immer ganz schnell zur Stelle, um zu helfen.« Nur eines von vielen Beispielen für die stets liebevolle Hinwendung der Emma Üffing und späteren Schwester Maria Euthymia zu ihren Mitmenschen.

Der Neffe von Euthymia, Josef Üffing, seine Frau Regina und ihre fünf Söhne Reinhard (33), Matthias (31), Bernward (28), Michael (27) und Thorsten (23) müssen die vielen Eindrücke aus Rom immer wieder neu verarbeiten. Einer der Söhne hatte mit den Eltern Tribünenplätze. Die anderen saßen unter den Pilgern auf dem Petersplatz: »Dafür saßen aber viele Politiker auf der Tribüne«, berichtete die Familie. Sie will das nicht kritisieren, ist aber der Meinung, dass auf der Tribüne vielleicht mehr Menschen mit einem direkteren Bezug zu Schwester Euthymia einen Platz verdient gehabt hätten. »Es hat mich sehr bewegt, als ich auf dem Petersplatz erlebt habe, wie viele Menschen positiv hinter der Seligsprechung von Euthymia stehen«, sagt Matthias. Der dreistündige Seligsprechungsgottesdienst verging wie im Flug: »Das war kein normaler Kirchgang wie sonst. Die Zeremonie auf dem Petersplatz hat mich viel mehr angesprochen und tief bewegt,« sagt er und fügt hinzu: »Es ist gut zu wissen: wenn man Hilfe braucht, dann weiß man, dass man jemand hat.« Matthias bringt es auf den Punkt: »Ja, ich sage auch schon mal ›Euthymia hilf mir mal!‹ «

Seinem Bruder Thorsten erging es ähnlich: »Das war für mich der bewegendste Moment, als der Papst den Namen Üffing nannte und mir plötzlich bewusst wurde – da wird jemand aus unserer Familie selig gesprochen. Ich war in diesem Moment so ergriffen, wie ich es vorher nicht für möglich gehalten hätte.«

Aber Bescheidenheit von innen heraus kommt im nächsten Satz zum Ausdruck. Viele Menschen haben nach der Seligsprechung den Söhnen gratuliert. Das sei zwar nett und lieb gemeint gewesen, meinen Matthias und Thorsten, »doch solche Glückwünsche stehen uns nicht zu. Wir haben keinen Stolz empfunden, nur eine ganz tiefe Freude über den Glauben der Menschen. Gefreut haben wir uns besonders auch für die Clemensschwestern.« Einig sind sich die beiden mit ihren anderen drei Brüdern: »Euthymia hätte das alles nicht gewollt. Dafür war sie viel zu bescheiden.«

Noch immer bewegt, aber mit großer Freude, berichten Regina und Josef Üffing über die Tage in Rom. Regina durfte dem Papst eine große schwere Kerze überreichen. »Ich war sehr bewegt, als ich vor dem Papst kniete«, berichtet sie. »Die Kerze war schwer, und das Aufstehen nach dem Niederknien vor dem Papst schwierig.« Nein, aufgeregt war sie nicht, schließlich sei die Zeremonie zweimal vor dem Seligsprechungsgottesdienst geprobt worden. Josef Üffing geht es ähnlich. Aufregung? – nein, gar nicht. »Aber ich habe es als große Ehre empfunden, dass ich das Reliquiar dem Papst überreichen durfte.« Seine Gedanken während des Gottesdienstes bringt Josef Üffing ganz schlicht zum Ausdruck: »Manchmal hätte man weinen können vor Freude.«

Vorher sei Emma Üffing ein Familienmitglied gewesen, jetzt gehöre sie allen in der Kirche. Heilige und Selige sind für einen Katholiken etwas Selbstverständliches: »Aber, dass wir jetzt eine Selige in der Familie haben, das ist etwas völlig Neues. Das muss ich erst noch verarbeiten.«

Der Bauernhof in Halverde ist seit Jahren Anziehungspunkt für unendlich viele Menschen. Sie kommen mit Bussen, Autos und Fahrrädern angereist. Familie Üffing nimmt das alles recht gelassen hin. Matthias und Thorsten: »Das ist schon in Ordnung so. Es kann sich ja auch jeder unser Haus von außen und auch die Gedenkstätte mit Kreuz und Bronzerelief vor dem Haus anschauen.« Sie sind auch sicher, dass die Besucherströme zum ehemaligen Elternhaus von Euthymia in Zukunft nicht abreißen werden.

Was zieht die Menschen nach Halverde oder zum Zentralfriedhof nach Münster? Hat eine Frau wie Schwester Euthymia der heutigen Zeit etwas zu vermitteln? Matthias und Thorsten sind ganz sicher: »Ihre Bescheidenheit kann uns Vorbild sein. Ehrgeizig sind wir heute alle. Euthymia hat uns vorgelebt, mit wie wenig jemand zufrieden und glücklich sein kann. Sie ist Vorbild dafür, dass die kleinen Dinge mehr Erfüllung und Freude bringen, als die vielen Dinge, die in der heutigen Zeit im Vordergrund stehen.«

Das persönliche Verhältnis zur Schwägerin und Tante hat sich bei Auguste, Regina und Josef Üffing in Halverde seit der Seligsprechung nicht geändert. »Für mich ist und bleibt sie Tante Emma«, sagt Josef Üffing. Die Söhne kennen die Großtante Schwester Euthymia nur aus Erzählungen und Büchern: »Aber durch die Seligsprechung ist sie uns ein wenig näher gerückt, sie ist uns jetzt präsenter als früher.« Und wieder einmal in aller Bescheidenheit: »Es ist schon enorm, was diese Frau erreicht hat. Aber viele andere Menschen haben ebenso gelebt und gedient wie Emma Üffing. Schwester Euthymia steht deshalb mit ihrer Seligsprechung stellvertretend für viele andere.«

ELKE SEUL

Mit dem Motorrad zum Papst

Die Bergleute Martin Üffing und Jörg Thürnagel

Nach 1700 Kilometer langer Fahrt auf dem Motorrad erreichten die beiden Mettinger Bergleute Martin Üffing und Jörg Thürnagel Rom, um an den Feierlichkeiten zur Seligsprechung von Schwester Euthymia teilzunehmen.

»Bischof Reinhard Lettmann hat dem Papst erzählt, dass wir mit dem Motorrad gekommen sind«, erzählt Martin Üffing stolz. Gemeinsam mit Jörg Thürnagel durften die beiden Bergleute bei der Papstaudienz eine aus Mettingen mitgebrachte Staute der heiligen Barbara zum Heiligen Vater tragen. Nach dem päpstlichen Segen soll die Barbara-Statue nun einen festen Platz in der Mettinger St.-Agatha-Kirche bekommen.

Der 39-jährige Bergmechaniker Martin Üffing und der 50-jährige Elektrotechniker Jörg Thürnagel, die beide bei der DSK Anthrazit Ibbenbüren beschäftigt sind, hatten sich lange auf die Fahrt vorbereitet. Als die Seligsprechung von Schwester Euthymia bekannt wurde, kam ihnen die Idee, »etwas Besonderes auf die Beine zu stellen«.

Schnell stand für die begeisterten Biker fest, mit ihren Motorrädern die 1700 Kilometer lange Strecke nach Rom zurückzulegen. An ihren Motorrädern war groß der Schriftzug angebracht »Wallfahrt nach Rom – 7.10.2001 – Seligsprechung Schwester Euthymia«, so dass auch für Passanten ersichtlich war, in welcher Mission die beiden unterwegs waren.

Zusammen mit Jörg Thürnagel hatte Martin Üffing öfter das Grab von Schwester Euthymia in Münster besucht. Sie suchten auch die Clemensschwestern im Mutterhaus auf, die ihre Form der Pilgerfahrt begeistert aufnahmen. Zusammen mit der Bistumsleitung stellten sie die Weichen für das Zustandekommen der Privataudienz beim Papst.

JOHANNES BERNARD

Die Mühen haben sich gelohnt: Stolz zeigen Martin Üffing (links) und Jörg Thürnagel die soeben vom Papst gesegnete Statue der heiligen Barbara.

Alle Wege führen nach Rom: Martin Üffing (im Bild oben rechts) und Jörg Thürnagel haben den Weg mit Motorrädern bewältigt. Im Gepäck führten sie eine 1,22 Meter hohe Barbara-Statue mit, die der Mettinger Bildhauer Ewald Böggemann geschaffen hat (rechts).

Das geistliche Ereignis des Jahres

Festliche Liturgien und meisterliche Musik

Auch wenn die große Papstliturgie und weitere großartige Gottesdienste in Roms bedeutendsten Kirchen dies vermuten lassen könnten: Die Pilgerreise zur Seligsprechung von Schwester Euthymia war keine selbstvergessene Jubel-Veranstaltung. Die Pilgerreise war ein geistliches Ereignis, das zutiefst berührte und stärkte.

Viele der über 3500 Pilger haben eine persönliche Geschichte mit Schwester Euthymia. Sie wandten sich in schweren Zeiten an die kleine Schwester aus der Waschküche – im glaubenden Vertrauen, dass sie vor Gott eine Große ist. Diese ihre Fürsprecherin nun aus dem Mund des Papstes als Glaubens-Vorbild anerkannt zu hören, das war für viele ein Höhepunkt ihres (Glaubens-) Lebens.

Die über 200 Clemensschwestern feierten in Rom die Seligsprechung ihrer Mitschwester, also »einer von ihnen«. Den anderen Pilgern waren sie selber Glaubens-Schwestern, nahbar in der Begegnung, im gemeinsamen Gebet, in herzlichem Feiern und in der mitunter mühevollen Erkundung der quirligen Stadt Rom. Für sie konnte es keine bessere »Werbeveranstaltung« geben. Jede Clemensschwester war so auch »eine von uns«, die bereitwillig über sich, über ihre Berufung, ihren Glauben erzählte – nicht selten ausgelöst durch ein Gespräch über Begegnungen mit Schwester Euthymia. Ähnliches gilt für Bischof Reinhard Lettmann, die münsterischen Weihbischöfe und die Priester des Bistums, die mit in Rom dabei waren. Es wäre mehr als traurig, wenn ein solcher geschwisterlicher Umgang, solche Unmittelbarkeit alltäglichen Lebens und gemeinsam gelebten Glaubens in Gottesdienst und Gespräch nur in italienischem Ambiente möglich wäre.

In Rom konnte man eine wahrhaft römische Weltkirche erleben. Es war vor allem jene unbeschwerte, durch protokollarische und antiquierte Korsette hindurch wirkende, befreite Art und Weise der Begegnung zwischen dem Bischof von Rom und Gläubigen aus aller Welt. Keine Spur von naivem »Johannes Paul der Zweite, wir steh'n an deiner Seite«-Geschrei, keine Andeutung von inszenierter Papst-Hysterie.

Was in Rom zutage trat, war auch dies: Der Bischof von Münster ist ein in der Tat »römischer« Bischof – mit einem exzellenten Verhältnis und einer von Herzen kommenden Loyalität zu einem Papst, der die Kirche in diesen Tagen repräsentierte als Ort der Menschlichkeit und Herzlichkeit. Das ist römische Papsttreue, wie sie sympathischer nicht sein kann.

Zu einem spirituell intensiven Erlebnis wurde die Pilgerreise nicht zuletzt durch die wunderbaren Liturgien und die meisterliche Mitwirkung mehrerer hundert Musiker – Kinder, Jugendliche, Erwachsene – aus dem Bistum Münster.

Markus Nolte

2.
Der Seligsprechungsprozess

»Ihr Zeugnis verleiht uns Kraft«

Ein Beispiel gelungenen Lebens aus dem Glauben

Papst Johannes Paul II. hat während seines Besuchs in Münster und Kevelaer Anfang Mai 1987 auf die Bedeutung von Glaubenszeugen für das Bistum Münster verwiesen. Über Schwester Euthymia sagte er damals:

»Hier in Münster habt ihr die Wirkstätten und das Grab der Clemensschwester Maria Euthymia, zu der Scharen von Hilfesuchenden pilgern. An den scheinbar verborgenen Orten ihres aufopfernden Dienstes hat diese einfache Ordensfrau stellvertretend für viele gezeigt: Ein Leben aus dem Glauben und aus dem Evangelium hat weltverändernde Kraft. Aus der Kraft ihrer Christusnachfolge entstand in ihrer Nähe Heimat und Geborgenheit für kriegsgefangene Menschen, die ihr anvertraut waren. Liebe besiegt den Hass.«

Als der Papst seinerzeit diese Würdigung aussprach, zeichnete sich noch kein Ende des Seligsprechungsprozesses für Schwester Euthymia ab. In ihrem Fall sollte es 42 Jahre lang dauern; und nicht immer zeigte das Verfahren Aussicht auf Erfolg. Im März 2000 kam die lang erwartete positive Nachricht aus Rom: die unermüdlichen »Anwälte« im Vatikan und in Münster sahen sich in ihrem beharrlichen Bemühen endlich belohnt.

Was sind Selige, was sind Heilige?

Zunächst ist zu betonen: Jede Christin und jeder Christ ist durch die Taufe »geheiligt«. Das bedeutet: Kein Leben ist zufällig, jedes Leben ist von Gott gewollt und unendlich wertvoll; nicht nur für sich selber, sondern auch und vor allem für und vor Gott. Entsprechend hat jede und jeder dies als Lebensaufgabe: der von Gott geschenkten Würde im

Maria Üffing, die Mutter von Schwester Euthymia, mit ihren Töchtern Anna und Johanna (Schw. Damiane) am Grab.

Leben Ausdruck zu geben. Das gelingt dem einen besser, einem anderen dagegen weniger gut.

Zuweilen begegnen uns Menschen, deren Glauben und Leben besticht durch Glaubwürdigkeit, Engagement, Klarheit, Offenherzigkeit und eine tiefe, vertrauensvolle Gottesbeziehung – also Eigenschaften, die Zeitgenossen an Schwester Euthymia beeindruckt haben.

Ihre Seligsprechung soll sie nicht von den »normalen« Gläubigen absondern – im Gegenteil: Die Seligsprechung will Schwester Euthymia als Beispiel gelungenen Lebens aus dem Glauben vorstellen. Die Seligsprechung bestätigt quasi die Beispielhaftigkeit von Schwester Euthymia.

Die katholische Kirche verehrt Selige und Heilige als Vorbilder christlichen Lebens. Bischof Reinhard Lettmann erläutert den Unterschied:

»Die Seligsprechung stellt einen Menschen als Beispiel christlichen Lebens für die Kirche eines Landes oder eines Bistums oder auch für eine bestimmte Gemeinschaft heraus. Die Heiligsprechung dehnt diese Verehrung auf die ganze Weltkirche aus.«

Durch die Selig- oder Heiligsprechung darf die betreffende Person öffentlich von der Kirche liturgisch verehrt werden. Das geschieht bereits seit ältesten Zeiten. So heißt es etwa in der ersten Präfation von den Heiligen im Messbuch:

»*Die Schar der Heiligen verkündet Deine Größe, denn in der Krönung ihrer Verdienste krönst Du das Werk Deiner Gnade. Du schenkst uns in ihrem Leben ein Vorbild, auf ihre Fürsprache gewährst Du uns Hilfe und gibst uns in ihrer Gemeinschaft das verheißene Erbe. Ihr Zeugnis verleiht uns die Kraft, im Kampf gegen das Böse zu siegen und mit ihnen die Krone der Herrlichkeit zu empfangen.*«

Papst Johannes Paul II. sieht in den Heiligen und Seligen eine »Wolke von Zeugen«, »durch die Gott uns gegenwärtig wird und zu uns spricht«. Diese Bewertung macht verständlich, warum in diesem Pontifikat mehr Glaubenszeuginnen und -zeugen selig und heilig gesprochen worden sind als je zuvor in der Amtszeit eines Papstes.

Was ist ein Seligsprechungsprozess?

Bevor die Kirche die liturgische Verehrung eines Menschen nach seinem Tod zulässt, prüft sie so genau wie möglich sein Leben und Sterben. Dies geschieht in einem förmlichen Seligsprechungsprozess, den der Ortsbischof einleitet. Im Fall von Schwester Euthymia hat der münsterische Bischof Dr. Mi-

chael Keller Ende der fünfziger Jahre den Se-
ligsprechungsprozess auf den Weg gebracht.
Schon wenige Wochen nach dem Tod von
Schwester Euthymia am 9. September 1955
hatte eine Welle der Verehrung eingesetzt.
Gleichzeitig war damit begonnen worden, Be-
lege für ihr beispielhaftes Leben zu sammeln:
Briefe, Postkarten, Notizbücher und lose
Zettel. Zudem waren 32 Zeugen über das
Leben von Schwester Euthymia befragt worden, unter anderem ihre Mutter.
Der Seligsprechungsprozess zielt praktisch
darauf ab, nachprüfbar festzustellen, dass ein
Mensch wirklich heilig gelebt hat. Quasi in
einem zweiten Schritt prüft die Kirche, ob
Gott die Heiligkeit des Menschen durch Zeichen und Wunder bestätigt.
Innerhalb des lang andauernden Seligsprechungsprozesses von Schwester Euthymia hat
sich die Rechtslage verändert, zum einen
durch die Gesetzgebung von Papst Paul VI.
im Jahr 1969, zum anderen durch das neue
kirchliche Gesetzbuch von 1983.
Papst Paul VI. hatte vor allem auf anhaltende
Beschwerden reagiert, der Prozess sei zu lang-

wierig, und hatte das Verfahren gestrafft und
transparenter gestaltet. So bildete er eine ei-
genständige Kongregation für die Selig- und
Heiligsprechungsangelegenheiten.
Im Fall von Schwester Euthymia gab es die
erste schriftliche Reaktion auf ihr heiligmäßi-
ges Leben bereits einen Monat nach ihrem
Tod. Am 7. Oktober 1955 schrieb der französische Abbé Emile Eche an die Generaloberin
der Clemensschwestern, Mutter Ottokara. Als
französischer Kriegsgefangener war Eche
Schwester Euthymia in den Jahren 1943 bis
1945 im St.-Vinzenz-Hospital in Dinslaken
begegnet. Er beurteilte die Persönlichkeit von
Schwester Euthymia: »Man fühlte, dass diese
Ordensfrau nicht nur mit Worten der Form
nach allem Weltlichen entsagt hatte. Glaube,
Hoffnung, Liebe – diese drei göttlichen
christlichen Tugenden waren ihr zur Gewohnheit, zur Haltung geworden.«
Noch im Oktober 1955 forderte die Leitung
der Kongregation alle Clemensschwestern
auf, über besondere Erlebnisse mit Schwester
Euthymia zu berichten. Offenbar fielen die
Rückmeldungen so einhellig positiv aus, dass

**Abbé Eche mit
Messdienern am
Grab von Schwester
Euthymia.**

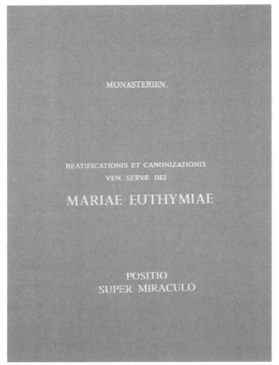

MONASTERIEN.

BEATIFICATIONIS ET CANONIZATIONIS
VEN. SERVÆ DEI

MARIAE EUTHYMIAE

POSITIO
SUPER MIRACULO

Die Titelseite der Dokumentation für die Seligsprechung.

Mutter Ottokara und Direktor Friedrich Reekers am 12. April 1957 bei der bischöflichen Behörde offiziell einen »Antrag auf die Eröffnung des Informativprozesses zwecks Seligsprechung unserer am 9.9.1955 verstorbenen Schwester Maria Euthymia« stellten.

Wer führt den Seligsprechungsprozess?

Ziel des Verfahrens ist es, Beweise für ein vorbildliches Glaubensleben zu finden, zu prüfen und auszuwerten. Das geschieht auf eine Weise, die in ihren Grundformen dem Prozess vor einem Gericht entspricht. Es gibt zwei Parteien und einen von ihnen unabhängigen und unparteiischen Richter.

Die eine »Partei« ist der Antragsteller, also ein Orden oder eine Diözese – prinzipiell aber jedermann. Allerdings ist eine Einzelperson kaum in der Lage, die umfangreichen Arbei-

ten der Vorbereitung und Begleitung eines Prozesses über Jahre, womöglich Jahrzehnte zu leisten. Der Antragsteller muss in Rom am Sitz der Kongregation einen »Postulator« als seinen Vertreter bestellen. Dieser beauftragt seinerseits in der Heimat einen »Vizepostulator«.

Die »Gegenpartei« im Prozess ist im Bistum und in Rom jeweils ein »Promotor fidei«, ein Kirchen- oder Glaubensanwalt. Im Volksmund heißt er »advocatus diaboli« (Teufelsanwalt), denn er hat die Aufgabe, auf all das zu verweisen, was einer Seligsprechung entgegensteht.

»Richter« im Bistum ist der Bischof oder ein von ihm bestellter Priester. Als Untersuchungsrichter sammelt er Material und stellt es zusammen.

Der Richter, der das Urteil fällt, also die Seligsprechung vornimmt, ist immer und ausschließlich der Papst. Das schließt selbstverständlich weder Berater noch Mitarbeiter bei der Beweiserhebung wie bei der Vorbereitung des Urteils aus.

Was geschieht im Prozess auf Bistumsebene?

Nachdem ein Antragsteller beim Bischof des Sterbeorts der verehrungswürdigen Person sein Anliegen vorgetragen hat, muss der Bischof eine erste Prüfung vornehmen: Lässt sich aus ersten Unterlagen eine Heiligkeit der verstorbenen Person erkennen? Gibt es Anzeichen für eine erste Verehrung? Welcher pastorale Nutzen wäre von einer Verehrung dieser Person zu erwarten?

Erscheinen dem Bischof die ersten Indizien tragfähig, bringt er die Vorermittlungen der römischen Kongregation zur Kenntnis und erfragt deren Meinung. Hält auch Rom einen Prozess für sinnvoll, übersendet die Kongregation dem Bischof umfangreiche Fragenschemata. Sie sind die Grundlage für die Vernehmung von Zeugen.

Diese Zeugenaussagen bilden den wichtigsten Teil des Beweismaterials für eine Seligsprechung. Konnte früher erst 50 Jahre nach dem Tod ein Verfahren eingeleitet werden, um aus der Distanz ein abgewogenes Urteil zu gewinnen, hat sich die Rechtspraxis inzwischen grundlegend geändert: Heute beginnen die Zeugenbefragungen möglichst früh nach dem Tod, damit alle Lebenszeugen ihre frischen Eindrücke über die Persönlichkeit wiedergeben können.

Gleichzeitig bittet der Bischof alle diejenigen, die irgendwelche Schriften des Verstorbenen besitzen, diese dem kirchlichen Gericht vorzulegen. Dieses sammelt den handschriftlichen und gedruckten Nachlass des Verstorbenen und prüft ihn in einem besonderen Verfahren – dem so genannten Schriftenprozess.

War der schriftliche Nachlass von Schwester Euthymia mit 73 Briefen oder Postkarten, vier Notizbüchern, einigen losen Zetteln und drei besonderen Aufzeichnungen eher bescheiden – nicht ungewöhnlich für eine Ordensfrau ihrer Zeit –, erforderte die Befragung von Zeugen viel Aufwand.

Ingesamt wurden 32 Personen vernommen; sie mussten bis zu 82 Fragen beantworten. Zeugen waren Familienangehörige, Mitschwestern, weltliche Mitarbeiter ihrer Wirkungsstätten, zwei Geistliche und fünf Ärzte. Das erste Gespräch wurde am 17. November 1959 mit der damals 81-jährigen Mutter von Schwester Euthymia geführt. Am 5. April 1960 wurde Abbé Eche vernommen.

Das diözesane Erhebungsverfahren wurde mit einer feierlichen Sitzung des Gerichts am 26. Februar 1962 abgeschlossen. Da sich zwischenzeitlich die Verfahrensregeln änderten, wurde ein ergänzender Beweiserhebungsprozess notwendig. In dessen Verlauf wurden in den Jahren 1976 und 1977 insgesamt 63 Zeugen vernommen, unter ihnen 17 bereits früher Befragte.

Wie verläuft der römische Tugend-Prozess?

Am Ende der Beweiserhebungen auf diözesaner Ebene werden die Akten in einer feierlichen Schlusssitzung des kirchlichen Gerichts versiegelt und nach Rom gebracht. Neben dem »Postulator«, dem Prozessvertre-

Bei einem schweren Arbeitsunfall gerieten die Hände von Schwester Avelline zwischen die Walzen einer Bügelmaschine. Die Heilung der Hände (Bild unten) gilt als medizinisch nicht erklärbar.

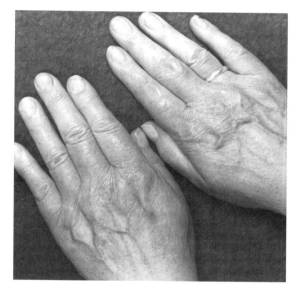

200 Seiten umfasst das Dokument mit der Nachricht von der Anerkennung eines Wunders auf die Fürsprache Schwester Maria Euthymias, das der römische Notar Dr. Andrea Ambrosi (rechts) der Generaloberin der Kongregation, Sr. M. Pacis Helleberg (3. von rechts) im März 1999 überreichte.

ter des Antragstellers, der allerdings nicht Mitarbeiter der Kongregation ist, hat in Rom der so genannte »Relator« die Hauptarbeit zu leisten. Als richterlicher Berichterstatter führt er das Verfahren in der Kongregation weiter. Sein »Gegenspieler« ist der Generalglaubensanwalt der Kongregation mit seinen Mitarbeitern.

Um die Arbeit der Kongregation zu erleichtern, erstellt ein Mitarbeiter des Postulators, im Fall von Schwester Euthymia war es der römische Rechtsanwalt Dr. Andrea Ambrosi, die so genannte »Positio«. Diese Dokumentation ist eine nach vorgegebenen Maßstäben zusammengestellte Synthese sämtlicher während der Beweiserhebung gewonnenen Informationen, insbesondere der Zeugenaussagen. Die Erstellung der »Positio« im Prozess von Schwester Euthymia dauerte mehr als vier Jahre. Das Werk umfasst mehr als 500 Seiten, ist in italienischer Sprache abgefasst, in rotes Leinen gebunden und wurde Anfang 1986 der Kongregation überreicht.

Inzwischen gab es einen intensiven Meinungsaustausch zwischen beiden Prozessparteien: Postulator oder Relator trugen Argumente vor, der Kirchenanwalt äußerte Bedenken, Postulator oder Relator antworteten mit Erläuterungen und Klarstellungen … Im Pro-

zess von Schwester Euthymia haben unter anderem neun verschiedene Theologen unabhängig von einander ihr Expertenvotum abgegeben.

Hinterlässt diese Diskussion kleine Unklarheiten oder Bedenken, kann die Kongregation eine ergänzende Beweisaufnahme veranlassen. Tauchen jedoch schwerwiegende Bedenken auf, kann dies zur Einstellung des Verfahrens führen. Dann werden die Akten im römischen Archiv aufbewahrt, falls sich zu einem späteren Zeitpunkt neue Aspekte ergeben sollten. Das war etwa im Verfahren für die münsterländische Seherin Anna Katharina Emmerick der Fall. Dieser Prozess wurde 1928 eingestellt und erst 1973 nach Intervention von Bischof Heinrich Tenhumberg bei Papst Paul VI. wieder aufgenommen.

Führt die Prüfung des Beweismaterials zu positiven Ergebnissen, machen sich das unterste römische Prozessgremium, der so genannte »Congressus«, und in der Folge die Vollversammlung der Kardinäle und Bischöfe (»Plenaria«) die Sichtweise des Relators und Postulators zu eigen – eine wichtige Vorentscheidung. Denn jetzt bestätigt der Papst während einer halböffentlichen Audienz in einem besonderen Dekret den heroischen Tugendgrad der verstorbenen Person oder ihren Märty-

Nach der Promulgation des Dekrets zur Seligsprechung empfing Papst Johannes Paul II. die Generaloberin Schwester Pacis Helleberg (Mitte) und die Generalassistentin Schwester Margret Trepmann zur Audienz.

rertod. So sprach Papst Johannes Paul II. am 1. September 1988 den »Heroischen Tugendgrad der Dienerin Gottes Schwester Euthymia« zu.

Was muss im Wunderprozess bewiesen werden?

Viele, auch gläubige Menschen haben mit Wundern ihre Schwierigkeiten. Fest steht jedenfalls zweierlei: Zum einen hält die Kirche ausdrücklich daran fest, dass Gottes Handeln nicht menschlichen und natürlichen Grenzen unterliegt; zum anderen aber ist die Kirche in keiner Weise »wundergläubig« oder gar »wundersüchtig«.
Für behauptete Wunder wird ein eigenes Verfahren eröffnet, zumeist im Anschluss an die Bestätigung des Tugendgrades oder des Märtyrertodes. In diesem so genannten »Wunderprozess« stehen medizinisch nicht erklärbare Heilungen im Mittelpunkt der Prüfungen. Es geht um den Beweis, dass auf die Fürsprache der Verstorbenen ein nach menschlichem Verstehen nicht zu erklärendes »Wunder« geschehen ist. Damit soll der Nachweis geführt werden: Gott selbst bekräftigt das vorbildliche Tun und Wirken eines Dieners Gottes auf Erden nach dessen Tod durch Zeichen und Wunder.

In einem speziellen Verfahren hat dazu der Ortsbischof alle Unterlagen über unerklärlich plötzliche und schnelle Heilungen gesammelt und nach Rom weitergeleitet. Dort wird eine ärztliche Kommission aus hervorragenden Fachspezialisten gebildet, die »Consulta medica«. Ihre Aufgabe ist das Urteil: Lässt sich ein Heilungsvorgang nach dem medizinisch-wissenschaftlichen Kenntnisstand erklären, oder ist er vollkommen unerklärlich?
Kommen mindestens zwei Drittel der ärztlichen Fachkommission zu dem Ergebnis, eine Heilung sei wissenschaftlich nicht erklärbar, wird der Vorgang an eine Fachkommission aus Theologen weitergegeben. Sie haben nun die Frage zu beantworten: Ist dieser Heilungsvorgang als Wunder zu bewerten?
Verläuft auch dieser Verfahrensabschnitt positiv, leitet der »Congressus« der Kongregation die Angelegenheit wiederum in die »Plenaria« der Kardinäle und Bischöfe als oberstem Beschlussorgan der Kongregation. Im günstigen Fall empfiehlt die »Plenaria« dem Papst das Votum: Es ist tatsächlich ein Wunder geschehen. Ähnlich wie beim Abschluss des Tugendprozesses verliest dann der Papst in einer feierlichen Audienz für die Mitglieder der Kongregation und die Vertreter der prozessführenden Partei ein Dekret, das ein

Unabhängig von den jeweiligen Erfolgschancen im 42-jährigen Seligsprechungsprozess war die Verehrung von Schwester Euthymia durch die Gläubigen jederzeit ungebrochen.

Wunder feststeht. Damit »kann nach dem Beweis und der Billigung der Tugenden und der Wunder mit Sicherheit zur feierlichen Seligsprechung des Dieners oder der Dienerin Gottes geschritten werden«.

Seit dem Tod von Schwester Euthymia hat die Clemensschwestern eine Flut von mittlerweile mehr als 150 000 Zuschriften erreicht; etwa 45 000 davon enthielten Hinweise auf Gebetserhörungen auf die Fürsprache von Schwester Euthymia. Nach Durchsicht des umfangreichen Materials wurden im Frühjahr 1977 vier Fälle aus der Fülle der berichteten Heilungen ausgewählt und einer medizinischen Sachver-

ständigenkommission in Rom zur Vorklärung unterbreitet.

Als Ergebnis dieser Begutachtung wurde ein Fall als hinreichend dokumentiert bewertet. Dabei handelte es sich um die Heilung der verbrannten Hand einer Mitschwester von Schwester Euthymia.

Am 6. August 1955, wenige Wochen vor dem Tod von Schwester Euthymia hatte sich in der Wäscherei des Landeskrankenhauses Marientail in Münster ein Arbeitsunfall ereignet: Schwester M. Avelline Koenen war mit der rechten Hand zwischen die Walzen der großen Bügelmaschine geraten. Der Chefarzt der

Raphaelsklinik diagnostizierte Verbrennungen dritten Grades an vier Fingern, offene Sehnen und Streckmuskeln sowie gefährliche Quetschungen.

Einen Tag nach Euthymias Tod ließ sich Schwester Avelline bei einer medizinischen Kontrolle in der Raphaelsklinik von Mitschwestern anregen, mit zum Sarg von Schwester Euthymia zu gehen. Dort sprach sie ein Gebet, etwa dieses Inhalts: »Schwester Maria Euthymia, wenn du im Himmel bist, dann kannst du dafür sorgen, dass meine Hand wieder besser wird. Ja, du bist in der Wäscherei gewesen und hast dort viel gearbeitet. Auch ich möchte gerne wieder viel arbeiten können.«

Ungeachtet der kritischen Diagnose und großen Skepsis der Ärzte war die Hand wenige Tage darauf auf unerklärliche Weise wieder geheilt. Eine Operation war nicht mehr erforderlich; Schwester Avelline konnte die Finger wieder frei bewegen.

Im Frühjahr 1979 fand in Münster das Beweiserhebungsverfahren statt. Sein Ergebnis beurteilten zwei italienische Fachgutachter unterschiedlich. Daraufhin kam es zu einer Nachvernehmung im Bistum. Doch die erneute Befassung der Kongregation brachte nicht den Durchbruch, sondern völlig überraschend ein negatives Ergbnis in der Beurteilung der Hand-Heilung. Diese Haltung änderte sich auch nach einer weiteren Beurteilung durch medizinische Experten nicht.

Allerdings war Postulator Dr. Ambrosi überzeugt, eine unerklärliche Heilung vorgelegt zu haben und suchte deshalb beharrlich nach einem anerkannten Spezialisten für Verbrennungen und Quetschungen, den er schließlich an einer römischen Universitätsklinik fand: Professor Piero Palmisano. Dieser arbeitete das gesamte Beweismaterial neu auf und stellte ihm ähnliche Verletzungen aus seiner Praxis gegenüber, die einen wesentlich negativeren Ausgang genommen hatten.

Eine erneute Befassung der Gutachterkommission im März 1995 erbrachte zwar wiederum ein Nein, allerdings nicht mehr einstimmig. Postulator Dr. Ambrosi wagte daraufhin einen ungewöhnlichen Schritt: statt der Kommission mit üblicherweise bei der Kongregation tätigen Ärzten beantragte er eine Expertengruppe von Fachärzten speziell für Hautverbrennungen und Handchirurgie. Diese Spezial-Kommission kam am 4. März 1999 einstimmig zu einem positiven Votum: Die Heilung der Hand lässt sich nach medizinischen Maßstäben nicht erklären. Am 22. Oktober 1999 bestätigten die Sachverständigen der Kongregation das Expertenurteil.

Dieser langwierige Verfahrensschritt darf als schlagender Beweis für die kritische und akribische Prozessführung in Rom angesehen werden, wie sie dem bedeutsamen Vorgang von Selig- und Heiligsprechungen angemessen ist.

Die »Plenaria« im Vatikan mit dem Schweizer Kardinal Henry Schwery als Berichterstatter befanden am 7. März 2000 einmütig, dass Schwester Euthymia selig gesprochen werden kann – ein Urteil, dem sich der Heilige Vater am 1. Juli 2000 durch Promulgation des entsprechenden Dekrets anschloss.

Am 15. März 2001 konnte Bischof Reinhard Lettmann der Bistumsöffentlichkeit die Nachricht des Päpstlichen Staatssekretariats mitteilen, Schwester Euthymia werde am 7. Oktober in Rom selig gesprochen.

»Dieser Tag ist ein besonderer Tag«, freute sich Bischof Lettmann und mit ihm die Gläubigen in der Diözese Münster, »Schwester Euthymia ist nicht eine Selige des Schreibtisches, sondern eine Selige des Alltags. Darum wird ihr Lebensbeispiel von so vielen verstanden.« Von Schwester Euthymia lasse sich lernen, »im Alltag als Christ zu leben und dem Glauben Gesicht zu geben«.

MARTIN HÜLSKAMP
Domkapitular,
Vize-Postulator im Seligsprechungsverfahren

Die erste Exhumierung

Im Mai 1985

Arbeiter öffnen das Grab von Schwester Euthymia auf dem Zentralfriedhof.

Der Sarg wird vorübergehend in der Exerzitienkapelle des Mutterhauses aufgebahrt.

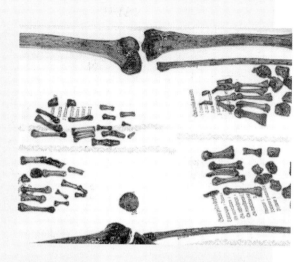

Das bei der Exhumierung gefundene Kreuz vom Rosenkranz Schwester Euthymias. Ihre sterblichen Überreste wurden exakt registriert (rechts).

Bischof Reinhard Lettmann segnet den Sarg bei der Wiederbeisetzung der Gebeine.

Eine Betonwanne schützt fortan die sterblichen Überreste von Schwester Euthymia.

Die zweite Exhumierung

Im Juli 2001

Der Sarg wird aus der Betonwanne auf dem Zentralfriedhof gehoben.

Die erneute Öffnung des Sargs geschieht in der Marienkapelle des St.-Paulus-Doms.

**Bischof Lettmann
prüft die Versie-
gelung des Sargs.**

Wiederbeisetzung

**Vorübergehend wurde der Sarg in der südlichen Turmkapelle
aufgebahrt.**

Kunstwerk der Verehrung

Goldschmiedemeister Ulrich O. Böckenfeld fertigte das Euthymia-Reliquiar

Während der Seligsprechung von Schwester Euthymia in Rom werden die Clemensschwestern Papst Johannes Paul II. ein Euthymia-Reliquiar überreicht.

Das 57 Zentimeter hohe Reliquiar fertigte der aus Warendorf stammende Goldschmiedemeister Ulrich O. Böckenfeld, der zusammen mit dem Privatsekretär von Bischof Reinhard Lettmann, Domvikar Stefan Böntert, die Reliquie mit einer Urkunde in einen kleinen, aus Messing gefertigten, vergoldeten Schrein einsetzte. Bei der Reliquie handelt es sich um den Mittelhandknochen des rechten Ringfingers von Schwester Maria Euthymia. Mit der Urkunde bestätigt Bischof Lettmann die Echtheit der Reliquie.

Mit dem Reliquiar hat der 37-jährige Böckenfeld ein Kunstwerk mit vielen Symbolen geschaffen, und das ausschließlich in seiner Freizeit. Die Idee, ein Reliquiar anzufertigen, hatte Böckenfeld schon, als die Seligsprechung bekanntgegeben wurde. Seine Bewerbung in Münster bekam vor einigen Monaten einen positiven Bescheid. Die Idee konnte umgesetzt, ein persönlicher Wunsch verwirklicht werden. Denn mit dem Reliquiar möchte Böckenfeld »danke« sagen für das, was das Vertrauen auf Euthymias Fürsprache bewirkt hat.

Der Grund für den Wunsch Böckenfelds, das Reliquiar anzufertigen, hat folgenden persönlichen Bezug: Ende der 50er Jahre schwebte seine Großmutter nach einer Operation in Lebensgefahr. Die Ärzte gaben ihr keine Hoffnung mehr. Eine Clemensschwester betete in der alles entscheidenden Nacht am Krankenbett und

Die von Bischof Reinhard Lettmann unterzeichnete Urkunde bestätigt die Echtheit der Reliquie.

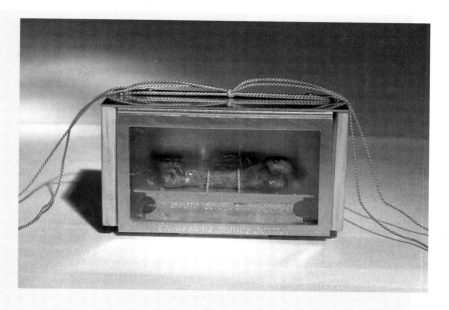

Das verschlossene
und versiegelte
Reliquiar.

steckte ein kleines Baumwollkissen unter das Kopfkissen der Kranken. Darin befand sich ein Bild von Schwester Euthymia und etwas Erde von ihrem Grab. Die Großmutter wurde gesund.

»Mit meinen eigenen Fähigkeiten wollte ich danke sagen für das, was das Vertrauen auf Euthymia bewirkt hat. Sie hat meiner Großmutter geholfen, jetzt konnte ich mich dafür revanchieren«, sagt Böckenfeld. Die Entstehung des Reliquiars konnte die Großmutter noch miterleben, nicht aber die Seligsprechung von Schwester Euthymia. Sie starb im Sommer 2001 im Alter von 91 Jahren.

Bis in das Detail hinein nimmt das Reliquiar einen Bezug zum Leben von Schwester Euthymia. Das verwendete Material und seine Anordnung haben eine Bedeutung, sagt Böckenfeld. Der Weg führe dabei von dem fest in der Erde Verwurzelten bis hin zum hellen himmlischen Licht. So besteht der Sockel aus dunkler westfälischer Mooreiche. Er symbolisiert die Verwurzelung Euthymias im Münsterland. An den Seiten der Säulenpodeste befinden sich die Wappen von Bischof Reinhard Lettmann, in dessen Amtszeit die Seligsprechung vollzogen wird,

und von Papst Johannes Paul II., der die Seligsprechung vollzogen hat.

Die beiden korinthischen Säulen bestehen aus Rosenholz, ein Material, das für die intensive Marienverehrung von Schwester Euthymia steht. Korinthische Säulen befinden sich auch im Hochaltar der Taufkirche Euthymias in Halverde und in der Hauskirche der Clemensschwestern in Münster. Der Schrein besteht aus Lindenholz, das aus Warendorf stammt, wo Euthymia Anfang der 50er Jahre am Mariä-Himmelfahrtsfest teilnahm. Auf einer vergoldeten Platte liegt der Mittelhandknochen Euthymias hinter einer Scheibe aus Bergkristall. Auf dem vergoldeten Messingblech eingraviert sind die Medaille der Clemensschwestern und Aussprüche Euthymias wie ihr Satz »Es ist ja alles für den großen Gott«.

Zur Bedeutung von Reliquiaren sagt der Bischöfliche Offizial im Bistum Münster, Domkapitular Martin Hülskamp, der den Seligsprechungsprozess maßgeblich begleitete: »Reliquienverehrung ist und bleibt völlig legitim, wenn sie nicht zu einem Selbstzweck wird, sondern wenn in dem Gebet vor den Reliquiaren der Blick gerichtet

Ulrich O. Böckenfeld überreicht der Generalssistentin Schwester Margret das Reliquiar.

und geweitet wird auf die Gegenwart Gottes, der auf die Fürsprache der Seligen und Heiligen auf das Gebet der Gläubigen hin auch heute noch Heil und Heilung wirken will.«

JOHANNES BERNARD

Reliquienverehrung

Die Reliquienverehrung gehört zweifellos nicht zu den zentralen Glaubensinhalten und liturgischen Vollzügen der Kirche. Sie geht jedoch auf den gut bezeugten altkirchlichen Brauch zurück, die Eucharistie über den Gräbern der Märtyrer zu feiern, um sich so in besonderer Weise der Nähe des gekreuzigten und auferstandenen Herrn zu vergewissern, für dessen Bezeugung die Märtyrer ihr Leben dahingegeben hatten.

Neben dem eher verstandesmäßigen »Wissen« darum, in den Seligen und Heiligen bei Gott einen Fürsprecher zu haben, ist es auch das menschlich nachvollziehbare Verlangen vieler Gläubiger, diese Nähe Gottes in den Heiligen auch sprichwörtlich zu »begreifen«. Diese Verbundenheit mit den Heiligen oder regelrechte Vergegenwärtigung in ihren Bildern und Ikonen ist in der Ostkirche noch weiter verbreitet und intensiver praktiziert als in der lateinischen Kirche. So will auch in der westlichen Kirche die Möglichkeit der Reliquienverehrung den Gläubigen die spürbare Nähe der Seligen und Heiligen »veranschaulichen« helfen.

Reliquienverehrung ist und bleibt dann völlig legitim und mit der Lehre der Kirche vereinbar, wenn sie nicht zu einem Selbstzweck wird, sondern wenn in dem Gebet vor den Reliquiaren der Blick gerichtet und geweitet wird auf die Gegenwart Gottes, der auf die Fürsprache der Seligen und Heiligen auf das Gebet der Gläubigen hin auch heute noch Heil und Heilung wirken will. Dies wird am Grab von Schwester Euthymia in besonderer Weise deutlich und ist von zahllosen suchenden und betenden Menschen auch so empfunden und bezeugt worden.

MARTIN HÜLSKAMP
Domkapitular

3.
Die Mitschwester

Barmherzigkeit prägt die Spiritualität

Von Generaloberin Sr. M. Pacis Helleberg

Ursprung und Entwicklung

»Christus ist der Weg, die Wahrheit und das Leben.« (Joh 14,6) Er allein ist unsere letzte Norm. Sein Leben und Wort sind das Grundgesetz der Barmherzigen Schwestern.
Auf dieses Fundament (vgl. 1Kor 3,11) gründete Clemens August Droste zu Vischering, Kapitularvikar des Bistums Münster, am Allerheiligentag 1808 die Gemeinschaft der Barmherzigen Schwestern (Clemensschwestern) zu Münster. Sein Vorbild war der heilige Vinzenz von Paul mit seiner Gründung der Barmherzigen Schwestern in Frankreich. In Zeiten politischer Wirren und der Auflösung kirchlich-sozialer Einrichtungen gewann Clemens August vier Frauen für die Aufgabe, Kranke in ihren Wohnungen zu pflegen. Die Leiterin der Gruppe fand er in Maria Alberti aus Hamburg, die zu den Barmherzigen Schwestern nach Paris gehen wollte.

Die fünf Schwestern, wie Clemens August selbst, gaben mit ihrem unermüdlichen Einsatz eine Antwort auf die psychosoziale Not in materieller Armut, Krankheiten und Seuchen. Während einer Ruhr- und Typhusepidemie erkrankten alle. Am 1. Februar 1812 starb Maria Alberti infolge der Infektion.

Die Jahre zwischen 1812 und 1818 waren wenig verheißungsvoll. Schließlich bestand die Gemeinschaft aus nur noch drei Schwestern. Das minderte nicht das Vertrauen des Stifters. Gerade in dieser Zeit schrieb er die erste geistliche Regel, die so genannten »Anweisungen«. Unter der Leitung von Schwester Wilhelmine von Höfflinger erstarkte die Gemeinschaft und konnte 1820 die Pflege der Kranken im Clemenshospital übernehmen,

»Treu im Kleinen«

Ein Film stellt Euthymia, die Clemensschwester, vor

Anna zieht sich für eine Weile ins Mutterhaus der Clemensschwestern in Münster zurück. Im Kloster stößt sie auf das Bild von Schwester Maria Euthymia, deren Gesichtsausdruck sie nicht mehr loslässt. Auf den Spuren des Lebens von Schwester Euthymia taucht Anna in die Spiritualität der Clemensschwestern ein, deren Gemeinschaft für Euthymia zur geistlichen Heimat geworden ist.

Der 44-minütige Film »Treu im Kleinen – Euthymia, die Clemensschwester« erzählt die Begegnung einer jungen Frau mit der hochverehrten Ordensfrau. Das Leben von Schwester Euthymia war schlicht, unspektakulär und hingebungsvoll. Dennoch nimmt Anna es als außerordentlich, als außergewöhnlich wahr.

Autorin und Regisseurin des Films ist Alina Teodorescu. Für sie ist Schwester Euthymia die Heldin der kleinen Dinge, eine Frau, deren Frohsinn und Hilfsbereitschaft alle verzaubert hat, und für die Liebe im Alltag und Treue im Kleinen zentraler Lebensinhalt

waren. Alina Teodorescu porträtiert Schwester Euthymia vor dem Hintergrund ihres Ordens und mit Blick auf die Seligsprechung.

Die Regisseurin geht das Thema mit großer Sensibilität und Gestaltungskraft an. Dabei konnte sie auf die Mitarbeit des international renommierten Kameramanns Sorin Dragoi zurückgreifen. Produziert wurde die Dokumentation von der »Tellux-Film« in München, die unter anderem für die vielbeachtete ARD-Fernsehserie »2000 Jahre Christentum« verantwortlich zeichnete.

Eindrucksvolle Bilder zeigt der Film »Treu im Kleinen«. Die Bilder der folgenden Seiten sind diesem Film entnommen.

»In Christus erfährt der Mensch, wer er ist: Schwester und Bruder des Herrn. In Christus erfährt der Mensch, wer der andere ist: Schwester und Bruder Christi. Lebendige Gemeinschaft mit Christus ist immer zugleich Gemeinschaft mit den Schwestern und Brüdern.«
Aus den Weisungen der Barmherzigen Schwestern.

die ihr von der städtischen Armenkommission übertragen wurde. Vom Namen des Hospitals abgeleitet, wurden die Schwestern »Clemensschwestern« genannt, der Name, der bis heute dem eigentlichen Namen der Gemeinschaft hinzugefügt wird. Bis 1862 war das Clemenshospital zugleich das Mutterhaus. Die Übernahme des Clemenshospitals und bald danach auch der unheilbar kranken, armen, gebrechlichen Menschen im nahegelegenen Klarastift bedeuteten eine Ausweitung des Tätigkeitsfeldes, wenn auch die häusliche Krankenpflege nach wie vor im Vordergrund stand.

Ab 1840 wurden die ersten Clemensschwestern außerhalb von Stadt und Bistum Münster tätig. Sie übernahmen die Pflege im Marienhospital Arnsberg. Weitere Niederlassungen folgten u.a. in Lembeck, Warendorf, Geldern, Kleve. Beim 50-jährigen Bestehen der Gemeinschaft waren bereits 200 Schwestern in 43 Niederlassungen eingesetzt. An diesem Festtag, dem 1. November 1858, erhielt die Gemeinschaft die Anerkennung als kirchliche Kongregation durch Papst Pius IX. verbunden mit der Ablegung der Gelübde. Seitdem führt die Gemeinschaft den offiziellen Namen »Genossenschaft der Barmherzigen Schwestern von der allerseligsten Jungfrau

und schmerzhaften Mutter Maria«. Ihr Stifter Clemens August, der 1827 in Münster zum Weihbischof geweiht und 1836 als Erzbischof von Köln inthronisiert worden war, starb, gepflegt und begleitet von seinen Schwestern, am 19. Oktober 1845.

Wachsende Zahlen und zunehmende Aufgaben ließen den Raum im bisherigen Mutterhaus im Clemenshospital eng werden. 1862 bezog die Gemeinschaft das neue Mutterhaus an der Loerstraße.

In der Folgezeit beeinflussten Kriege und politische Strömungen das Leben und die Tätigkeit der Schwestern. Sie waren sowohl in Heimatlazaretten wie an der Front eingesetzt. Von 1873 bis 1881 wurden, im Zusammenhang mit dem so genannten Kulturkampf, Neuaufnahmen in die Gemeinschaft verboten. Da in dieser Zeit wegen des Bevölkerungszuwachses im rheinisch-westfälischen Industriegebiet die Hospitäler erweitert und mehr Schwestern eingesetzt werden mussten, machte sich die staatliche Behinderung empfindlich bemerkbar. Die Gemeinschaft half sich, indem sie interessierte junge Frauen zunächst als Dienstboten einsetzte. In allen Einrichtungen wuchs die Zahl derer, die auf die Aufnahme in die Gemeinschaft warteten.

Nach 1887 musste das Mutterhaus erweitert

»Weil wir den Menschen mehr geben möchten, als die Kraft unserer Hände und unseres Herzens vermag, tragen wir alle Sorge um sie immer wieder im Gebet vor Gott.« Aus den Weisungen der Barmherzigen Schwestern.

werden. Insbesondere die Kapelle vermochte die immer größer werdende Zahl der Schwestern nicht mehr zu fassen. Außerdem wurde es notwendig, für die Ausbildung der jungen Schwestern eine eigene Krankenanstalt mit dem Mutterhaus zu verbinden. Der Erwerb des Niesingklosters ermöglichte verschiedene Erweiterungs- und Neubauten, so dass Einrichtungen für unheilbar Kranke wie für alte Menschen und die Raphaelsklinik in unmittelbarer Nähe des Mutterhauses entstehen konnten. Als krönenden Abschluss konsekrierte Weihbischof von Galen am 12. August 1905 die neue Mutterhauskirche, in der ein Jahr später – 1906 – die ersten Clemensschwestern ihre ewige Profess ablegten. Bis dahin wurden die Gelübde jährlich erneuert. Nachdem 1907 die preußische Regierung Vorschriften über die staatliche Prüfung von Krankenpflegepersonen erlassen hatte, wurden im Mutterhaus, im Clemenshospital und später noch im Vinzenzhospital in Duisburg und im Antoniushospital in Kleve die ersten Krankenpflegeschulen der Clemensschwestern errichtet.

An der ersten staatlichen Prüfung nahmen zwölf Clemensschwestern teil. Zuvor hatten 1000 Schwestern die staatliche Anerkennung als Pflegeschwestern erhalten, für die eine zweijährige Pflegetätigkeit nachzuweisen war. Am Allerheiligentag 1908 beging die Gemeinschaft unter großer Anteilnahme aus vielen Bereichen des öffentlichen Lebens ihr 100-jähriges Jubiläum.

Der Erste Weltkrieg stellte große Anforderungen an die Gemeinschaft. Dreißig Schwestern reisten schon im August 1914 nach Frankreich. Sie wurden in Lazaretten und auf Hauptverbandsplätzen tätig. 28 dieser Schwestern gerieten vorübergehend in französische Kriegsgefangenschaft. Ebenso wurden Schwestern auf Kriegsschauplätzen im Osten wie in großer Zahl in Heimatlazaretten eingesetzt. Zwei Schwestern fanden ihre letzte Ruhestätte in französischer Erde. Nach dem Krieg erhielten die schulischen Einrichtungen eine Erweiterung durch die Säuglingspflegeschule. Außerdem wurde für die Zeit der Vorbereitung auf die Profess ein eigenes Noviziatshaus für die jungen Schwestern eingeweiht.

Die 125-Jahrfeier der Gemeinschaft wird von inzwischen 2679 Schwestern in 123 Niederlassungen festlich begangen. Die Zeit vor und nach diesem Fest bringt mit Inflation, Nationalsozialismus und Beginn des Weltkrieges die Gemeinschaft in immer größere Schwierigkeiten. Wieder wird eine große Zahl der

»Am Kreuz liefert sich Jesus der Liebe des Vaters bis ins Letzte aus. ›Da er die Seinen in dieser Welt liebte, erwies er ihnen Liebe bis zur Vollendung.‹ Von dieser Liebe ist der Glaube ganz eingefordert. Christlicher Gehorsam heißt, ganz eingehen auf die Liebe des Vaters.« Aus den Weisungen der Barmherzigen Schwestern.

Schwestern zu Beginn des Krieges in die Lazarette einberufen. Mit Dauer des Krieges mehren sich die Verluste an Schwestern und Einrichtungen. Am 10. Oktober 1943 wird das Mutterhaus durch Bomben zerstört. 50 Schwestern kommen in Trümmern um, darunter die Generaloberin, ihre Assistentin, beide Provinzoberinnen und vierzehn Konventoberinnen. Ein weiterer Bombenhagel trifft am 12. September 1944 noch einmal das Mutterhaus und die Raphaelsklinik. Alle Gebäude sind entweder total oder doch soweit zerstört, dass sie unbenutzbar sind. Es folgt die Zeit der Evakuierungen nach Mariental und in die Arnsberger Niederlassungen.

Am 15. September 1952 kann das neue Mutterhaus, das mit dem Fleiß und der Kraft vieler Schwestern und unter der Leitung von Mutter M. Ottokara Gerritzen wieder aufgebaut wurde, eingeweiht werden.

Am Allerheiligentag 1958 blickt die Gemeinschaft auf 150 Jahre voller Arbeit, Sorge und Freude zurück. Ihr gehören 2362 Schwestern in 128 Niederlassungen an. Im März 1959 konsekriert Weihbischof Heinrich Baaken die neue Mutterhauskirche.

Im gleichen Jahr wird der Informationsprozess mit dem Ziel der Seligsprechung der am 9. September 1955 verstorbenen Clemensschwester Maria Euthymia im Vatikan eröffnet.

1962 wird das neue Clemenshospital, jetzt am Düsbergweg gelegen, eingeweiht und bezogen. Zum Wiederaufbau des Hospitals sah sich die Stadt nicht in der Lage. Die Liebe und Anhänglichkeit an eine Einrichtung, mit der sie selbst gewachsen war und die jahrzehntelang als Mutterhaus diente, verliehen der Gemeinschaft den Mut, das Clemenshospital in eigene Trägerschaft zu nehmen.

Gemäß den Weisungen des II. Vatikanischen Konzils erarbeitet in den Jahren 1969/70 ein aus allen Schwestern gewähltes Gremium neue Weisungen, die, anstelle der ersten Anweisungen des Stifters, das Leben in Gemeinschaft heute regeln. Mit der Gründung der Missionsstation in Ruanda/Afrika und dem Einsatz einer Schwesterngruppe in der Diaspora im Kloster Nütschau / Schleswig-Holstein 1973 entsprechen die Clemensschwestern dem II. Vatikanum, bezogen auf die erwünschte Missions- bzw. Diasporatätigkeit der Ordensgemeinschaften.

Zur Feier des 175-jährigen Bestehens 1983 sind das Jahr hindurch alle Konvente zu einem geistlichen Tag ins Mutterhaus eingeladen.

Wie die geistliche Weisung so erfahren An-

»Die Welt hat eine tiefe Sehnsucht nach Gemeinschaft, Einheit und Frieden. Durch unser gemeinsames Leben ver-suchen wir, auf diese Sehnsucht für uns selbst und die Welt eine Antwort zu geben.«
Aus den Weisungen der Barmherzigen Schwestern.*

fang der 90er Jahre auch die rechtlichen Strukturen der Gemeinschaft eine Erneuerung gemäß dem Ordensrecht von 1983. Die vollständig erneuerten Weisungen werden am 6. August 1993 von Bischof Dr. Reinhard Lettmann in Kraft gesetzt.

1999 errichten die Clemensschwestern die Maria-Alberti-Stiftung. Bei geringer werdender Zahl der Schwestern soll eine Institution entstehen, die ein Fortdauern der von den Clemensschwestern geschaffenen Einrichtungen mit christlicher Zielsetzung für die Zukunft sichert.

Zum Übergang ins neue Jahrtausend zählt die Gemeinschaft 655 Mitglieder in 62 Niederlassungen. Neben der Krankenpflege und pflegenahen Aufgaben haben sich vielfältige und neue Aufgabenbereiche entwickelt. Die Gebrochenheit der Welt und die Heilssehnsucht der Menschen heute fordert die Gemeinschaft zu neuen Antworten heraus. »Unser Leben wird bestimmt von den Gesetzen dieser Welt und ist auf diese Welt ausgerichtet. Nur im Dienst an dieser Welt können wir unser Leben zur Vollendung bringen. In den Zeichen der Zeit vernehmen wir Gottes Anruf und suchen auf immer neuen Wegen ihm zu entsprechen.«
(Weisungen)

Die Gemeinschaft stellt sich den Bedürfnissen dieser Zeit im Dienst am verletzten Menschsein. Dabei geht es wesentlich um ganzheitliches Heilwerden, weil Krankheit und Behinderung immer den ganzen Menschen betreffen. Bei der großen Beanspruchung orientiert sie sich an der Frage, wie Gott und Welt, Gebet und Arbeit miteinander in Einklang zu bringen sind. Auf diese Frage versucht die Gemeinschaft der Clemensschwestern seit ihrer Gründung eine Antwort zu geben durch ihre Spiritualität.

Die Einheit von Gottes- und Nächstenliebe, diese geistliche Wurzel jeder echten christlichen Spiritualität, prägt von Beginn an das Leben und Wirken der Schwesterngemeinschaft. Fragen wir heute: »Gibt es in unserer Welt überhaupt noch Zeiten für Stille und Gebet? Erfahren wir noch Räume und Augenblicke, die von Gott erfüllt sind?« – so ist diese Spannung nicht neu. Ist doch die kirchlichsoziale Strömung unserer Gründungszeit offiziell als Zeit der Säkularisation in die Geschichte eingegangen.

Damals umschreibt der Stifter Clemens August in seinen Anweisungen die Motivation der Berufung zur Clemensschwester so: »Ich bin in diese Gemeinschaft eingetreten, um meine Freude einzig darin zu suchen, dass ich

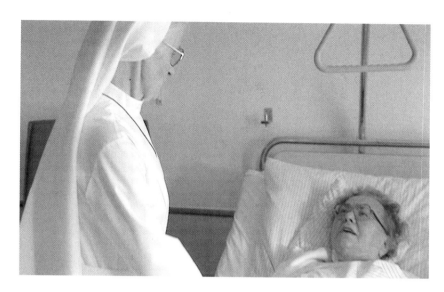

»Die Menschen fühlen erstaunlich schnell: die Selbstlosigkeit und Absichtslosigkeit des Tuns der Schwester. Je unaufdringlicher und zurückhaltender sie ist, um so eher erschließt sie sich den Zugang zum anderen. Nur so werden die Kranken Hilfe annehmen.«
Aus den Weisungen der Barmherzigen Schwestern.

Gott recht von ganzem Herzen liebe, und aus Liebe zu Gott den am meisten leidenden Menschen diene. All meine Sehnsucht soll auf Gott, all meine Wohltätigkeit auf die leidenden Menschen um Gottes willen gerichtet sein.«

In einer Welt, in der unzählige Kranke und Hilflose in ihren Wohnungen auf solches Wohltun von Menschen warten, weist er seine Schwestern an: »Die Straßen der Stadt sind ihr Kloster, Gehorsam und Gottesfurcht ihre Klausur, Bescheidenheit ihr Schleier.« Und an anderer Stelle: »Ihr Kloster aber sind das Spital, die Krankenstuben, die Straßen.«

Solches Denken wächst aus der Erkenntnis, dass es für Gott keinen bevorzugten Ort gibt, wo er wohnt, sondern dass alles Ort seiner Gegenwart ist, dass wir ihn überall finden können, und dass er überall bei uns ist. »Man vernachlässigt Gott nicht, wenn man ihn um seinetwillen verlässt«, sagt Vinzenz von Paul seinen Schwestern. »Wenn ihr also das Gebet um eines Armen willen verlasst, dann bedenkt, dass gerade das Gottesdienst ist. Die Liebe, auf die alles ausgerichtet sein muss, steht über den Regeln. Sie ist die Herrin. Also muss man alles tun, was sie befiehlt.«

Wie sehr es in diesem Geist des hl. Vinzenz auch Clemens August auf die Sorge um die Kranken und Notleidenden ankommt, wird deutlich, wenn er schreibt: »Die Clemensschwestern sollen beten, vorzüglich innerlich, durch äußerlich nicht auffallende Unterhaltung mit Gott, aber so, dass dies die nötige Achtsamkeit auf die Pflege der Kranken vermehrt und erleichtert, statt daran zu hindern. Ihr gewöhnliches Betzimmer ist ihr Herz.«

Hier, in dieser Mitte, im Herzen des Menschen, vollzieht sich die Einheit von Gottes- und Nächstenliebe. Gott wurde Mensch, hier in unserer Zeit, auf dieser Erde:

»Jesus Christus wurde der Bruder aller Menschen. Er war tief berührt von der Not der Leidenden und Armseligen. Er wandte sich denen zu, die in Ausweglosigkeit lebten und niemandem etwas bedeuteten. Die Sünder, die Menschen, die unter der Last der Schuld gebeugt waren, fanden in ihm einen Freund. Dieses Sichniederbeugen zum Bedrängten gehört zum eigentlichen Inhalt seiner Heilsbotschaft. Des Vaters Erbarmen mit den Menschen machte er deutlich.

Die Barmherzige Schwester ist so sehr betroffen vom Tun des Herrn, dass sie sich willig und ganz in den Dienst der Barmherzigkeit stellen möchte.«

Diese Texte unserer geistlichen »Weisungen« entfaltet das Generalkapitel dieses Jahres 2001

»Gebet ist vor allem Gnade. Wer betet, wird mit Jesus selber erfahren, wie Gott ihm einmal nahe und einmal fern ist, wie er die Verlassenheit spürt und auch die schützende Geborgenheit.«
Aus den Weisungen der Barmherzigen Schwestern.

so: »Der Grund unseres prophetischen Seins und unserer Sendung ist der barmherzige Gott, dessen Erbarmen mit allen Menschen uns als Barmherzige Schwestern ruft, erfüllt und bewegt.

Barmherzigkeit bleibt auch bei sich verändernden Lebens- und Berufssituationen unsere Spiritualität. Diese Sendung beinhaltet, dass jede Schwester das ihr eigene Charisma in die Gemeinschaft einbringt. Das erfordert einen lebenslangen Prozess der Entwicklung und Wandlung.

Die Sinnfrage bzw. die Gottesfrage beschäftigt viele Menschen. Mit ihnen nach Antworten zu suchen, ist auch ein Werk der Barmherzigkeit. In diesem Sinne sind wir mit den Menschen unterwegs.«

Das Charisma des Anfangs – mit einem von den Fragen und der Not der Menschen bewegtem Herzen unterwegs mit und zu ihnen – stellt uns in unserer modernen Welt heute vor ganz neue Herausforderungen. Mehr denn je ist die einzelne Schwester mit ihrer Begabung gefragt:

wo Frauen in schwierigen Lebenslagen Hilfe brauchen,

wo Einsame auf ein Wort des Trostes warten,

wo Menschen in ihrem Zuhause und nicht in Institutionen sterben möchten,

wo Nichtsesshafte einen Ort der Beheimatung suchen

und junge Menschen mit ihren Fragen ankommen können.

Wie zur Zeit der Gründung so bestimmen auch heute die Bedürfnisse der Menschen in ihrer vielfachen Not unser gemeinschaftliches und geistliches Leben.

In Gruppen unterschiedlicher Größe und im Einzelfall alleinwohnend erfahren wir deutlich unser Angewiesensein auf den gemeinsamen Grund, das Fundament, worauf Clemens August vor nahezu 200 Jahren unsere Gemeinschaft gründete:

»Einen anderen Grund kann niemand legen als den, der gelegt ist: Jesus Christus.« (1 Kor 3,11)

In Christus erfährt der Mensch, wer er ist: Schwester und Bruder des Herrn. In Christus erfährt der Mensch, wer der andere ist: Schwester und Bruder Christi. Lebendige Gemeinschaft mit Christus ist immer zugleich Gemeinschaft mit den Schwestern und Brüdern.« (Weisungen)

»Jede Gemeinschaft
bleibt nur in dem
Maße lebendig, wie
sie sich ständig in
Christus erneuert.
Darum sollte die
Lebenserneuerung
im Geiste Christi täg-
lich ihren Platz im
Leben der einzel-
nen Schwestern
haben.«
Aus den Weisungen
der Barmherzigen
Schwestern.

» ›Christus
ist der Weg, die Wahrheit und das Leben.‹
Er allein ist unsere letzte Norm.
Sein Leben und sein Wort sind das Grundgesetz
der Barmherzigen Schwestern.«

Erste Regel aus den Weisungen der Barmherzigen Schwestern

In barmherziger Liebe zu den Menschen

Fotodokumente aus dem Archiv der Clemensschwestern

Der Gründer: Clemens August Freiherr Droste zu Vischering.

Die erste Generaloberin: Mutter Maria Alberti.

Das alte Clemenshospital an der Clemenskirche in Münster.

Postulantinnen, Aspirantinnen und Professschwestern in der damaligen Tracht.

Das Noviziat der Clemensschwestern.

Clemensschwestern als Trümmerfrauen: Im Bombenhagel vom 10. Oktober 1943 verloren 50 Mitschwestern ihr Leben.

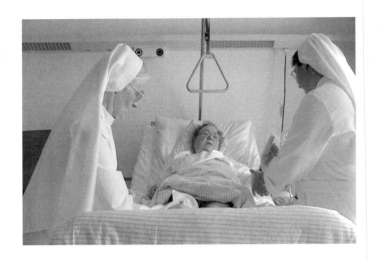

Ganz anders

»Schwester Euthymia war sehr genau mit allem, sie redete einem ins Gewissen. Man hat ja nicht gerne mit Heiligen zu tun, weil die ganz anders sind.«
Schwester Cornelia

Ein Auge strahlte

»Sie war nicht hübsch, überhaupt nicht. Sie war klein unter der großen Haube, ein Augenlid lag tiefer, das andere Auge strahlte. Und sie war immer ganz still. Sie hat auch am Tisch nur etwas erzählt, wenn sie angesprochen wurde. Dann hat sie Antwort gegeben, aber - soweit ich das sagen kann - nie hat sie etwas von sich erklärt.«
Schwester Manfreda

Alles in Ordnung

»Wenn ich dann sagte, Schwester Euthymia, hast du nicht eine Wanne für mich, ich habe einen Berg blutiger Wäsche. Dann sagte sie, leg dein Päckchen mal dahin, geh nach oben und komm nachher zum Auswaschen wieder. Wenn ich dann nach einer Stunde kam und fragte, wo ist meine Wäsche? Och, sagte sie dann, die ist schon versorgt. Geh mal schnell wieder, es ist alles in Ordnung. So war sie.«
Schwester Hildegardis

Manche Freudentage im Kloster

Münster, im Oktober 1934

Liebe Mutter und Geschwister!
Ich habe mich schon sehr darauf gefreut,
Euch die ersten Grüße herüberschicken zu
dürfen und Euch das Beste von mir mitteilen
zu können. Ich kann mir fast nicht denken,
dass jetzt schon das Vierteljahr zu Ende geht.
Die schöne Aspirantinnenzeit und mehrere
Wochen von der Postulantinnenzeit liegen
schon hinter uns. Doch dieses ist ja auch
unser einziges Streben, unserem Ziel stets
näher zu kommen.
Manche Freudentage habe ich hier im
Kloster bereits verlebt. Schon in den ersten
Tagen fühlte ich mich ganz heimisch im
Kreise meiner lieben Mitschwestern. Der
göttliche Heiland gibt mir täglich besser zu
verstehen, dass er mich erwählt und in
seinen Dienst berufen hat. Wohl kommen
hier und da Opfer vor, doch die Liebe ist
stärker und überwindet alles.
In der ersten Zeit durften wir auch schon zur
Nachtanbetung in die Mutterhauskapelle.
Viele Kerzen brannten vor dem höchsten
Gute. Der Altar war so feierlich geschmückt,
dort in der Stille habe ich auch besonders an
Euch gedacht.
Bevor ich aber weiter über meine ersten
Freuden schreibe, möchte ich erst nach
Eurem Befinden fragen. Ihr habt doch
hoffentlich dieses Vierteljahr in Gesundheit
verlebt? Liebe Mutter und Geschwister, die
Arbeit drückt Euch sicher noch manches
Mal. Ich weiß, dass es jetzt noch in dieser
Zeit ist, die mit Arbeit angefüllt ist. Doch
Gott wird helfen, darum bete und opfere ich
täglich. Liebe Mutter, ich sende Dir noch
nachträglich die herzlichsten Glück- und
Segenswünsche zum Namenstag. Ich konnte
Dir kein Geschenk herüberschicken, da ich
die freiwillige Armut gesucht habe. Ich weilte
aber im Geiste bei Dir und habe mein ganzes
Tageswerk dem göttlichen Heiland für Dich
aufgeopfert.
Ihr Lieben daheim, es ist Euch sicher erst der
Abschied schwer geworden, habt Euch aber
doch sicher bald in Gottes Willen geschickt.
Die Zeit, wo wir nun getrennt sind, ist ja
auch nur eine kurze. Wir wandern ja nur wie
arme Pilger umher und suchen alle die eine
und wahre Heimat, wo wir bleibende Stätte
finden. Ich werde Euch stets dankbar dafür
sein, dass ich meinen Herzenswunsch
erfüllen durfte: durch ein Klosterleben den
Weg zur wahren Heimat zu suchen.
Am 27. August war ein besonderer
Freudentag für mich. Da durfte ich in das
Postulat aufgenommen werden. Obwohl die
Aspirantinnenzeit eine schöne Zeit war,
drängte mein Herz doch sehr nach dem Tag,
an dem wir den Klosternamen erhielten. Un-
sere lieben Oberinnen gewährten mir den
Namen »Schwester Euthymia«. Dieser Name
ist Euch ja schon bekannt. Ich darf sicher
wohl um Euer Gebet bitten, dass Gottes
Hilfe mir beisteht und dass ich der seligen
Schwester Euthymia in ihren Tugenden
nachkomme.
Es lässt Euch noch vielmals grüßen, die liebe
Novizenmeisterin Ehrwürdige Schwester
Agnes. In der Liebe des göttlichen Herzens
Jesu und der liebenden Rosenkranzkönigin
Eure stets dankbare Tochter und Schwester
Emma

Schwester Euthymia

Ein Schubs
von hinten

*»Dann sagte sie zu
mir, Schwester
Silvestra, kannst du
mir mal ein paar
Strümpfe stopfen, ich
habe kein heiles Paar
mehr? Ja gerne,
Schwester Euthymia,
habe ich gesagt. Und
dann hat sie mich in
ein kleines Zimmer
gedrückt. Dort
standen ein Stuhl
und ein alter Tisch.
Auf dem aber lagen
keine Strümpfe,
sondern mein
Schulbuch, auf-
geschlagen war das
Kapitel von der
Leber, das wir gerade
durchgenommen
hatten. Ich weiß es
noch heute, ich
bekam von Schwester
Euthymia einen
Schubs von hinten
und sie sagte mir, du
kriegst ja nie Zeit
zum Lernen. Und ein
Satz folgte: Das
braucht niemand zu
wissen.«*
Schwester Silvestra

In Gott versunken

*»Wenn wir sie beim Beten sahen, dann wurden wir schon
selbst andächtig. Und wenn sie sich allein wusste, kniete sie
auf der Erde mit ausgebreiteten Armen und geschlossenen
Augen. Das kann man gar nicht beschreiben, wie das ist,
wenn jemand so in Gott versunken ist. Davor hat man eine
richtige Ehrfurcht.«*
Schwester Mafaldis

Stille Freude über den Tag der Gelübdeablegung

Münster, im September 1936

Meine liebe Mutter, liebe Geschwister!
Mit großer Liebe und Dankbarkeit möchte ich Euch, meine Lieben daheim, an meiner stillen Freude teilnehmen lassen, von der mein Herz jetzt ganz erfüllt ist. Ein großer Feiertag steht schon nah vor der Tür. Es ist der Tag meiner heiligen Gelübdeablegung. Das ganze Noviziatsjahr diente zur Vorbereitung auf die große und wichtige Stunde, da wir es mit Gottes Gnade wagen dürfen, zum Altare Gottes zu treten und dort ein heiliges Gelöbnis zu schließen mit dem göttlichen Heiland.
Kaum wage ich es auszusprechen und zu schreiben, denn es ist ein zu großer Unterschied zwischen den beiden, die diesen Bund schließen wollen. Wie groß ist schon der Unterschied, wenn ein König einen Bund schließen wollte mit einem schlichten Menschen. Doch dieses ist etwas Kleines im Vergleich mit dem großen Ereignis, das sich am Tage der Gelübdeablegung vollzieht.
Ja, der König aller Könige, der Heiland selbst kommt und will uns so innig und nah an sich ziehen. O wie demütig, aber auch wie freudig und dankbar wollen wir dem Heiland entgegeneilen. Bald kann ich wirklich ausrufen: »Ich habe ihn gefunden, den meine Seele liebt, ich will ihn festhalten und ihn nicht von mir lassen.« Noch einige Wochen und endlich ist dann der große und langersehnte Tag da. Treu und fleißig will ich diese kurze Zeit noch nutzen, damit dieser Tag ein heiliger Freudentag wird für mich, aber auch für Euch, liebe Mutter und Geschwister.

Jedem gegenüber freundlich

»Ihre ganze Haltung konnte man nur bewundern. Jedem gegenüber legte sie sofort ihre Freund-lichkeit, ihren Frohsinn und ihre Hilfsbereitschaft an den Tag – egal, wer da kam.«
Schwester Venantia

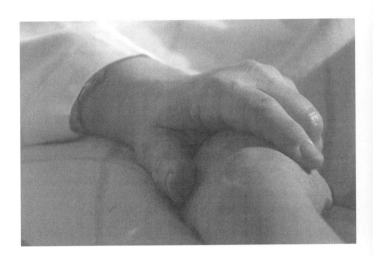

Treu im Kleinen

»Treu sein im Kleinen, würde ich sagen, das ist – glaube ich – größer als wenn ich einmal mein Leben hingebe, tagtäglich ganz treu sein im Kleinen. Das erfordert sehr viel Kraft.«
Schwester Cornelia

Fast nicht zu begreifen

»In Dinslaken war ja der Ausländerhass auch groß. Wenn Schwester Euthymia mit den Schwerkranken zum Verbands-zimmer musste, wurde ihr sogar der Aufzug versagt und sie musste die schwerkranken Männer die Treppen herauftragen. Das kann man heute fast gar nicht begreifen.«
Schwester Diothilde

»Ganz dem göttlichen Heiland hingeben«

Münster, im April 1940

Du weißt es, liebe Mutter, und ich bin mir
dessen auch sehr bewusst, dass ich noch so
armselig und klein bin. Doch das schreckt
mich nicht zurück, sondern treibt mich
immer mehr und mehr weiter, um das Ziel
zu erreichen. Darf ich mich denn so ganz
dem göttlichen Heiland hingeben, dann will
ich nach Kräften dahinstreben, wenigstens
ein gehorsames und dankbares Kind zu sein,
das den lieben Oberen und der ganzen
Ordensfamilie keine Sorgen bereitet, sondern
Ehre und Freude. Gottes Wille geschehe! Ich
will gerne zu allem bereit sein.

Schwester Euthymia

Zuerst alle versorgt

»Eines Abends ist sie nicht zu Bett gegangen. Eine Mitschwester fragte sie, Schwester Euthymia, schläfst du noch nicht? Nein, ich muss noch warten. Da kommt noch ein Transport. Nein, da ist doch nichts angemeldet. Doch, da kommt ein Transport. Tatsächlich kam noch ein Transport Gefangener. Dann hat sie erst alle Verwundeten versorgt. Sie hatte eine Vorahnung, was da noch kam.«
Schwester Venantia

Dieses Strahlen

»Wenn man in der Servatiikirche hinter ihr saß: dieses Strahlen, das kann man nicht vergessen. Von anderen Schwestern wüsste ich nicht mehr nach so vielen Jahren, wie die mal geguckt haben. Aber die Blicke dieser Schwester kann ich gar nicht vergessen.«
Schwester Cornelia

Sie tat alles für andere

»Von innen her strahlte sie aus, von außen war sie genau wie alle anderen auch, aber irgendwie merkte man: das ist so was Echtes, das kommt vom Herzen her. Sie ließ sich alles gefallen, sie tat alles für andere, sie nahm immer alles an. Sie muss eine unheimliche Verbindung zu Gott gehabt haben, sonst hätte man das als normaler Mensch gar nicht gekonnt.«
Schwester Silvestra

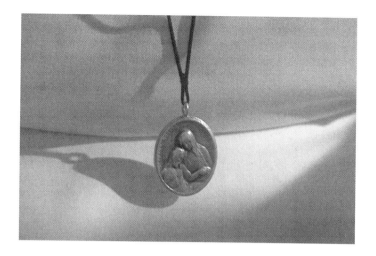

Ein hartes Opfer

»Die Umstellung damals zum Mutterhaus hin, das war –
glaube ich – schon schwer für sie, weil sie so gerne in der
Krankenpflege war. Und dann jetzt auf einmal in der Waschküche, das war schon eine Umstellung und ein hartes Opfer.«
Schwester Venantia

Eine richtige
Prozession

»Ich hatte
Nachtwache. Mittags
schaue ich aus dem
Fenster der
Stationsküche zum
Leichenhaus und
sehe viele dorthin
gehen. Und frage
mich: Warum gehen
die alle dorthin. Und
sage mir: Da ist doch
Euthymia
aufgebahrt.
Niemand hatte es
den Patienten gesagt.
Sie hatten auf dem
Hof andere gesehen,
die zum Leichenhaus
gegangen waren.
War jemand
gestorben, ging der
eine oder andere hin.
Aber diesmal war es
eine richtige
Prozession – und das
gleich am ersten
Tag.«
Schwester Manfreda

Was wir nicht
schafften

*»Sonntags mussten
wir Schülerinnen im
Mutterhaus am
Spülbottich spülen.
Dann hat sie mich
immer abgelöst,
warum weiß ich
nicht. Sie kam
einfach und sagte,
komm geh du weg,
du musst lernen.
Nach dem Spülen
hatten wir Zeit für
uns, für unsere
privaten Gebete. Ent-
weder gingen wir in
die Kapelle der
Raphaelsklinik oder
wir gingen zur
Servatiikirche.
Eigentlich haben wir
uns nur frisch
gemacht und sind
gegangen. Aber wer
saß schon da, wenn
man kam? Schwester
Euthymia, die für
uns die Arbeit
gemacht hatte. Das
konnte einen
vielleicht sogar etwas
ärgern. Sie tat das
und hatte doch Zeit
– etwas, was wir
nicht schafften.«*
Schwester Manfreda

Ein Leuchten von innen

*»Ich sehe noch heute in ihren Augen ein Leuchten, das von
innen kam. Mir war es oft, als ob diese Sterne schon in eine
andere Welt sahen.«*
Schwester Cornelia

»Bescheidenheit sei Euer Schleier«

Einblicke in das Ordensleben als Clemensschwester damals

»Das war damals nunmal so«, sagt Schwester Raphaelis Banniza, Jahrgang 1933, Clemensschwester seit 1956. »Vieles, was uns heute unverständlich erscheint, war zur Zeit von Schwester Euthymia und noch einige Zeit später selbstverständlich.« Leben im Kloster – ohnehin eine Welt für sich, mit eigenen Regeln, eigenen Gepflogenheiten und einer Spiritualität, die sich darin genügen kann, Ordensfrauen und -männern Quelle und Weg für ihr entschiedenes Leben mit Gott zu sein. Das muss man »draußen« nicht in allen Einzelheiten nachvollziehen können. Dennoch: Die Seligsprechung von Schwester Maria Euthymia hat auch bei vielen, die sie bisher nicht kannten, das Interesse an ihrem Leben als Ordensfrau geweckt. Also: Wie sah das damals aus? Wie lebte sie? Wie betete sie? Oder, in einem Satz: Wie muss man sich das Leben als Clemensschwester zur Zeit von Schwester Maria Euthymia vorstellen?

Schwester Raphaelis hat die neue Selige in deren letzten zwei Jahren kennengelernt. Euthymia arbeitete in der Waschküche, Schwester Raphaelis war zwar noch nicht ins Kloster

eingetreten, hatte aber bereits als angehende Kinderkrankenschwester fast täglich mit ihr zu tun, wenn sie ihr die Schmutzwäsche brachte. Heute beschäftigt sie sich mit den vielen Briefen, die das Mutterhaus der Clemensschwestern in Sachen Euthymia erreichen. Kaum jemand weiß soviel über den »Engel der Kranken« und über das Klosterleben zu ihrer Zeit.

Als Emma Üffing am 23. Juli 1934 mit 47 weiteren jungen Frauen 20-jährig in die »Kongregation der Barmherzigen Schwestern von der allerseligsten Jungfrau und schmerzhaften Mutter Maria«, so der volle Name der Clemensschwestern, eintrat, war klar: Ihren Heimatort Halverde im Kreisdekanat Steinfurt würde sie nie wieder sehen. »Der Klostereintritt galt als Abschied von der Welt«, erklärt Schwester Raphaelis. Nicht einmal zur Beerdigung der Eltern durften die Schwestern zurückkehren. Brieflicher Kontakt war nur auf wenige Male im Jahr beschränkt. »Man erzählte sich auch nicht untereinander, woher man kam, was man konnte. Es war nicht üblich.«

Der handgeschriebene Lebenslauf von Emma Üffing zum Eintritt in den Orden.

Äußerlich sichtbare Zeichen für den Ordenseintritt waren das Anlegen des Ordenskleides und der neue Name, mit dem Schwester Euthymia künftig nicht nur von ihren Mitschwestern, sondern auch von ihren Eltern und Verwandten angesprochen wurde. »Man konnte schon Wünsche äußern«, erzählt Schwester Raphaelis. So ist es auch zu erklären, dass Schwester Euthymia so heißt, wie sie heißt – in Erinnerung an Schwester Euthymia Linnenkemper, die Oberin des St.-Anna-Hospitals in Hopsten, in dem Emma Üffing vor ihrem Klostereintritt gearbeitet hatte.

Bei der Profess lagen die künftigen Ordensschwestern ausgestreckt mit dem Gesicht nach unten auf dem Boden: »ein Zeichen dafür, dass man mit Christus stirbt und zu einem neuen Menschen auferweckt wird«, sagt Schwester Raphaelis.

Damals gehörten rund 2600 (heute 610) Schwestern der Kongregation an, davon allein 200 Novizinnen. Sie lebten in Drei- bis Sechs-Bett-Zimmern. »Jede Schwester hatte einen mit Gardinen abgeteilten Bereich«, erzählt Schwester Raphaelis. »Darin waren ein Bett, eine Kommode für ein paar persönliche

Dinge und ein Stuhl. Für alle gab es vor den Zellen einen Mantelstock, um die zwei, manchmal auch drei Garnituren von Ordenskleidern aufhängen zu können.« Die Kleidung war nicht etwa mit Wäschenummern, sondern mit dem Namen der Schwester gekennzeichnet. Und: Alle Clemensschwestern duzen sich untereinander – von der Novizin bis zur Generaloberin. So selbstverständlich das klingt – in anderen Gemeinschaften ist es das keineswegs.

Unter den »persönlichen Dingen« von Schwester Euthymia waren ein paar wenige Bücher, auch ein Messbuch, um die Gebete und auch die Lesungstexte während der zum Großteil in Latein gefeierten Eucharistie verfolgen zu können – aber sie hatte keine persönliche Bibel.

Morgens um 4.45 Uhr ging eine Schwester mit einem Gong über die Flure, um die anderen zu wecken. »Eine eigene Uhr hatte niemand«, erinnert sich Schwester Raphaelis. Eine gute halbe Stunde später versammelten sich alle in der Kapelle zum Morgengebet. »Jeder hatte einen festen Platz, zumindest eine feste Bank – je nach dem Klosteralter.«

Dieses Klosteralter wurde nicht durch das Geburtsdatum bestimmt, sondern durch den »Schritt über die Pfortenschwelle«.

Das gemeinschaftliche Gebet war damals keineswegs eine Laudes mit gesungenen Psalmen und Antiphonen, sondern ein Wechsel von gesprochenen Gebeten, dem sich kniend eine stille Betrachtung anschloss.

Es folgte die Messfeier, danach das Frühstück. Bis zu diesem Zeitpunkt galt das strenge Schweigen, danach begann das sogenannte Allgemeine Schweigen. »Das bedeutete: Nur das sagen, was die Arbeit und die Liebe erforderten«, erklärt Schwester Raphaelis.

Nach dem Frühstück richtete jede Schwester ihren kleinen privaten Bereich, wechselte die gute Ordenstracht mit der Arbeitstracht und machte sich ans Tagwerk. Mit dem Glockenschlag begann um 12 Uhr die »Geistessammlung«, ein weiterer geistlicher Ruhepunkt des Tages. Beim Mittagessen wurde zunächst geschwiegen: »Zur Suppe gab es eine geistliche Lesung«, erzählt Schwester Raphaelis mit verschmitztem Lächeln, »dann wurde gesprochen und gegen Ende gab es noch zehn Minuten leichte Lektüre zu hören.« Statt Mittagsschlaf schloss sich die »Rekreation« an, ei-

gentlich eine Zeit der Entspannung: »Bei Handarbeit oder Gemüseputzen erzählte man sich dies oder das« – bis 14 Uhr zum Glockenschlag.

Der Nachmittag war ausgefüllt mit Arbeiten, einem gemeinsamen Kaffeetrinken, dem täglichen Rosenkranz – bis zu einer weiteren »Geistessammlung« vor dem Abendbrot um 19 Uhr. Danach erneute »Rekreation«, Abendgebet um 20.30 Uhr. »Das nächtliche strenge Schweigen begann, um 21.30 Uhr hatte man im Bett zu liegen.«

»So war das damals«, sagt Schwester Raphaelis. »Es war ja alles ganz anders damals, nicht nur im Kloster.« Vor Schwester Euthymias Zeiten, in den Gründungsjahren der Clemensschwestern, war alles noch einmal ganz anders. Damals trugen sie keine Ordenskleidung, gingen hinaus in die Häuser, um die Kranken dort zu pflegen. »Die Straßen sind eure Klausur, die Bescheidenheit sei euer Schleier«, zitiert Schwester Raphaelis aus den Weisungen der Kongregation. Schwester Euthymias Bescheidenheit ist bekannt – ob mit oder ohne Schleier.

MARKUS NOLTE

Die Kapelle der Raphaelsklinik. Vorn links die Stelle, wo Schwester Euthymia immer gebetet hat.

Die Habseligkeiten

Schwester Euthymia besaß nur wenige persönliche Dinge

**Die persönliche Ordensanweisung von
Schwester Euthymia mit dem Ordenskreuz,
das sie bei ihrer Profess erhielt, und ihrem
Rosenkranz.**

**Bete und arbeite: eine strenge Zeiteinteilung
bestimmt den Alltag der Gemeinschaft. Diese
Uhr half Schwester Euthymia, die Gebetszeiten
exakt einzuhalten.**

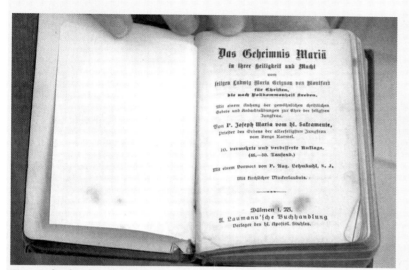

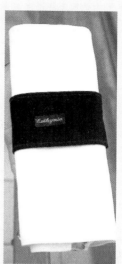

Das Gebetbuch »Das Geheimnis Mariä« hat Emma Üffing schon als Kommunionkind benutzt.

Die Serviette von Schwester Euthymia.

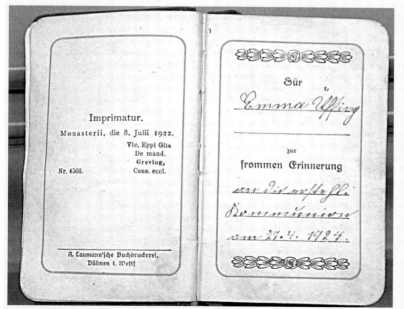

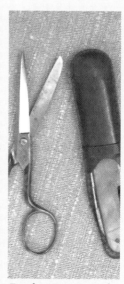

Das Gebetbuch »So sollt ihr beten« wurde Emma Üffing zur Erstkommunion am 27. April 1924 geschenkt.

Taschenmesser und Schere gehörten zur Ausstattung der Krankenschwestern.

Was bedeutet der Name Euthymia?

Als das Datum der Seligsprechung von Schwester Euthymia bekannt wurde, trieb die Flut der Erklärungsversuche, den Namen »Euthymia« zu deuten, wahre Blüten: Ein ganz eifriger meinte gar, »Euthymia« sei eine Ableitung von dem botanischen Namen des wohlriechenden Thymian. Ein netter Versuch – mehr aber nicht!

Zwar stammt das Wort Thymian aus dem Griechischen, doch es hat einen anderen Wortstamm (nämlich »thýmon«) als Euthymia. Der Name Euthymia ist eine Zusammensetzung aus dem Griechischen »eu«, was »gut« heißt, und dem Wort »thymós«, was so viel wie Gemüt, frohen Mutes bedeutet. Die Zusammensetzung wird meist übersetzt mit »die Gutmütige« oder »die Gutherzige«. Ein Name, der wirklich gut zu Schwester Euthymia passt, hat sie doch durch ihre selbstlose und aufopfernde Art in der Pflege von Kriegsgefangenen und Fremdarbeitern auf einer Isolierstation ihrem Namen gemäß gelebt in Güte, Milde, Mut, Liebe. Daher sagten die Patienten auch: »Sie war gut zu uns, wie eine Mutter.« Und sie nannten die Clemensschwester einen »Engel der Liebe«.

Schwester Euthymia wurde als Emma Üffing am 8. April 1914 in Halverde im Kreis Steinfurt geboren. Als sie sich nach der Schulzeit entschied, Ordensschwester zu werden, arbeitete sie zunächst im St.-Anna-Hospital in Hopsten. Dort lernte sie die Clemensschwester Euthymia Linnenkemper kennen; und sie bewunderte die Oberin. Ihr Wunsch, einmal als Ordensfrau den Namen dieser Schwester tragen zu dürfen, ging am 23. Juli 1934 in Erfüllung: Bei ihrer Einkleidungsfeier erhielt sie den Namen Maria Euthymia.

In vielen Frauenorden war es üblich, die Namen für Schwestern von den Namen männlicher Heiliger abzuleiten, weil es oft nicht genügend weibliche Namen gab. So liegt es nahe, dass ein Heiliger Pate für den Namen Euthymia gestanden hat. Obwohl es in der Ostkirche mehrere Mönche mit Namen Euthymios gab, kann hier vermutlich der älteste Namensvertreter Pate gewesen sein: Euthymios der Große. Er wurde 377 in Melitene am Euphrat in der heutigen Türkei geboren. Mit 19 Jahren wurde er Priester. Er pilgerte ins Heilige Land und ging als Einsiedler in die Wüste. Dort entstand bald eine Mönchskolonie. Euthymios überließ nach einigen Jahren die Leitung aber seinem Schüler Theoktistos und zog mit Nomaden weiter. Schließlich kehrte er zurück, ließ sich in der Nähe seines Ursprungklosters nieder und leitete eine neue Gemeinschaft bis zu seinem Tod im Jahr 473. Sein Gedenktag ist der 20. Januar.

Ein frommer Mönch, der im Stillen wirkte. Auch ein Vorbild wie Schwester Euthymia.

DIETER LAMMERDING

Der Taufstein in Peter und Paul Halverde.

Wer war die heilige Emma?

Noch am Tag ihrer Geburt erhielt Schwester Euthymia bei der Taufe in St. Peter und Paul Halverde den Vornamen »Emma«. Der Name Emma geht zurück auf die Heilige Hemma von Gurk und bedeutet (helm = Schutz) Schützerin. Hemma wurde um 980 als Kind der Grafen von Friesach-Zeltschach in Kärnten geboren. Sie war mit Graf Wilhelm von der Sann glücklich verheiratet. Als 1016 ihr Mann starb und dann 1036 ihr Sohn ermordet wurde, änderte sie ihr Leben. Hemma verkaufte ihre Besitzungen und verwendete das Geld für verschiedene geistliche Stiftungen – u.a. für das Benediktinerinnen-Stift Gurk in Kärnten – und spendete einen Großteil ihres Vermögens den Armen. Hemma starb am 29. 6. 1045.
Ihr Grab befindet sich heute in der Krypta des Gurker Doms. 1287 sprach man sie selig, 1938 heilig.

»Kinder lagen ihr sehr am Herzen«

Eindrücke der ehemaligen Schwesterschülerinnen

Nur kurz überschnitten sich ihre Lebenswege: Von Herbst 1953 bis Herbst 1955 waren zwölf junge Frauen in der Ausbildung zur Kinderkrankenschwester in der Raphaelsklinik in Münster. Währenddessen arbeitete Schwester Euthymia in der Waschbaracke des Krankenhauses. Täglich hatten die damals etwa 20-jährigen Frauen Kontakt mit Schwester Euthymia. Sie hatten den Auftrag, schmutzige Wäsche zur Waschbaracke zu bringen und von dort abzuholen. Wenngleich es häufig nur Minuten waren und in der Hektik des Arbeitsalltags nur wenige Worte gewechselt werden konnten – die Begegnung mit Schwester Euthymia hat einen dauerhaften Eindruck hinterlassen. Nachfolgend berichten fünf von ihnen, was ihnen selbst nach einem halben Jahrhundert noch tief im Gedächtnis geblieben ist.

Sie hatte ein Herz für Kinder

Elisabeth Irmer aus Münster-Hiltrup erinnert sich.

»Nicht im Traum« hätte sie daran gedacht, dass Schwester Euthymia einmal selig gesprochen würde. Elisabeth Irmer (66) erinnert sich daran, dass Schwester Euthymia

»immer nett und freundlich« war. »Aber etwas Besonderes, das war sie für uns damals nicht.« Und nach kurzem Nachdenken fügt sie hinzu: »Es gibt doch viele, die es auch verdient hätten, selig gesprochen zu werden – gerade zu der damaligen Zeit.«

Dennoch: »Was sie geleistet hat, vor allem als Krankenschwester in Dinslaken, wussten wir als Schülerinnen nicht. Darüber redeten die Ordensschwestern nicht. Es war überhaupt alles viel geheimnisvoller. Wir kannten damals zum Beispiel noch nicht einmal die Geburtsnamen der Ordensschwestern.«

Obwohl sie Schwester Euthymia nicht als außergewöhnlichen Menschen empfand, weiß Elisabeth Irmer über die kurzen Begegnungen im Waschkeller nur Gutes zu berichten. »Wir waren immer besorgt, frisch gewaschene Windeln zu bekommen«, erinnert sie sich. »Pampers gab es damals ja noch nicht. Manchmal musste man sich aus Mangel an Windeln überlegen, ob ein Kind vielleicht auch später gewickelt werden könnte.«

Im Waschkeller fand sie ein offenes Ohr für ihre Sorgen um die frische Wäsche. »Schwester Euthymia lagen die Kinder sehr am Herzen. Wenn wir mit der Schmutzwäsche von der Kinderstation zu ihr kamen, sorgte sie dafür, dass alles sofort in die Maschinen kam.« Jeden Tag sei sie im Waschkeller gewesen, machmal, wenn Kinder an Brechdurchfall litten, sogar zweimal pro Tag. »Es herrschte eine unglaubliche Hitze im Waschkeller. Für uns Schülerinnen reichte es schon, wenn wir mal eine Viertelstunde dort unten waren. Wie Schwester Euthymia das ausgehalten hat, ist mir ein Rätsel. Und dann noch von Kopf bis Fuß in die Tracht eingepackt!«

Lange Gespräche wurden im Waschkeller nicht geführt. Dazu hatten auch die Schülerinnen, die die Wäsche brachten, keine Zeit. Elisabeth Irmer erinnert sich jedoch noch gut daran, dass Schwester Euthymia immer wieder versicherte, sie werde in Gedanken bei den Kinderkrankenschwestern sein, wenn sie ihre Prüfungen ablegten. »Sie sagte immer wieder: ›Ihr schafft das schon‹ und versprach, uns abends in ihr Gebet hineinzunehmen.«

Dass Schwester Euthymia auch nach ihrem Tod für viele zur Fürsprecherin geworden, ist, hat Elisabeth Irmer häufig erlebt. Die 66-Jährige, die mit Leib und Seele Kinderkrankenschwester war und bereits im Alter von acht Jahren wusste, dass sie nichts anderes werden wollte, hat bis zu ihrem Eintritt in den Ruhestand in der Raphaelsklinik gearbeitet. »Einige Schwerkranke ließen sich ein Bildchen von Schwester Euthymia unter das Kopfkissen legen.

Es gab auch manche Patienten, die sich von den Ordensschwestern auf den Krankenstationen von Schwester Euthymia erzählen ließen.« Es sei auch vorgekommen, dass Patienten, die kaum noch eine Chance auf Gesundung hatten, als geheilt entlassen wurden – was sie selbst auf die Fürsprache von Schwester Euthymia zurückführten.

»Sie übt schon von da oben eine Macht aus«, sagt Elisabeth Irmer nachdenklich – um überzeugt hinzuzufügen: »Der Glaube versetzt Berge.«

Von Zeit zu Zeit besucht die frühere Kinderkrankenschwester das Grab von Schwester Euthymia auf dem Zentralfriedhof in Münster.

Seit einiger Zeit interessieren sich auch ihr 42-jähriger Sohn und die 39-jährige Tochter für Schwester Euthymia. Die Tochter regte an, gemeinsam mit der Mutter das Grab zu besuchen. »Sie war erschüttert, wie viele Menschen da waren, wie viele Kerzen brannten, kreuz und quer auf dem Grab.«

Elisabeth Irmer wäre es lieber gewesen, wenn sich auf dem Friedhof nichts verändert hätte. Eine Gedenkstätte mache alles »so offiziell«.

»Das schlichte Grab, zu dem die Menschen kamen, sich einfach irgendwo hinstellten und beteten, das passte mehr zu ihr.«

Das Stirnband immer durchgeschwitzt

*Marianne Tenbrock
aus Norderstedt
erinnert sich.*

Im Regal im Wohnzimmer von Marianne Tenbrock steht das unscheinbare Buch, das für sie damals so wichtig war: Grundlagen der Krankenpflege, zusammengestellt von der damaligen Lehrerin Schwester Marialdis. 255 Seiten, blass-lila Matritzenschrift, eingebunden in blaues, vergilbtes Papier. Ein halbes Jahrhundert hat Spuren hinterlassen. »Darin stand alles, was wir für die Prüfung wissen mussten«, sagt die 67-Jährige, die seit vielen Jahren in Norderstedt bei Hamburg wohnt. »Schwester Marialdis hatte das Wichtigste zusammengefasst. Was in dem Buch stand, wurde abgefragt.«
Zeit zum Lernen blieb den Schülerinnen der Kinderkrankenpflege Anfang der 50er Jahre kaum. Die Tage waren angefüllt mit Arbeit. Als Wohltat empfand Marianne Tenbrock es immer, wenn sie zu Schwester Euthymia in die Waschbaracke geschickt wurde. »In Holzschuhen sah man sie zwischen den großen Maschinen umherwirbeln« – dieses Bild hat sie noch heute vor Augen. »Über ihrer Ordenstracht trug sie in der feuchten Hitze noch einen blauen Kittel. Ihr Stirnband war immer durchgeschwitzt.« Trotz der harten Arbeit habe sie immer gesagt: »Legt das mal da hin. Ich mach das schon.« Ein oder zweimal habe man Schwester Euthymia sogar ohnmächtig in der Waschbaracke aufgefunden, erfuhren die Schülerinnen damals.
Als Schwester Euthymia schwer krank war, erzählte man sich in der Raphaelsklinik, einige Schwestern, die sie besuchten, hätten sich an ihren Bettpfosten gestellt, und ihnen selbst sei es danach besser gegangen. Auch nach dem Tod von Schwester Euthymia hatte Marianne Tenbrock selbst ein Erlebnis, das ihr bis heute unerklärlich ist. Nachdem sie ihre Ausbildung abgeschlossen hatte, arbeitete sie als Schwester im Neugeborenenzimmer. Dort hatte jemand vom Pflegepersonal ein Kind nicht fest genug eingepackt, so dass es sich die Ferse wundgescheuert hatte – und das einen Tag vor seiner Entlassung. Gemeinsam wandten sich eine Ordensschwester, zwei Schülerinnen und Marianne Tenbrock im Gebet an Schwester Euthymia. »Die Mutter wollte es doch am nächsten Tag abholen!« Marianne Tenbrock ist überzeugt, dass das Gebet geholfen hat. »Die Ferse war so abgeheilt, dass die Mutter nichts gemerkt hat.«

Sie war trotz Überlastung gleichbleibend freundlich

*Anne Delhougne
aus Lilienthal
erinnert sich.*

Als einen »lieben, freundlichen Menschen mit äußerster Geduld« hat Anne Delhougne aus Lilienthal bei Bremen Schwester Euthymia in Erinnerung. Trotz der langen Zeit, die inzwischen verstrichen ist, sieht die 66-Jährige noch vor sich, wie Schwester Euthymia »auf einem Holztritt stand und mit einem Stock die Wäsche von einem Bottich in den anderen hievte.« Eine Arbeit, die eigentlich einen kräftigen Mann erfordert hätte, nicht jedoch für die zierliche Ordensschwester geeignet war. »Trotz der permanenten Überforderung hatte sie ihre Nerven immer zusammen. Das fiel uns damals auf, obwohl wir noch jung waren und selbst genug Arbeit hatten.«

Häufig kam es vor, dass die damaligen Schülerinnen der Kinderkrankenpflege es nicht schafften, die vorgegebene Zeit für die Abgabe der verschmutzten Stoffwindeln in der Baracke einzuhalten: »Auf den Stationen war so viel zu tun, dass es einfach nicht möglich war. Wir hatten als Schülerinnen viel Verantwortung. Auch unter größtem Zeitdruck durfte man keinen Fehler machen.« Dann fragten die Schülerinnen in der Waschbaracke bei Schwester Euthymia kleinlaut an, ob sie die Windeln trotz der Verspätung noch bringen dürften. »Ach, Kinder, legt sie nur da hin«, antwortete die Ordensfrau gleichbleibend freundlich.

Die Erinnerung lässt Anne Delhougne lächeln: »Schwester Euthymia war rührend. Man konnte sie wirklich gern haben.« Umso mehr berührte es die damaligen Schülerinnen, dass Schwester Euthymia offensichtlich überlastet war – und trotzdem nie schlechte Laune hatte. Besonders der Kontrast zur Stimmung im Bügelzimmer, das nur durch eine Glaswand vom Arbeitsbereich Schwester Euthymias abgetrennt war, steht Anne Delhougne noch vor Augen.

Weil die kurzen Besuche bei der Schwester aus der Waschbaracke für die Schülerinnen so wohltuend waren, machte es sie besonders betroffen, als sie davon hörten, dass Schwester Euthymia schwer erkrankt sei. Anne Delhougne arbeitete damals im Labor. »Die Schwestern sprachen leise über die schlechten Blutwerte von Schwester Euthymia und tauschten besorgte Blicke aus.«

Nicht erst nach dem Tod der Ordensfrau, sondern schon zu Lebzeiten hatte Anne Delhougne das Gefühl, dass Schwester Euthymia »ein besonderer Mensch« war. Für

die 66-Jährige ist die Ordensfrau ein Vorbild – mit der Einschränkung: »So ideal wie sie kann man einfach nicht sein.«

Sie lag betend auf dem Boden in der Kapelle

Loni Hennig aus Bremen erinnert sich.

Als sie erfuhr, dass Schwester Euthymia gestorben war, besuchte Loni Hennig sie zum letzten Mal. Aufgebahrt lag die Ordensfrau in der Kapelle des Mutterhauses. »Hier ist eine Heilige gestorben«, sagte die damalige Schwesternschülerin spontan. Dafür gibt es Zeugen – einige ihrer damaligen Mitschülerinnen erinnern sich noch an Loni Hennigs Satz, der Jahrzehnte später der Wahrheit so nah kommt.

Als die 65-Jährige aus Bremen vor einiger Zeit davon hörte, dass Schwester Euthymia selig gesprochen wird, stand für sie fest, dass sie zu den Feierlichkeiten nach Rom fahren würde. Noch immer hat Loni Hennig eine lebendige Beziehung zu der Ordensfrau. Und so sagt sie nicht: »Ich möchte bei der Seligsprechung dabei sein«, sondern: »Ich möchte bei der Seligsprechung bei ihr sein.« »Ich habe sie damals verehrt so wie die Menschen später Mutter Teresa verehrt haben«, sagt die ehemalige Kinderkrankenschwester. Und setzt hinzu: »So eine fromme Frau!« Nicht nur, dass Schwester Euthymia immer freundlich und hilfsbereit war – Loni Hennig erinnert sich an eine konkrete Begebenheit: »Während meiner Ausbildung besaß ich nur drei Schürzen. Umso schlimmer, als ich auf einer einen dicken Rostflecken entdeckte. Ich ging in die Waschbaracke und fragte Schwester Euthymia, ob ich die Schürze dort auswaschen dürfe. Am nächsten Tag bekam ich die Schürze von Schwester Euthymia zurück – gewaschen und gebügelt.«

Auch andere Schülerinnen wussten die Liebenswürdigkeit der Schwester zu schätzen, erinnert sich Loni Hennig. Den Schülerinnen, die zu weit weg wohnten, um ihre private Wäsche zu Hause waschen zu können, stellte Schwester Euthymia immer einen Bottich zur Verfügung.

Loni Hennig ist überzeugt, dass die Grundlage der ausnahmslosen Freundlichkeit von Schwester Euthymia ihre tiefe Frömmigkeit war. Sie erinnert sich noch gut daran, dass sie einmal in die Kapelle kam – und überrascht stehen blieb. »Schwester Euthymia lag ausgestreckt auf dem Boden und betete. Sie war ganz allein. Dieses Bild hat mich bis heute nicht losgelassen.«

Sie schimpfte nie mit uns

Hildegard Niehaus aus Südlohn-Oeding erinnert sich.

Endlich hat sie Zeit. Seitdem Hildegard Niehaus vor zehn Jahren in den Ruhestand gegangen ist – sie hatte eine Drogerie in Südlohn-Oeding –, genießt sie vor allem das ungestörte Lesen. Auch über Schwester Euhymia stehen mehrere Bücher im Regal. Seitdem sich abzeichnete, dass die Ordensschwester selig gesprochen würde, hat sich

Hildegard Niehaus immer mehr mit ihr beschäftigt. »Je mehr ich mich mit ihr befasse, desto mehr Ruhe und Gelassenheit gibt es mir. Ich empfinde ganz viel Dank, dass ich sie erleben durfte und immer jemanden hatte – und noch habe –, an den ich mich wenden darf.«

Die Freundlichkeit, der Blick, das Lächeln – das fällt ihr als erstes ein, wenn sie von den kurzen Begegnungen in der Waschbaracke der Raphaelsklinik in Münster erzählt. »Sie wirkte sehr klein und schmal zwischen den hoch aufgetürmten Wäschebergen, besonders wenn sie die schweren Wäschewagen bewegte. Wie sie das geschafft hat, weiß ich nicht. Wenn wir Schülerinnen mit der Wäsche kamen, hat sie sich jedesmal bei uns bedankt. Sie war immer da, wir haben sie immer angetroffen.«

Die Begegnungen mit Schwester Euthymia waren eine Wohltat für die damaligen Schwesternschülerinnen, die von morgens sechs bis abends neun Uhr auf den Beinen waren und mit mancher Kritik der ausbildenden Ordensschwestern rechnen mussten. Heute weiß ich, dass sie mit den damaligen Arbeitsbedingungen total überfordert waren«, zeigt die 66-Jährige mit dem Abstand vieler Jahre Verständnis. »Ich weiß noch genau, dass ich damals zu meinen Mitschwestern sagte: ›Es gibt hier nur eine Ordensschwester, die nie mit uns schimpft und uns immer freundlich begrüßt: Schwester Euthymia.‹« Die Schwester habe die Schülerinnen damals angenommen, »wie wir eben noch waren: jung und unerfahren. Aber wir wollten ja lernen, das hatte sie mit ihrem gütigen, menschlichen Wesen längst begriffen.«

Erst vor einigen Jahren erfuhr Hildegard Niehaus von ihrer Schwester eine Begebenheit, die sie selbst längst vergessen hatte. »Als ich in der Ausbildung war, besuchte mich einmal meine Schwester, die damals erst zehn Jahre alt war. Ich sagte ihr: ›Du musst unbedingt mit zu Schwester Euthymia gehen. Die Schwester musst du mal erleben.‹« Später entschied sich auch die

Schwester von Hildegard Niehaus beruflich für die Kinderkrankenpflege.

Die Begegnungen mit Schwester Euthymia hatten zur Folge, »dass wir Schülerinnen durchweg gern zur Waschbaracke gingen.« Umso mehr traf sie die Nachricht, dass Schwester Euthymia – erst 41-jährig – im Sterben liege. »Täglich gab uns Schwester Marialdis, die Ausbildungsschwester, einen Lagebericht, wie es um Schwester Euthymia stand.« Die Todkranke ließ Grüße an die Schülerinnen ausrichten und versicherte, dass sie für sie beten würde – auch dafür, »dass ihr gut durchs Examen kommt«. Einige Tage, nachdem Hildegard Niehaus und ihre Mitschülerinnen das Examen abgelegt hatten, starb Schwester Euthymia. Die Begegnungen mit Schwester Euthymia wirkten bei Hildegard Niehaus über deren Tod hinaus. »Ich habe den Kontakt nie verloren«, sagt die ehemalige Schwesternschülerin. »Immer, wenn ich weder ein noch aus wusste, habe ich mich an sie gewandt.« Mit Erfolg, davon ist sie überzeugt. Ihr ältester Sohn litt über viele Jahre an einer schlimmen Form der Hepatitis. Die Krankheit ist inzwischen – nach vielen Jahren – zum Stillstand gekommen. Immer wieder hatte die Mutter um die Fürsprache der Schwester gebetet, die sie vor fast einem halben Jahrhundert persönlich kennen gelernt hat. Und immer noch hat sie auf zwei Fragen keine Antwort gefunden: »Warum musste sie ins Waschhaus und durfte nicht als Krankenschwester arbeiten?« und »Warum hat man Schwester Euthymia zu Lebzeiten so wenig beachtet?«

ANNETTE SAAL

Sie hat uns viel gegeben

**Schwester Theresianis
aus Varel
erinnert sich.**

Ein Ungetüm war das – die Waschmaschine, in der 1950 die Wäsche der Raphaelsklinik in Münster gewaschen wurde. Schwester Theresianis Kuhlmann aus Varel kann sich noch gut erinnern. »Die große Klappe musste man immer mit beiden Händen hochschieben, so schwer war die. Und dann die ganze schwere, nasse Wäsche! Das war harte Arbeit.« Arbeit, die damals ein ganz besonderer Mensch verrichtete: Schwester Euthymia. Schwester Theresianis arbeitete damals als Stationshilfe in der Raphaelsklinik und lernte Schwester Euthymia kennen, wenn sie ihre Wäsche holte.

Ihr ist vor allem eines aufgefallen: »Sie hat so schwer gearbeitet, und war doch immer fröhlich. Sie muss eine innere Ader gehabt haben.« Fröhlich und voll Zuwendung – so zeigte sich Schwester Euthymia dem jungen Mädchen aus Höltinghausen. Viel Zeit zu Gesprächen gab es unter der Woche in der Waschküche nicht. Höchstens samstags, wenn Schwester Euthymia draußen in den Anlagen um die Waschküche arbeitete, kam Schwester Theresianis mit ihr ins Gespräch. Ihr Eindruck: »Sie war so schlicht und gut und einfach – das hat uns junge Mädchen angezogen.« Und wenn man ihr das Herz ausschütten wollte mit den Sorgen eines jungen Lebens, fing Schwester Euthymia das mit der freundlichen Einladung auf: »Lass uns zusammen ein Vaterunser beten.« Schwester Theresianis ist im Rückblick noch

»Dat kann ick wuoll!« Schwester Euthymia in der Waschbaracke.

verwundert: »Da war gar nichts Aufregendes an ihr – und gerade das hat uns so viel gegeben.«

Der Weg der beiden Frauen sollte sich im Frühjahr 1955 noch einmal kreuzen: Da trat die junge Maria Kuhlmann selbst bei den Clemensschwestern in Münster ein, zusammen mit zwölf anderen jungen Frauen. Schwester Euthymia war da schon schwer krank; im September 1955 starb sie. Für Schwester Theresianis begann damals ein reiches Ordensleben; sie lernte den Beruf der Erzieherin, leitete dreizehn Jahre den Kindergarten von Dinklage. Später ging sie nach einer Weiterbildung in die Altenpflege; inzwischen arbeitet sie schon sieben Jahre im Altenheim Marienstift in Varel.

Im Rückblick sagt sie: »So viele gute Mitschwestern sind mir da begegnet, da war nicht nur Schwester Euthymia. Und ich habe auch viele Mütter und Väter erlebt, die einen heiligmäßigen Eindruck machten.« Aber Schwester Euthymia sei eben schon etwas Besonderes.

War sie vielleicht gar ein Vorbild für die junge Ordensfrau? Schwester Theresianis überlegt und schüttelt dann den Kopf. »Ich wollte einfach immer nur Christus dienen – damit bin ich zurecht gekommen, das hat mich getragen.« Vielleicht, das bleibt als Eindruck, also doch von der Schlichtheit der Schwester Euthymia beeinflusst.

FRANZ-JOSEF SCHEEBEN

Das Weihwasserbecken aus der Waschbaracke.

Die Waschbaracke in Münster: der Arbeitsplatz von Schwester Euthymia.

4.
Die geistliche Persönlichkeit

Durchkreuzte Lebenshoffnungen als Quelle der Heiligkeit
Von Bischof Dr. Heinrich Mussinghoff, Aachen

Wer Schwester Maria Euthymia war

»Ich diente und mein Lohn war Friede«. Mit diesem Wort aus »Dreizehnlinden« von Friedrich Wilhelm Weber hat der französische Priester Emile Eche, der als Kriegsgefangener im Dinslakener Krankenhaus Zwangsarbeit tun musste, das Leben von Schwester Euthymia gedeutet. Wer war diese kleine, stille Schwester, deren Leben Dienst und Lohn Friede war, Friede, den sie ausstrahlte, Friede, der ihr in Dienst und Leben zuteil wurde?

Die Lebensdaten der Schwester Maria Euthymia sind schnell notiert. Geboren als Emma Üffing am 8. April 1914 in Halverde, Kreis Tecklenburg, wurde sie am gleichen Tag getauft. Die Landschaft, Sand und Moore, das bäuerliche Leben, die kinderreiche Familie, die frommen Eltern, das kirchliche Leben prägten ihre Kindheit und Jugend. Eine Rachitiserkrankung ließ sie nur 1,56 m groß werden. Das linke Augenlid hing ein wenig herunter. In der Volksschule lernte sie eifrig, musste sich aber anstrengen, besonders beim Auswendiglernen. Sie las gern die »Stadt Gottes« der Steyler Missionare und kannte die »Nachfolge Christi« des Thomas von Kempen und die »Philothea« des Franz von Sales. Sie feierte täglich die hl. Messe mit und war ein frommes und stilles Kind.

Sie half in Küche und Hof und nahm den anderen Arbeiten ab. »Dat kann ick wuoll!« sprang sie gern hilfsbereit ein. Nie klagte sie. Nach der Schulentlassung am 1. April 1928 blieb sie noch drei Jahre im elterlichen Betrieb. Sie konnte entschlossen zugreifen; als z.B. ihrem Bruder die Pferde durchgingen und er in eine brenzlige Situation geriet – die

Leine verhaspelte sich in der Deichsel –, rannte sie 300 Meter über das Rübenfeld dem Gespann entgegen und brachte es zum Halten, während die anderen gebannt auf das sich anbahnende Unglück starrten.

Am 1. November 1939 ging Emma an das St.-Anna-Hospital in Hopsten, das Bischof von Ketteler gegründet hatte, und arbeitete dort sechs Monate im Haus und auf dem Geflügelhof und ein Jahr als Lernköchin. Im Hospital waren die Clemensschwestern tätig. Hier unterstand sie Schwester Euthymia Linnenkemper, deren Ordensnamen sie später erhielt. Man stellte ihr ein gutes Zeugnis aus: »Sie war fleißig, brav und ehrlich. Sie wird auf eigenen Wunsch entlassen. Wir wünschen ihr für das fernere Wohlergehen das Beste.«

Eine Mitschülerin von damals bezeugt: »Keine Arbeit war Emma Üffing zu klein und zu gering. Von allen im Haus wurde sie geschätzt und geachtet. Nie sah man sie verstimmt und verdrießlich; darum war sie überall gern gesehen.«

Ihre Liebe zum Ordensleben war geweckt. Sie hatte die Clemensschwestern kennengelernt, und die Sehnsucht nach einem Leben für Gott und die Menschen begann sie zu erfüllen. Wer waren diese Schwestern? »Barmherzige Schwestern von der allerseligsten Jungfrau und schmerzhaften Mutter Maria« hieß die Kongregation, die Clemens August von Droste Vischering 1808 in Münster gründete. Sie lehnte sich an das Vorbild des Vinzenz von Paul an, übernahm 1820 das »Clemenshospital« und wirkte in Krankenpflege und anderen sozial-karitativen Aufgaben (Kindergärten, Näh- und Kochschulen etc.). Verbreitung fand die Kongregation im Bistum Münster und den Nachbardiözesen.

Wie Berufung wächst

Warum entscheiden sich Menschen für ein solches Leben? Warum wollte Emma Üffing Ordensschwester werden? Fast unbemerkt war in ihr diese Berufung gewachsen und gereift.

Was ist das, Berufung? Geht das nur Priester und Ordensleute an? Nein, das Thema wird Mode und kommt auf den Markt. Zunehmend findet man in Fachzeitschriften die Frage: Wer bin ich? Was kann ich? Meine Fähigkeit und Talente. Das Wirtschaftsmagazin BIZZ titelte seine Herbstausgabe 1998 mit der Frage: »Testen Sie Ihr wahres Talent – Wer bin ich?«

Und die Zeitschrift »Psychologie heute« bringt es auf den Punkt: »Warum Sie Ihre Berufung kennen sollten!« Im Anhang ein Seminarangebot: »Beruf – Berufung – Lebenserfüllung«. Also durchaus ein Thema, das »in« ist. Wer seiner »inneren Stimme« nicht folgt, verpasst eine Menge von Möglichkeiten, verschleudert wertvolle Lebensenergien, verfehlt eventuell sein Leben.

Wie die Dynamik des eigenen Lebens sich zeigt

In jedem Leben liegt eine innere Dynamik, das zu werden, was den eigenen Talenten, Begabungen, Fähigkeiten, Werten entspricht. Eine »geborene« Juristin, ein Naturtalent von Erzieher, ein begnadeter Fussballspieler, eine Primaballerina sagen wir. Diese Dynamik des eigenen Lebens, diese innere Kompassnadel unserer Seele, diesen Code of our Souls gilt es zu entdecken, damit wir die richtige Lebenswahl treffen, wenn es um den erfüllenden Beruf oder den rechten Lebenspartner bzw. -partnerin geht, damit wir mit Passion diesen Beruf, diese Aufgabe, diese Partnerschaft und Ehe leben.

Solche Berufung ist immer schon Antwort auf einen Ruf, die wir aus der Mitte unseres Wesens geben. Berufung ist etwas, das jeden Menschen angeht. Jeder hat seine, jede hat ihre Berufung. Wir müssen sie entdecken, und sie braucht Wachstum und Reife. Natürlich gilt das in besonderer Weise auch von der religiösen Berufung zu einem geistlichen Beruf.

Schließlich ist auch die Gemeinschaft der Glaubenden, die Kirche, eine Gemeinschaft Berufener, denn das Wort Kirche heißt nichts anderes als »die Herausgerufenen« und also vor Gott versammelten. Wir sind berufen, weil Gottes Ruf uns traf, zur Ehe oder zu einem ehelosen Leben, zum Beruf des Schreiners, der Näherin, des Bäckers, zum Beruf der Ärztin, des Naturwissenschaftlers, des Juristen, zum Beruf des Priesters oder der Ordenschristin.

Genau das hat Emma Üffing auf eine überaus schlichte, natürliche Weise gespürt; und als Schwester Euthymia ist sie diesem ihrem Ruf gefolgt. Berufung heißt, dass wir den Ruf hören und ihm entsprechen.

Welche Gesetze des Wachstums Berufung hat

Berufung hat mit Wachsen und Reifen zu tun. Wachstum kann man nicht machen. Der Zauber des Frühlings, aufbrechende Blüten und ein neugeborenes Kind bringen uns mit dem Wunder des Lebens zusammen. Leben kann man nicht machen. Leben wird geschenkt und weitergegeben. So ist es auch mit der Berufung.

Die Anfänge des Lebens sind winzig, wie der Same. Wachstum braucht Zeit und hat Zeit. Wachstumsprozesse kann man nicht willkürlich beschleunigen. Es braucht Zeit, oft lange Zeit, bevor sich Blüten zeigen und Früchte wachsen.

Wo Berufung wächst, darf man staunen. Wir können nur hegen und pflegen. Wir können nur unterstützen, wenn Gottes Ruf getroffen hat.

Wir brauchen die Geduld des Sämanns, der lange zuwarten muss, bis die Ernte reif ist. Wir brauchen den langen Atem und die Freude am Wachsen und Reifen.

Jedes Lebendige, jede Berufung wächst aus seiner eigenen Wurzel. Sie hat Selbststand und beansprucht Selbstständigkeit. Wachstum geht nach innen und nach außen. Wachstum folgt seiner eigenen Gesetzmäßigkeit.

Leben und Berufung wachsen nicht immer und überall. Sie haben ihren Platz. Sie brauchen ihren Boden und ihren Raum zur Entfaltung. Nur was tief eingewurzelt und angewachsen ist, kann sich gut entwickeln.

Leben und Berufung wachsen organisch. Es gibt keine auswechselbaren Teile wie beim Automechaniker. Es gibt einen komplexen Lebenszusammenhang.

Leben und Berufung reagieren auf die Umwelt. Sie nehmen Nahrung und Reize auf. Sie müssen sich mit vielen Einflüssen auseinandersetzen, hilfreichen und schädlichen. Leben, Berufung wächst auch an Widerständen.

Jedes Leben entwickelt sich auf ein Ziel hin. Entelechie meint eine im Leben selbst liegende zielgerichtete Dynamik. Wenn der Ruf Gottes trifft, wächst die Berufung dieser Dynamik entsprechend.

Berufung verlangt Respekt vor der Freiheit, Ehrfurcht vor der Einmaligkeit, Wertschätzung der Kostbarkeit gerade eines jungen Menschen, der den Ruf spürt. In ihm schlummert vielleicht eine Größe, die nur er selbst entdecken und entfalten kann. Jeder Mensch braucht Beheimatung und wohlwollende, verlässliche, belastbare Beziehungen, um den Weg der eigenen Berufung zu gehen. In jedem jungen Menschen, der seine Berufung sucht, steckt viel Ungereimtes, Unausgegorenes, Ungeläutertes. Es bedarf sensibler Einfühlung und Verständnis, um Berufung zum Wachsen zu bringen. Glaube und Berufung wachsen nur, wenn der ganze Mensch wächst.

Berufung als Ruf und Antwort kann sich nur im Dialog entfalten. Junge Menschen brauchen dialogfähige und -bereite Christen, um den Weg der Berufung zu klären.

Der 1955 verstorbene UN-Generalsekretär Dag Hammarskjöld sagte einmal: »Gott, lass meine Einsamkeit zum Stachel werden, etwas zu finden, wofür sich zu leben lohnt, groß genug, um dafür zu sterben.« Dem will die Entdeckung der eigenen Berufung im Leben dienen. Berufung lässt eigene Kräfte wachsen, dem zu entsprechen.

Ich muss meine Berufung entdecken und jungen Menschen wie ein Samariter helfen, Visionen und Ziele zu finden, für die sich zu leben lohnt. Wo Hoffnung blüht, da kann Berufung wachsen und reifen. Hoffnung ist Entscheidung aus dem Glauben. Berufung folgt dem Gesetz des Samenkorns.

Wie in Emma Üffing Berufung wächst oder: wie sie unter dem Blick Jesu reift

Ganz leise war in Emma Üffing die Berufung gewachsen. Bei der Arbeit in Haus und Hof, auf dem Feld und im Stall, bei der Ausbildung zur Lehrköchin im Krankenhaus waren Arbeitsamkeit und Hilfsbereitschaft gewachsen, die ihr die Achtung und Liebe aller einbrachten. Im Gebet in Familie und Kirche fand ihre Liebe zu Gott und ihre Verehrung für Maria, die Mutter des Herrn, und die Heiligen innigen Ausdruck. Und das alles ganz einfach, schlicht, normal, ohne Verzierungen und Schnörkel. »Im Winter wächst das Brot«, heißt der Titel eines Buches von Ida Friederike Görres. Im Winter unter der Schneedecke wächst und reift die Saat. So wächst in Kindheit und Jugend der Wunsch Emmas, Ordensfrau zu werden und im Dienst an kranken Menschen zu arbeiten. Es gibt bei Schwester Euthymia kein Aufsehen erregendes Berufungserlebnis, keine spektakuläre Konversion zu einem anderen Leben. Dennoch möchte ich eine Berufungsgeschichte des Neuen Testamentes auf sie abändern und von ihr erzählen (Mk 10, 17 – 31).

Es kam eine junge Frau auf Jesus zu und fragte: Was muss ich Gutes tun, um das ewige Leben zu gewinnen? Und Jesus sagt ihr: Halte die Zehn Gebote, lebe nach Gottes Willen. Die junge Frau antwortete: Darum habe ich mich immer und ehrlich bemüht. Da blickte Jesus sie an und fasste Zuneigung zu ihr: »Eines fehlt dir noch. Geh, verkaufe alles, was du hast, gib das Geld den Armen, und du wirst einen Schatz im Himmel haben; dann komm und folge mir nach« (V. 21). Wir wissen, dass die biblische Geschichte von der Berufung des jungen Mannes, der so vorbildlich die Thorah Gottes beachtete, traurig und tragisch ausgeht. Er kann sich nicht lösen aus der Bindung an Besitz und Vermögen. Ganz anders Emma Üffing. Mit großer Selbstverständlichkeit und Leichtigkeit folgt sie dem Ruf Gottes, den sie in sich spürt. Sie hat nicht Besitz und Vermögen. Dennoch bedeutete der Klostereintritt damals eine Bereitschaft zum Opfer. Die junge Frau damals musste alles lassen, die Bindung an die Familie und an Freunde und Verwandte. Sie würde erst nach drei Monaten zum ersten Mal nach Hause schreiben dürfen. Nie im Leben würde sie wieder das elterliche Haus betreten; niemals dürfte sie bei der Heirat der Geschwister oder beim Tod naher Verwandter zurückkehren. Das war für manche junge Frau eine harte, fordernde Entscheidung. Schwester Euthymia hat diesen Schritt mit aller Entschiedenheit und – wie es scheint – mit heiterem Herzen getan.

Im Evangelium heißt es – auf Emma Üffing angewandt: Jesus, sie anblickend, hatte sie liebgewonnen.

Ich glaube, Schwester Euthymia wusste sich unter diesem liebenden Blick Jesu angenommen und geborgen, berufen und gesandt. Ihr ganzes tiefes, beständiges Gebetsleben zeigt, dass sie diesen liebenden Blick Jesu suchte und darin Geborgenheit fand. Deshalb konnte sie stundenlang in St. Servatii Anbetung halten. Sie liebte Jesus und wusste sich von ihm geliebt. Deshalb wollte sie den Kranken dienen.

In einem Brief an die Mutter anlässlich der Ewigen Gelübde im April 1940 schreibt sie:

»Du weißt es, liebe Mutter, und ich bin mir dessen auch sehr bewusst, dass ich noch so armselig und so klein bin. Doch das schreckt mich nicht zurück, sondern treibt mich immer und mehr weiter, um das Ziel zu erreichen. Darf ich mich denn so ganz dem göttlichen Heiland hingeben, dann will ich nach Kräften dahin streben, wenigstens ein gehorsames und dankbares Kind zu sein, das den lieben Oberen und der ganzen Ordensfamilie keine Sorgen bereitet, sondern Ehre und Freude. Gottes Wille geschehe. Ich will gern zu allem bereit sein.«

Das ist für Schwester Euthymia eine charakteristische Formlierung, die so oder ähnlich immer wieder auftaucht: »Dazu will ich gern bereit sein.« »Dat kann ick wuoll!« »Wie Gott

»Aus dem Verborgenen strahlen«

Gebetsabend des Stadtdekanats Münster auf dem Zentralfriedhof

Der Vorbereitung auf die Seligsprechung dienten abendliche Andachten am Grab von Schwester Euthymia. Zur ersten Feier am 7. April 2001, am Vorabend des 87. Geburtstags von Emma Üffing, kamen rund tausend Gläubige auf den Zentralfriedhof in Münster. Die Gestaltung des Abends lag in den Händen des Stadtdekanats Münster. »Heute Abend tun wir, was jeder einzelne von uns in all den Jahren oft getan hat. Wir tun es heute gemeinsam«, begann Wolfgang Spindelmann, Pfarrer der münsterischen Mauritzgemeinde, die Andacht. Stimmungsvoll leuchteten die Kerzen der Betenden in der einbrechenden Dunkelheit. »Aus dem Verborgenen strahlen« – diesen Satz deutete Pfarrer Spindelmann als Leitmotiv des Lebens von Schwester Euthymia. »Ein Leben in Verborgenheit – aber es strahlte Licht und Wärme aus!« In seiner Predigt erinnerte Spindelmann daran, dass eigentlich die meisten Menschen etwas sein

möchten und nicht »unbekannte Nichtse sein«. Je weiter jemand aufsteige, um so heller müsse ihm die »Sonne der Anerkennung« scheinen. Gott dagegen sei ein Gott im Verborgenen und ihm gefalle »ein einfacher Sinn im Verborgenen«. Euthymia sei es darum gegangen, »den Willen Gottes zu tun im jeweiligen Augenblick, in der konkreten Situation«.

Begleitet von den Klängen einer Querflöte wandten sich die Gläubigen im Gebet an Schwester Euthymia:
»Viele Menschen haben schon auf deine Fürsprache hin Trost und Hilfe erfahren. Oft bitten wir – und wissen nicht, ob das, worum wir so flehentlich bitten, auch wirklich unserem Heil dient. Hilf uns, nach deinem Beispiel zu lernen, in allem, was Gott uns schickt, seinen Willen zu erkennen und anzunehmen.«

Viele Gläubige folgten der Einladung, am Ende der Feier ihre Kerze am Grab der Ordensfrau aufzustellen.

will.« Sie wollte Gott restlos über sich und über ihr Leben verfügen lassen.

Wie Schwester Maria Euthymia Hindernisse und Prüfungen besteht

Und dennoch gibt es Hindernisse und Prüfungen auf dem Weg der Berufung dieser kleinen Schwester. Durchkreuzte Lebenshoffnungen, an denen sie wächst und reift.

Wie ihr der Eintritt in den Orden fast versagt bleibt

Ein erstes Hindernis waren Bedenken der Oberin gegen ihren Eintritt. Emile Eche berichtet:

»Im Einverständnis mit der Mutter bat Emma Üffing am 25. April 1934 durch einen Brief an das Mutterhaus um Aufnahme in die Kongregation der Clemensschwestern. Die damalige Generaloberin, die ehrwürdige Mutter Bona, wie auch andere Mitglieder der Ordensleitung schienen von einer solchen Kandidatin keineswegs begeistert zu sein. Die Novizenmeisterin, Schwester Agnes, wurde deshalb beauftragt, ein Gutachten bei der Oberin des St.-Anna-Krankenhauses in Hopsten einzuholen.

Warum die zögernde Haltung? Nun, um einen Beruf zu erfüllen, der beträchtliche körperliche Leistungsfähigkeit verlangt, braucht es kräftige Menschen. Emma Üffing aber, damals 20 Jahre alt, war immer noch von schwächlicher Konstitution, und außerdem sah sie nicht gerade empfehlenswert aus. Ihr Gesundheitszustand war nach wie vor schlecht. Sie war nur 1,56 Meter groß.

Was nun? Sollte man mehr auf natürliche Kräfte als auf die Kraft der Seele, auf Charakter und Willensstärke vertrauen? Nachdem so alle Einzelheiten geprüft waren und sich alle Schwierigkeiten nach Gottes Willen aufgelöst hatten, beschlossen also die Oberinnen der Kongregation, auf den Antrag zustimmend zu antworten. Emma konnte am 23. Juli 1934 bei den Clemensschwestern in Münster eintreten. Ihre Mutter berichtet, dass ihre Toch-

ter an diesem Tag sehr still und freudig bewegt gewesen sei.«

Fast wäre ihre Hoffnung, in die Kongregation der Clemensschwestern eintreten zu dürfen, durchkreuzt worden. Schwester Euthymia musste ihr Leben lang das Kreuz tragen, dass sie klein und schwächlich war.

Wie sie sich im Dienst an den kranken Kriegsgefangenen aufreibt

Ein zweites Hindernis bestand in dem ungeheuren Maß an Arbeit, in dem selbstlosen und aufreibenden Dienst an den kranken Kriegsgefangenen und in den Sorgen und Nöten, die der Krieg verursachte.

Schwester Euthymia hatte ihr Krankenschwesterexamen und ihre Prüfung als »Desinfektorin« mit »sehr gut« bestanden.

Sie wurde im St.-Vinzenz-Hospital in Dinslaken eingesetzt, zunächst auf der Frauenstation, dann auf der Isolierstation, wo die kranken Kinder sie »Tante Timmi« nannten. Die eigentliche Herausforderung aber war ihr Dienst an den kranken Kriegsgefangenen, die seit Februar 1943 die geräumige Holzbaracke St. Barbara belegten und überbelegten. Mitten im Krieg wirkte Schwester Euthymia als Engel von St. Barbara, als »Engel der Liebe«.

Euthymia pflegte sie alle: die Franzosen, Belgier, Holländer und Italiener, die Russen, Ukrainer und Polen, die nach Nationen getrennt auf Zimmern lagen. Sie hatten oft schlimme Krankheiten wie Krätze, Gesichtsrose, Typhus, Geschlechtskrankheiten, Lungen- und Zellgewebstuberkulose; oft kamen sie verdreckt und verlaust an. Schwester Maria Euthymia kannte keinen Ekel vor all dem Eiter, Blut, Auswurf und Kot. Bei Tag und Nacht war sie zur Stelle – »eine stille Frau, gütig, sanft, beherrscht«, wie einer der Kriegsgefangenen sagte. Man musste damals sehr haushalten mit den knappen Verbandsstoffen, Salben, Jodtinkturen, Sulfanomiden in Pulver oder in flüssiger Form, Morphium und Betäubungsmitteln. Pfarrer Eche »organisierte«, was Schwester Maria Euthymia wortlos hinnahm. Ein Gefangener schrieb von dieser Schwester: »Dort im Vinzenz-Hospital gab es keine SS noch SA mehr, sondern wahre christliche Liebe. Dort wurde ich wieder als menschliches Wesen behandelt und mit Güte. Ich danke ... Schwester Euthymia, die sehr gut war.«

»Alles an ihr war ohne prahlerischen Akzent«, weiß der französische Pfarrer Emile Eche (1903–1965) zu berichten, der über zwei Jahre der ihr zugeordnete Krankenpfleger war. »Sie hatte keine Zeit, ein Lob anzuhören. Es war immer das gleiche Lächeln des Friedens, von dem sie sich niemals trennte.« Am liebsten hatte sie es, wenn Munterkeit und gute Laune herrschten. Durch ihr ruhiges, frohes Wesen trug sie viel dazu bei.

»Herr, gib mir Kraft mit auf den Weg und ein Lächeln und einen nimmermüden Schritt«, hatte sie in ihr Gebetbuch geschrieben.

Woher Schwester Euthymia für oft über 80 Kranke ein Bett herbrachte und wie sie das Notwendigste zu besorgen vermochte, weiß niemand. Das Lagerkommando kam mit ausländischen Kranken an und kippte sie einfach vor der Baracke vom Wagen.

Eine Mitschwester erzählt: »Sie richtete Lagerstätten auf Liegestühlen und Matratzen in den Trümmern und auf den Fluren ein. Bereitwillig rückten die Patienten zusammen.«

Ein Gefangener, Léon Clémont aus Sedan, berichtet: »Sie war von grenzenloser Güte gegenüber fremdem Leid. Sie hatte das Herz einer Heiligen. Oft hörte ich sie für uns Gefangene beten. Denn – so sagte sie – ›es tut weniger weh, wenn man den Herrn bittet.‹ Indem sie uns eine große und sehr wohlwollende Liebe erwies und sich für uns opferte, war sie vor allem unseren russischen Brüdern, die unglücklicher waren als wir, ein Wegweiser. Ich habe mit eigenen Augen die wirkliche Rückkehr dieser Burschen zu Gott gesehen, den sie nicht genug kannten, zu Gott, den nur Schwester Euthymia so zu lieben lehren konnte.«

Die Kriegsgefangenen im Lazarett hatten Hunger. Die Zuteilung von Lebensmitteln war rationiert. Die Gefangenen erhielten auch im Lazarett unzureichende Nahrung, Medikamente und Bettwäsche. Es war den Schwestern und Pflegern bei hoher Strafe verboten, den Gefangenen zusätzliche Lebensmittel zu besorgen. Die SS achtete sorgsam auf die Einhaltung ihrer Befehle. Ihr war es gleich, ob Gefangene an Hunger oder Krankheit starben. Sie wollte nur internationale Einsprüche verhindern, wenn sie schwerkranke Gefangene ins Lazarett ließ.

Als Schwester Maria Euthymia eines Tages sah, wie die hungrigen Kriegsgefangenen in den Mülltonnen nach Essensresten suchten, fand sie Mittel und Wege, eine Mülltonne zu säubern und regelmäßig mit sauber eingewickelten Broten zu versehen.

Schwester Euthymia tat die schweren Dienste mit Lächeln. »Ich diente und mein Lohn ist Friede.«

Schwer wurde es, als 1943/44 die Bomber Deutschland überflogen. Bei Bombenalarm mussten die Kranken in Eile in den Luftschutzbunker transportiert werden, eine ungeheure Mühe. Es ist fast ein Wunder, dass in so beengten und verworrenen Verhältnissen nie eine Seuche ausbrach, obwohl Tuberkulose, Typhus und andere Krankheiten das Feld beherrschten.

»Ich diente und mein Lohn ist Friede.« – So ging der »Engel der Liebe« still seinen Weg, und die gepeinigten, bisweilen aufsässigen Kriegsgefangenen gehorchten ihr.

Schlimm wurde es, als bei einem amerikanischen Bombenangriff am 23. März 1945 das Krankenhaus schwer getroffen und Dinslaken zu 85% zerstört wurde. Schwester Euthymia kannte nur die Sorge für die Kranken. Sie half beim Abtransport in die Nachbardörfer und -höfe und fuhr bis spät in die Nacht Verwundete in das 30 Minuten entfernte Dorf Eppinghoven, wo sie die Wache auf dem Scholtenhof übernahm und am nächsten Tag überanstrengt in durchnässter Kleidung und mit hohem Fieber zusammenbrach. Doch sie kam durch.

Die Amerikaner besetzten Dinslaken. Die evangelische Gemeinde stellte ihr Gemeindehaus für 50 Betten zur Verfügung, wo Schwester Maria Euthymia zuerst in der Krankenpflege, dann vorübergehend in der Waschküche half.

Dieses zweite Hindernis wird im Leben Schwester Euthymias fast nicht sichtbar. Aber menschlich verständlich wäre es schon gewesen, wenn sie einmal eine etwas ruhigere Station hätte übernehmen können, wo es mehr Kontakt zu Kindern und Frauen gegeben hätte, wo der Arbeitsanfall geringer und der Umgangston angenehmer gewesen wären, wo keine Angst vor Infektion bestehen musste. Schwester Euthymia hat das – fast möchte man sagen – mit Gleichmut weggesteckt. Sie hat bis an die Grenze ihrer Kraft sich fordern lassen und so ihre Berufung gelebt. Sie hätte es verdient, eine bessere Aufgabe zu bekommen. Aber sie verwirklichte im konkret gelebten Arbeitsfeld ein Stück einfacher, sympathischer Heiligkeit.

Wie sie still Dienst in der Waschküche tut

Denn ein drittes Hindernis war ihre Versetzung nach dem Krieg. Am 14. Januar 1948 wurde Schwester Euthymia an die Raphaelsklinik nach Münster versetzt. Ihre Aufgabe: Waschhausschwester, das hieß, in der klinikeigenen Wäscherei die anfallende dreckige Wäsche zu besorgen. Warum diese Versetzung einer Frau, die mit Leib und Seele Krankenschwester war, in die Wäscherei? Die im Mai 1980 verstorbene langjährige Generaloberin der Clemensschwestern, Mutter Ottokara, die diese Versetzung verfügt hatte, hat einmal dazu gesagt:

»Schwester Euthymia war als Stationsschwester in Dinslaken und das Krankenhaus wurde zerstört, und es musste für notdürftige Unterkünfte für die Kranken gesorgt werden. Und die alte Schwester, die bis dahin die Waschküche versorgt hatte, konnte es nicht mehr, und es kam die Frage an uns: Darf Schwester Euthymia oder kann Schwester Euthymia das tun? Schwester Euthymia wurde gefragt, und sie hat gesagt: Wenn die Oberen meinen, dass ich das kann, bin ich dazu bereit. Denn es ist alles für den großen Gott.«

Der Dinslakener Chefarzt Dr. Seidel meinte

bei einem Besuch: »Diese kleine Heilige hätten Sie uns lassen sollen.«

Abbé Eche schreibt: »Als ich im Jahr 1949 bei einem Besuch in Dinslaken von dieser ›Herabsetzung‹, wie ich es nannte, erfuhr, reiste ich sofort nach Münster und fragte im Mutterhaus nach Schwester Euthymia. Als sie erschien, bat sie mich zuerst, das Essen nicht kalt werden zu lassen. Während ich aß, blieb sie stehen, um mich zu bedienen. Ich aber platzte vor Ungeduld. Und sobald ich etwas anderes sagen konnte, als es die Höflichkeit und mein Hunger erlaubten, musste ich sagen, was ich dachte: ›Schwester Euthymia, das hätten Sie sich nicht gefallen lassen müssen, als man sie aus der Krankenpflege herausnahm. Sobald ich Gelegenheit habe, mit der Frau Generaloberin zu sprechen, werde ich ihr sagen, was ich davon denke.‹ Aber Schwester Euthymia war gar nicht meiner Meinung. ›Herr Pastor, was sagen Sie da! Sie wissen doch, dass Gott spricht, wenn die Mutter Generaloberin etwas anordnet. Kommen Sie lieber in die Kapelle und beten Sie mit mir, und dann will ich Ihnen die Wäscherei zeigen.‹«

Im Waschhaus – zuständig für Mutterhaus und Raphaelsklinik – besorgte sie die schmutzige Wäsche, Bettwäsche, Ärztekittel, Schwesterntrachten, Berge an Arbeit. Viele jüngere Frauen können es heute kaum ermessen, welch schwere Arbeit das damals noch war – ohne Waschmaschinen, Trockner und Bügelmaschinen, wie Hausfrauen und Großwäschereien sie heute kennen. Schwester Maria Euthymia nahm die vergessenen Füllfederhalter und Instrumente aus den Taschen, nie kam ein böses Wort, wenn die Mädchen, »Sozialwaisen« aus St. Angela, die oft schwierig waren, oder die Mitarbeiterinnen etwas falsch gemacht hatten. Sie blieb ausgeglichen und freundlich und hatte immer ein gutes Wort. Gütig nahm sie auch noch die Wäsche an, die zu spät gebracht wurde. Bei der Arbeit trug Schwester Maria Euthymia den blauen Kittel, die braune Lederschürze und Holzschuhe. Wenn die jungen Schwestern abends noch zum Singen in den Kirchenchor gehen wollten, machte Schwester Euthymia den Abwasch. »Dat kann ick wuoll!« Es gab auch Anfeindungen: Schwestern, denen diese gleichmütige Liebe nicht gefiel, andere, denen die Wäsche nicht sauber genug wurde. Euthymia nahm Tadel und Lob in stiller Demut hin. Sie wollte nur dienen – und sie tat es bescheiden in der Verborgenheit.

Die Versetzung nach Münster und der Dienst einer tüchtigen Krankenschwester im Waschhaus scheint eine »Herabsetzung« und »Demütigung« zu sein, ein Verschleiß besserer Kräfte in untergeordneten Diensten. Uns heute scheint eine solche Handlungsweise der Oberin nicht verständlich. Heute gäbe es Protest und Widerspruch, vielleicht sogar Ordensaustritt, jedenfalls Forderung nach Mitbestimmung und Autonomie. Nicht so Schwester Euthymia, die im Willen der Oberen Gottes Willen sah und nur dienen wollte in stiller, bescheidener Demut.

Wie sie Armut, Ehelosigkeit und
Gehorsam lebt oder warum
AEG »aus Erfahrung gut« hieß

Ordensleben ist Dienst am kranken Menschen. Das Leben als Ordenschristin verlangt aber auch Verzicht, der in feierlichen Gelübden zum Ausdruck kommt. Warum entscheiden sich Ordenschristen, warum entschied sich Schwester Maria Euthymia für ein solches Leben? Weil sie sich ganz auf Gott einlassen und ihm ihr Leben überlassen wollte, weil Jesus im Evangelium den Rat zu einem Leben in Ehelosigkeit, Armut und Gehorsam gibt als eschatologisches Zeichen »um des Himmelreiches willen«.

Johannes Bours, langjähriger Spiritual in Münster, und Franz Kamphaus, der Limburger Bischof, erläutern: »Die Leidenschaft für Gott ist die innere Dynamik (Begeisterung), die die so genannten evangelischen Räte bewegt. Sie stehen nicht nebeneinander, sondern sind (wie Glaube, Hoffnung und Liebe) eine von der menschlichen Natur her gegebene Auffächerung jener Grundhaltung, in der

sich der Mensch ganz von Gott in Dienst nehmen lässt: ›Sobald ich glaubte, dass Gott ist, begriff ich, dass ich nur noch für ihn leben könne‹ (Charles de Foucauld). Die Räte sind eine Einladung zu radikalem Glauben« (Johannes Bours/Franz Kamphaus, Leidenschaft für Gott, Freiburg-Basel-Wien 1981, 6).

Armut, Gehorsam und Ehelosigkeit wollen keine Appelle zu asketischem Ehrgeiz oder zu moralischen Höchstleistungen sein, sondern sind Räte Jesu, alternativ zu leben. Sie zeigen, dass Besitz, Macht und Sexualität nicht das Leben ausmachen. Eine Gesellschaft, die nach der Devise lebt, sich auszuleben, muss erfahren, dass es – unter diesem Vorzeichen – bald aus ist mit dem Leben.

Die Evangelischen Räte wollen als Stimme des Evangeliums in den Bereichen von Besitz, Macht und Sexualität das Kreuz Christi in Erinnerung rufen, die Todesgeschichte Gottes, der den Lauf der Welt durchkreuzt und in der Auferstehung neues Leben schafft. »Alle Zeit tragen wir das Sterben Jesu am eigenen Leib mit uns herum, damit auch das Leben Jesu an unserem Leib zum Vorschein komme. Denn mitten im Leben sind wir ständig dem Tod ausgesetzt wegen Jesus, damit auch das Leben Jesu in Erscheinung trete in unserem sterblichen Fleisch« (2 Kor 4, 10 f.).

»Die Räte des Evangeliums sind Gottes Ruf in die Freiheit, anders zu leben. Wer sich darauf einlässt, kann zum Zeichen der Freiheit werden

– für die Vielen, die so in ihren Besitz vernarrt sind, dass sie nicht mehr besitzen, sondern besessen sind (nicht Besitzende, sondern Besessene),

– für die Vielen, die nur noch eins sehen: Einfluss, Macht, Position, denen jedes Mittel recht ist, an den Drücker zu kommen, die schon gar nicht mehr merken, wie sie Gefangene ihrer selbst sind,

– für die Vielen, deren einziges Glück das Ausleben ihrer Sexualität ist, die wie unter Sexualzwängen stehen.

Gott will freie Menschen, Menschen, die sich auf die Freiheit einlassen, die er allein schenken kann. Man kann sie nicht kaufen, sie ist unbezahlbar. Und die Menschen, die sie unter uns zu leben versuchen und uns daran erinnern, sind unbezahlbar« (Bours / Kamphaus, ebd. 188). Armut, Ehelosigkeit und Gehorsam – AEG, aus Erfahrung gut – sind auch heute gelebter Protest gegen eine verbürgerlichte Welt. Die Räte des Evangeliums haben als Quelle und Ziel Gott und verweisen auf das kommende Reich, in dem Gott »alles in allem« sein wird (1 Kor 15, 28).

Dies hat Schwester Maria Euthymia intuitiv erfasst. Das wollte sie leben mit aller Kraft ihres Herzens – für ihren Gott. Und sie hat einen Lebensstil gewählt, der so ganz Franz von Sales entspricht, der einmal schreibt: »Ich will keine absonderliche, unruhige, traurige und verdrossene Frömmigkeit, sondern eine milde, sanfte, angenehme und friedliche, mit einem Wort: eine freie und fröhliche Frömmigkeit, die liebenswürdig ist vor Gott und den Menschen.« (Franz von Sales, Briefe, in: Franz Reisinger [Hrsg.], Deutsche Ausgabe der Werke des hl. Franz von Sales, Bd. 6, Eichstätt-Wien 1966, 43 ›überarbeitete Übersetzung‹) Eine solche Frömmigkeit lebte Schwester Euthymia in der Krankenbaracke und im Waschhaus.

Schwester Euthymia wusste sich Prüfungen ausgesetzt. Ihr Leben verlief nur äußerlich gleichmütig und ungestört. Innerlich hatte sie Kämpfe zu bestehen. In ihren geistlichen Notizen schrieb sie:

»Herr, mache mich stark in den großen Prüfungen meines Lebens, dass ich in allen Vorkommnissen nur deine große Liebe erkenne und meine Liebe so stark ist, dass ich alles meistern kann und nicht verzage. Die Stunde der Prüfung ist da, so groß und schwer wie nie zuvor. Der liebe Gott will mich läutern und klein und demütig machen. Wochen stürmte und tobte es schon in mir und um mich. Immer noch suche ich die Schuld bei mir selbst.

Konnte ich auf alles verzichten, aber fehlte der Frieden, so kann ich mich nicht glücklich fühlen. Was jetzt! Niemand soll von meinem großen Schmerz wissen. O Heiland, verlass mich nicht und mache mich stark in diesen dunklen Tagen. Tage vergehen, Wochen vergehen. Immer ist es noch trübe um mich.« Schwester Euthymia kennt die Traurigkeit des Herzens. Sie findet bei Maria, Trösterin der Betrübten, Trost.

Wie Schwester Maria Euthymia frühvollendet stirbt

Die vierte große Prüfung sind Krankheit und Tod. Im Waschhaus vollendete sich – unerkannt von der Außenwelt, von Nahestehenden vielleicht manchmal erahnt – das Leben dieser heiligmäßigen Ordensfrau. Eine Krebskrankheit führte 1955 zum Tode. Am 8. Juli 1955 ist die klinische Untersuchung angesetzt. Sie verlässt – für immer – die Waschküche, nimmt das »Laudate« (Gebetbuch des Bistums Münster) und eine geistliche Schrift von Grignon mit, hält Anbetung vor dem Herrn im Tabernakel und begibt sich in die Krankenabteilung der Schwestern im dritten Stock. Am 22. Juli 1955 wird sie an Krebs operiert: Darm-, Leber- und Magenkrebs, weit fortgeschritten.

Ein schweres Krankenlager beginnt. Schwester Maria Euthymia trägt es ohne Klage, ganz Hingabe und stille Güte. Als eine Schwester ihr sagt: »Du kommst, wenn du stirbst, sofort in den Himmel«, antwortet sie spontan: »Als wenn ich wohl etwas anderes wollte!« Am Freitag morgen, wo wir des Leidens Christi gedenken, am 9. September 1955, stirbt sie.

Und seit dem Morgen ihres Todes – die dabei waren, erinnern sich: gegen 7.30 Uhr war es, dass die Sonne auf einmal aufleuchtete, und dann war es den ganzen Tag über trübe –, seit diesem Morgen leuchtet das Licht der Nothelferin Schwester Maria Euthymia.

Was bedeutet es, Krankheit und Tod anzunehmen, wenn eine junge, tüchtige Frau gerade 41 Jahre alt ist? Die Hoffnung auf ein erfülltes Ordensleben als angesehene und beliebte Krankenschwester wird durchkreuzt. Aber gerade im Tragen des Kreuzes, in der Kreuzesnachfolge des Herrn bewährt sich die Heiligkeit ihres Lebens und erwächst christliche Hoffnung. »Ja, man muss die Hingabe geübt haben, Tag um Tag, um es in schweren Tagen und im Tod zu können«, hatte sie in ihrem privaten Gebetbuch notiert. »Ich diente, und mein Lohn ist Friede.«

Wie Schwester Maria Euthymia
als Selige des Himmels für uns da ist

Vielleicht erscheinen uns Berufung und Ordensleben von Schwester Maria Euthymia wie aus einer anderen, längst vergangenen Welt. Dennoch finde ich es faszinierend, wie dieses junge Mädchen aus Halverde ihren Weg gegangen ist, als »Engel der Liebe« für die kranken Kriegsgefangenen, als demütige und stille Dienerin im Waschhaus, als große Beterin vor dem Allerheiligsten. »Es ist ja alles für den großen Gott.« Schwester Maria Euthymia ist für mich eine Frau, die mir Mut macht, weil sie guten Mutes ist und guten Mut verbreitet, wie ihr Schwesternname sagt.
Dem Glaubenden ist es keine Frage:
Was Schwester Euthymia auf Erden am liebsten und so vollendet getan hat: für andere dazusein, anderen zu helfen – sie tut es im Himmel weiter und Gott selbst hört auf seine treue Dienerin, diese kleine Schwester Euthymia, die »Schwester für alle«.
Und so geht ihr Leben weiter – über den Tod hinaus geht ihr Helfen weiter – über den Tod hinaus, vergrößert und erweitert um die himmlische Dimension. Wir dürfen sie bald als Selige des Himmels anrufen.
Mit Schwester Euthymias Worten können wir voll Vertrauen auf den Herrn sprechen:
»Wenn du Jesus besitzt,
besitzt du dann nicht alles?
Was willst und was verlangst du außer ihm?
Bist du krank,
so ist er dir Arzt und zugleich Arznei;
bist du hungrig, so ist er dir Speise;
dürstet dich, so ist er dir Trank;
bist du schwach,
so kannst du bei ihm Kraft suchen;
bist du mutlos, so ist er dir Trost,
brauchst du Hilfe in deinem Alltag,
so begegnet er dir und reicht dir seine Hand;
bist du verlassen von allen,
so ist er dir der beste Freund.
Suchst du jemanden,
der das Leid mit dir teilt,
so steht er neben dir und hilft dir tragen.
Gehe nur, wohin du willst,
suche, so lange du willst,
du findest keinen besseren Beistand
in allen Lebenslagen
als unseren Herrn und Heiland.« Amen.

Diese Predigt hielt Bischof Mussinghoff am
4. April 2001 im St.-Paulus-Dom in Münster.

»Ein Strom der Gnade ergoss sich in mein armes kleines Herz«

Von Dr. Barbara Albrecht, Osnabrück

Es ist für mich eine große Freude, im Dom zu Münster sprechen zu dürfen, denn ich habe nicht nur den Wiederaufbau dieser Stadt und der Universität, sondern insbesondere den der Mutterkirche des Bistums in den Jahren meiner Ausbildung an der Westfälischen Wohlfahrtsschule 1949 bis 1951 und dann in den philosophisch-theologischen Studienjahren 1953 bis 1962 engagiert miterlebt.
Es kommt aber noch etwas hinzu: Von 1953 bis 1957 wohnte ich in unmittelbarer Nachbarschaft von St. Servatii. Meine Wirtin war Inhaberin des kleinen Devotionalien- und Schreibwarenladens gegenüber diesem »Schatz« unter den Kirchen Münsters. Von ihr habe ich als junge Konvertitin sehr bald den Namen der Waschküchenschwester von der benachbarten Raphaelsklinik gehört, denn bei ihr im Laden sammelten sich – zumal seit deren Todestag am 9. September

1955 – Menschen, die Kerzen für das Grab von Schwester Maria Euthymia auf dem Zentralfriedhof kaufen und bei dieser Gelegenheit einfach etwas erzählen wollten von ihrer eigenen Not, ihren Anliegen, ihrer Erwartung: dass Schwester Maria Euthymia ihnen helfen könnte und helfen würde.

Ich weiß noch, wie erstaunt und fasziniert ich war von der Tatsache, dass einfach so gegenüber, nur wenige Schritte entfernt ein ganz schlichter, heiligmäßiger Mensch gelebt, gebetet, gearbeitet hat und gestorben ist. Auf diese Weise ist mir Schwester Maria Euthymia leise zu einem vertrauten Menschen geworden, zu einer »Schwester« – wie einige andere aus der unübersehbar großen Gemeinschaft der Heiligen auch.

Als ich nun die Einladung erhielt, im Rahmen der geistlichen Themenabende zur Fastenzeit angesichts der bevorstehenden Seligsprechung von Schwester Maria Euthymia einen kleinen Beitrag zu übernehmen, kam mir spontan das Wort einer anderen Ordensfrau, nämlich der Benediktinerin in Herstelle, Kyrilla Spiecker, in den Sinn: » ›Schwester‹ – das ist weniger eine Anrede als eine Erwartung«. Nach allem, was ich gehört und inzwischen von und über Schwester Maria Euthymia gelesen habe, meine ich: dieses Wort »passt« zu ihr. Es fasst genau das zusammen, was (insbesondere seit 1936) in den Jahren ihres Dienstes als Krankenschwester bei den Kindern auf der Isolierstation des St.-Vinzenz-Hospitals zu Dinslaken, dann im Krieg in der dortigen Baracke mit den ansteckend kranken Kriegsgefangenen und Fremdarbeitern und schließlich in Dinslaken wie (seit 1948) hier in Münster in der jeweiligen Waschbaracke alle, die ihr in den schweren Kriegs- und Nachkriegsverhältnissen begegnet sind, empfunden haben: Euthymia – die ist wirklich eine »Schwester«, ja »unsere« Schwester!

Erst recht sind davon natürlich alle überzeugt, die – weit über das Bistum Münster und Deutschland hinaus – seit ihrem Todestag 1955 voll Vertrauen zu ihr rufen, um ihre Fürsprache und Hilfe bitten.

» ›Schwester‹ – das ist weniger eine Anrede als eine Erwartung«. Sie gilt nicht nur im Blick auf Krankenschwestern, Küchenschwestern, Waschküchenschwestern, Klosterschwestern; sie gilt für Christen insgesamt! Christsein – das ist nicht nur eine Religions- und Konfessionsbezeichnung für die Statistik. Das ist eine Erwartung!

Wer aber hat denn eine solche Erwartung? Worauf gründet sie? Und was wird erwartet? In welchem Sinn, aus welcher Kraft hat Schwester Maria Euthymia Erwartungen offensichtlich erfüllt und erfüllt sie sie wie gestern auf Erden so heute und gewiss auch morgen und immer vom Himmel her zur Erde hin? Fragen über Fragen!

Wir alle befinden uns als Volk Gottes, als Kirche Jesu Christi in diesen Wochen sehr bewusst auf dem Weg – Ostern entgegen. Dieser jährliche 40-tägige Weg spiegelt unseren oft so mühseligen Lebensweg unter dem Kreuz. Von jener Taborherrlichkeit, von der wir am letzten Sonntag im Evangelium nach Lk 9 gehört haben, gibt es scheinbar nichts mehr. Nur grauer Alltag. Doch stimmt das? Es dürfte des Bedenkens wert sein, dass wir auch zu dieser Stunde – an einem Alltag und mitten aus unserem jeweiligen Alltag heraus – zusammengekommen sind. Denn Schwester Maria Euthymia hat uns – allerdings unverzichtbar aus der Kraft des Sonntags, den sie in der Mittagszeit oft lange betend und anbetend vor dem Allerheiligsten Sakrament in St. Servatii verbrachte – etwas zur Bewältigung unseres Alltags zu sagen. Nicht mit großen Worten, denn sie gehörte zu den stillen, den leisen Menschen im Reiche Gottes. Sie hat uns vielmehr etwas zu unserem Christen-Alltag zu sagen mit ihrem L e b e n aus dem Glauben (vgl. Röm 1,17), ihrem L e b e n in der Bewährung von Hoffnung und Geduld, ihrem überzeugenden L e b e n aus der Liebe zu Gott und den Menschen (vgl. Röm 5,4).

Wer ist ein Christ? Einer, der die ihm im Heiligen Geist bei der Taufe in sein eigenes »armes kleines Herz« gegossenen, geschenkten Gnaden während seines Lebens »in Umlauf setzt zugunsten der Mitmenschen«. Wer ist ein Christ? Jemand wie diese schlichte

»Frau des Alltags«. So hat Bischof Reinhard Lettmann sie bezeichnet: Schwester Maria Euthymia!

Als Emma Üffing wurde sie, wie wir wissen, am 8. April 1914 in Halverde bei Hopsten geboren und noch am gleichen Tag getauft. Dabei empfing sie – wie wir alle als Getaufte – den Heiligen Geist Gottes: nicht in Raten, sondern in Fülle! Dieser Geist ist als Strom der Gnade in ihrem Herzen mächtig geworden in vielen Erfahrungen (bis hin zu mystischen in ihren letzten Lebensjahren). Zunächst waren es jedoch grundlegende Erfahrungen des Geliebtseins in der Geborgenheit eines tragenden katholischen Familien- und Heimatmilieus.

Doch schon als eineinhalbjähriges Kind erkrankte sie an einer schweren Rachitis. Zu deren Folgen gehörte es, dass sie schwächlich blieb, am Leben ihrer Geschwister und der anderen Kinder nur begrenzt teilnehmen konnte, also schon früh Leidenserfahrungen machen und sich sehr anstrengen musste, um die Schul- und Ausbildungsziele zu erreichen. Doch sie hat diese Ziele erreicht in der Kraft eben jenes Heiligen Geistes, der sich ihr in Taufe und Firmung von Gott dem Vater und Jesus Christus her geschenkt hatte und der seine Kraft gerade in den Schwachen erweist (vgl. 2 Kor 12,9), in jenen, die ein armes, d.h. ein leeres, ein zum Empfang von Gnadenströmen bereites Kinderherz haben und sich bewahren.

Der Heilige Geist, der ihr Herz seit der Taufe erfüllte, erwies sich zeitlebens als ihr eigentlicher »Lehrer«. Durch ihn hat sie gelernt, mit dem Herzen zu hören: immer deutlicher und schließlich entscheidend den leisen Ruf in ein Leben als Ordensschwester im Dienste Gottes und der kranken, leidenden und hilfsbedürftigen Menschen. Sie brauchte nicht lange zu suchen. Sie fand den ihr vom Geist zugewiesenen Platz bei den Clemensschwestern. Und bis zu ihrem Tod lebte sie täglich im »nachhallenden Echo« eben dieses Rufes. Sie lebte die in der Profess übernommenen und in die Gussform der Treue gegossenen evangelischen Räte: die Ehelosigkeit um des Reiches

Gottes willen, Armut und Gehorsam. Und das alles im Heiligen Geist gleichsam zur Einheit zusammengeknotet durch das vierte Gelübde der Clemensschwestern: die Barmherzigkeit. Dieses Gelübde fordert von der gelobenden Schwester, dass sie (nach den »Anweisungen« des Gründers Clemens August Droste zu Vischering) ihre Zeit, ihre Kräfte, ihre Gesundheit, ja ihr Leben dem Herrn weiht im Dienst der Kranken, Armen und Hilfsbedürftigen.

Gerade dieses Gelübde wurde für Schwester Maria Euthymia in besonderer Dichte täglich aktuell. Durch ihren Lehrer, den Heiligen Geist, lernte sie auch, mit den Augen des Herzens (vgl. Eph 5,9) zu sehen und zu verstehen. Sie verstand mit Hilfe des in ihr wohnenden Geistes Gottes (vgl. Röm 8,11) nicht nur, ihre eigenen Grenzen anzunehmen, sondern auch die Grenzen anderer. Sie verstand die Kunst wahren Mitleidens und Sich-Erbarmens, erkannte sie doch mit den Augen ihres Herzens die Belasteten ringsum: die Patienten aus vielen Völkern, die Angestellten, die Schülerinnen, die Mitschwestern . . . Ganz selbstverständlich versuchte sie darum, im Heiligen Geist die Lasten der anderen, Lasten des Leibes und/oder der Seele mitzutragen (vgl. Gal 6,3), ihnen beizustehen, ihnen als Schwester auf dem Weg zu helfen.

Nicht von der eigenen Kraft, sondern allein vom Heiligen Geist und vom Herrn im Sakrament erwartete sie ihrerseits Hilfe, wusste sie sich selbst gestärkt, um in ihrem schweren Lebensalltag durchzukommen: heiter, klaglos, geduldig, andere ermutigend, sie tröstend mit einem guten Wort, ihrer helfenden Hand, einem Lächeln . . . Vom heiligen Taufgeist in ihr, vom Geist Jesu Christi lernte sie schließlich schon als Kind und lebenslänglich als »Kind Gottes«, das sie blieb, das wichtigste: das Beten. Und dies nicht nur zu bestimmten Stunden im Rhythmus des kirchlichen Stundengebetes und sonntags in St. Servatii, sondern immer – zu jeder Zeit, an jedem Ort, bei jeder Arbeit. Freizeit, Dienstzeit, Gebetszeit – das alles war bei ihr aus einem Guss. Der Geist Gottes konnte sozusagen »rund um die

Uhr«, Tag und Nacht in ihr und durch sie wirken und mit ihren Anliegen vor Gott eintreten: nicht auf Zeit, sondern für alle Zeit, bis in Ewigkeit. Das zeigt sich genugsam an der einzigartigen, schon zu ihren Lebzeiten beginnenden Wirkungsgeschichte der Beterin Maria Euthymia. Und genau da setzen ja auch unsere Erwartungen heute ein.

Doch die Kette der Erwartenden und des Erwarteten geht noch weiter. Wir brauchen nur das 8. Kapitel im Römerbrief des Apostels Paulus auf Schwester Maria Euthymia hin zu betrachten oder das 12. Kapitel seines 1. Briefes an die Korinther, das 5. Kapitel des Galaterbriefes oder das große Kapitel 25 des Evangeliums nach Matthäus, die Rede Jesu über seine wahren Brüder und Schwestern und deren Dienste an den Fremden, den Kranken und Armen, den Hungernden und Dürstenden, den Obdachlosen . . ., in denen er selbst wie den Damaligen so uns Heutigen Bruder werden wollte und will.

Und dies in seiner eigenen Erwartung, dass die mit seinem Geist Beschenkten zu jeder Zeit als seine Brüder und Schwestern erkennbar sind, anders gesagt: dass Christen über den Glauben nicht nur reden und diskutieren, sondern aus dem Glauben leben, es wenigstens versuchen. Und so auch im Blick auf Hoffnung und Liebe. »Schwester«, »Bruder«, »Christ« – das ist eine Erwartung von Seiten der hilfsbedürftigen Mitmenschen, die sie hegen gegenüber denen, die ihnen im Geist des Herrn Schwester und Bruder, ja einfach Mitchrist sein sollen. Die Erwartungen reichen bis hin zu Jesus Christus selbst! Das alles aber wirkt »ein und derselbe Geist« (1 Kor 12,11).

Was bisher zur Sprache gekommen ist, zeigt im Blick auf die so einfache Kranken- und Waschküchenschwester Maria Euthymia klar und deutlich das »unverbrauchte Geheimnis« (J.B. Metz), das die Heiligen über die Zeiten hin sind. »Heilige« – so hat es Hans Urs von Balthasar einmal in einem Gespräch formuliert – sind »lebendige Kommentare des Evangeliums«. Anders gesagt: »Heilige«, die sich vom Geist Gottes, der jeweils in ihrem »armen kleinen Herzen« wohnt, treiben und leiten lassen (vgl. Röm 8,9; 14; Gal 5,16), sind die, »durch die es anderen leichter wird, an Gott zu glauben.« So hat es der frühere Spiritual am Priesterseminar in Münster, Johannes Bours, einmal vor Jahren in einer Rundfunk-Morgenandacht gesagt. Dieses Wort trifft (wie auch das von Balthasars) mit Sicherheit auf Schwester Maria Euthymia zu.

Natürlich nicht nur auf sie, sondern in tausendfachen Tönungen und Färbungen wie auf die kleine hl. Therese, die Karmelitin von Lisieux, so auf die sel. Schwester Ulrika Nisch, Küchenschwester bei den Kreuzschwestern von Hegne, und auf unzählige andere kanonisierte und mehr noch nicht kanonisierte Glieder der heiligen Kirche.

Der Geist Gottes ist kein Geist der Uniformität, sondern der wunderbaren Vielfalt, und er schenkt sich uns ohne Maß (vgl. Joh 3,34), wenn wir nur inständig im Gebet um diesen Geist bitten und unser Christenleben immer mehr und immer tiefer von diesem Geist durchwirken lassen. Die Gnadenwirkungen dieses Geistes sind intensivierbar, und zwar in dem Maße, als der Christ das wird, was er seit seiner Taufe immer schon ist und zugleich immer deutlicher werden soll: Christin / Christ nicht zum Schein, sondern in Wahrheit!

Wie ein solches Christenleben aussehen kann und aussehen soll, zeigt sich in einzigartiger Dichte an jenem uralten Gebet der Kirche, das Schwester Maria Euthymia (in der alten Fassung) mit Sicherheit nicht nur in der Woche vor Pfingsten gebetet hat: »Komm, o Geist der Heiligkeit!« Wenn wir es (gewissermaßen mit ihrer schwesterlichen Begleitung) auf dem Weg durch diese österliche Bußzeit und darüber hinaus beten, könnte es sein, dass sich gerade auch dieses Gebet in einem eigenartig dichten Sinn auf Schwester Maria Euthymia selbst hin öffnet: auf ihre Erwartungen, ihre Sehnsucht und die so vieler von uns.

»Komm, o Geist der Heiligkeit!« Komm! Schwester Maria Euthymia wusste sich des Beistands, der Hilfe des Gottesgeistes auf

»Achtung vor jedem Menschen«

Abendliche Andacht von Christen aus Dinslaken am Grab von Sr. Euthymia

Den zweiten Gebetsabend am Grab von Schwester Euthymia zur Vorbereitung auf die Seligsprechung gestaltete die St.-Vincentius-Gemeinde aus Dinslaken. Zu dieser Pfarrei gehören das St.-Vinzenz-Krankenhaus und die St.-Barbara-Baracke als früherer Wirkungsort der Clemensschwester. In der Feierstunde, zu der mehrere hundert Gläubige vom Niederrhein auf den Zentralfriedhof nach Münster gekommen waren, stand der krankenpflegerische Einsatz von Schwester Euthymia im Mittelpunkt. Der Kirchenchor St. Johannes Eppinghoven gestaltete die Andacht musikalisch. Bernhard Kösters, Pfarrer von St. Vincentius, sprach Schwierigkeiten heutiger Menschen im Umgang mit Euthymia offen aus. »Demütige Hingabe, Dienen, Gehorsam, Magd des Herrn« seien keine Begriffe und Haltungen unserer Tage. Tatsächlich seien Heilige selten auf dem »neuesten Stand von Bewusstseinstrends«. Vielmehr lebten sie »tiefer, grundsätzlicher – immer in ihrer Zeit mit einer Handvoll Ewigkeit«. Ein Zug im Wesen von Schwester Euthymia erschien Pfarrer Kösters hochaktuell: »Ihre Achtung vor jedem Menschen, besonders vor dem kranken Menschen.«

Bevor sie in der St.-Barbara-Baracke auf sterbenskranke französische Kriegsgefangene oder ukrainische Fremdarbeiter traf, hatte Schwester Maria Euthymia vermutlich nie zuvor eine Begegnung mit einem Ausländer.

Pfarrer Kösters veranschaulichte: »Aber für sie waren diese leidenden Menschen Abbild und Ebenbild des lebendigen Gottes. Sie alle hungerten nach Liebe und Zuwendung.« Mit besonderem Nachdruck verwies Kösters auch auf die zahlreichen Stunden, die Schwester Euthymia betend in der Krankenhaus-Kapelle verbracht habe. »Heilige verwirklichen etwas vom Wirken und von der Botschaft Jesu. Sie sind ein lebendiges Evangelium.«

Um das Handeln von Schwester Euthymia in unserer Zeit als Glaubenszeugnis zu veranschaulichen, trug eine Iranerin, die zum katholischen Glauben übergetreten ist, Texte aus den Büchern Mose vor. Sie erinnerten an den Auftrag Gottes, alle Fremden zu schützen.

ihrem Erdenweg allezeit und überall absolut bedürftig. »Komm!«

»Aus des Himmels Herrlichkeit sende deines Lichtes Strahl!« Mit ihrem »armen kleinen Herzen« voll von Gnade konnte sie als Bittende in aller Stille einfach Licht sein und anderen Licht geben – selbstverständlich ohne das bewusst zu intendieren. Das w a r offenbar einfach so. Im Christlichen ist alles zum Weitergeben bestimmt. Das gilt insbesondere für »Kinder des Lichtes« (1 Thess 5,5). Und Schwester Maria Euthymia war ein solches. Die Weitergabe des empfangenen Lichtstrahls (»aus des Himmels Herrlichkeit«) geschieht sehr oft auf dem Weg über das Auge. Jesus hat dazu viel gesagt.

Wer von uns kann sich – selbst wenn er Schwester Maria Euthymia erst nach ihrem Tod innerlich begegnet ist – dem Eindruck ihres wie von innen her leuchtenden, klaren Auges (sogar noch auf Fotos!) entziehen? Als Nachfolgerin Jesu hatte sie das »Licht des Lebens« spürbar in sich (Joh 8,12). Und das andere, das Auge mit dem von Geburt an gesenkten Lid – ist es nicht wie ein um Leid wissendes Auge? Zugleich scheint es das »arme kleine Herz« dieser Schwester vor allem grellen Scheinwerferlicht abzuschirmen.

Wenn der Heilige Geist in der Sequenz als »Vater aller Armen« bezeichnet wird, so gibt es – von ihm erfüllt – im übernatürlich-gnadenhaften Sinn auf Erden doch auch »Mütter der Armen«. Maria ist ihre erste und vollendete Gestalt im Reiche Gottes. Und jeder, der sich ihr – wie Schwester Maria Euthymia – öffnet und weiht und öffentlich ihren Namen trägt, empfängt diese marianische Mütterlichkeit als Gabe und mehr noch als Aufgabe: für ungezählte andere Menschen »da« zu sein. Wie die Mutter Jesu zu Kana. Sie war einfach »dabei« (Joh 2,1).

Und auch Schwester Maria Euthymia war einfach »da« – wann sie, wo sie, wie sie gebraucht wurde. Genau s o aber war und ist sie ein Kind jenes Gottes, der (nach Ex 3) sein Wesen, sein eigenes Herz zeigt als der, der »da« ist und da sein wird für sein hilfsbedürf-

tiges Volk, für jeden Menschen im Elend, der zu ihm schreit.

Nicht aus sich, sondern erfüllt vom Strahl des Geistes Gottes wurde (und wird) darum auch Schwester Maria Euthymia für viele Menschen zur Trösterin in Verlassenheit. So jemand ist in einer zunehmend zerstrittenen und die Menschen entwürdigenden, gewaltbereiten Welt ganz einfach »Labsal«. »Gut, dass Sie da sind, dass es Sie, dass es Dich gibt!« Das denken und sagen Menschen im Umkreis solcher Christen wie Schwester Maria Euthymia.

»In Ermüdung schenke Ruh,
in der Glut hauch Kühlung zu,
tröste den, der trostlos weint.«

Schwester Maria Euthymia hat, was sie anderen weitergegeben hat, zuerst für sich selbst erbeten, sich schenken lassen, empfangen und erfahren: »Ruhe« in Ermüdung bis zum Umfallen, »Kühlung« in den schweren Kriegs- und Nachkriegsverhältnissen auf der Station und in der Waschbaracke. Doch schon von Kindheit an war sie bereit, sich immer noch mehr aufladen zu lassen: »Dat kann ick wuoll!« Und bis hin zu den immer größeren und schwereren Säcken mit schmutziger Wäsche nahm sie sie an – zu jeder Zeit: »Bringen Sie es nur, ich werde es schon schaffen.«

Ihr eigenes Bitten nicht nur um Kraft, sondern oft und immer wieder selber um Trost hat seinen schlichten, erschütternden Ausdruck gefunden in einem persönlichen Gebet, das in ihrem handgeschriebenen Gebetbuch überliefert ist. Es wirkt wie eine Auslegung des entsprechenden Verses aus der Pfingstsequenz. Schwester Maria Euthymia betet:

»Herr, hilf mir, denn ich brauche Kraft,
die selbst im Weinen
noch ein Lächeln schafft!
Herr, gib mir Kraft mit auf den Weg
und ein Lächeln
und einen nimmermüden, festen Schritt«.

Die Dringlichkeit des Betens um den Heiligen Geist und die Erkenntnis der totalen Angewiesenheit auf seine Hilfe steigert sich, wie wir wissen, in den nächsten Versen der Sequenz:

»O du Licht der Seligkeit,
mach dir unser Herz bereit,
dring in unsere Seelen ein.
Ohne dein lebendig Wehn
nichts im Menschen kann bestehn,
nichts ohn Fehl und Makel sein«.

Schwester Maria Euthymia hat das Licht der
Seligkeit, den Himmel, in einer unerhörten
Stetigkeit und Intensität erhofft, erbeten –
nicht nur für die anderen, sondern auch für
sich selbst. Und dies auf dem Weg der völli-
gen Angleichung ihres Willens an den des
Herrn. Alles, gerade auch die sehr schmerz-
hafte Versetzung von der geliebten Krankenpflege in die Waschküche, nahm sie bereitwillig an: »Es ist gut so . . . Es ist ja alles für
den großen Gott«. »Ich verfüge nicht über
mein Leben, das habe ich Gott geschenkt«.
Radikaler, eindeutiger und knapper geht es
nicht. An Schwester Maria Euthymia zeigt
sich, was die Baseler Ärztin, Konvertitin und
Mystikerin Adrienne von Speyr einmal sehr
kräftig so ausgedrückt hat: »Ein Ganzer ist
mehr als zwanzig Halbe!«

Gerade deshalb lassen sich auch die nächsten
Verse in dem alten Gebet der Kirche auf
Schwester Maria Euthymia hin lesen und
interpretieren:

»Wasche, was beflecket ist,
heile, was verwundet ist,
tränke, was da dürre steht.
Beuge, was verhärtet ist,
wärme, was erkaltet ist,
lenke, was da irre geht«.

Was hat Schwester Maria Euthymia tagaus,
tagein – erfüllt von dem in ihr und durch sie
hindurch wirkenden Heiligen Geist – anderes
getan? Und diese Aufgabenfülle geistlicher
Art sah sie gläubig auch in der Ewigkeit auf
sich zukommen. Deshalb sagte sie ihrer Mutter bei deren Besuch vor ihrer schweren
Krebsoperation: »Mutter, Du weißt ja gar
nicht, warum ich so jung sterbe und welche
Aufgabe ich oben zu erfüllen habe« (W.
Meyer, 101). Das merken allerdings inzwischen zigtausende, in denen vieles heil wird,
was familiär, im Berufsleben und nicht zuletzt
innerkirchlich »verwundet ist« und »dürre

steht«, und in denen vieles von dem, was »erkaltet« war und ist, über Schwester Maria Euthymia wieder warm wird: im Glaubensleben,
in neuer Hoffnung, in gelebter Liebe . . . Über
45 000 schriftlich mehr oder weniger konkret
mitgeteilte Gebetserhörungen auf die Fürsprache von Schwester Euthymia lagen bis
zum Jahr 2000 schon vor. Und ein Ende solcher Mitteilungen ist nicht abzusehen.

»Heiliger Geist, wir bitten Dich:
gib uns allen gnädiglich
Deiner Gaben Siebenzahl.
Spende uns der Tugend Lohn,
lass uns stehn an Deinem Thron,
uns erfreun im Himmelssaal«.

Die Fülle der Bitten an den Heiligen Geist
endet mit dem Ausblick auf den Himmel, das
Leben in der seligen Gemeinschaft derer, die
immerfort beim Herrn sind (vgl. 1 Thess
4,17). Das war auch das Ziel von Schwester
Maria Euthymia: »Ich gehe in den Himmel!«
(W. Meyer, 108). Und einer Mitschwester, die
kurz vor ihrem Tod zu ihr kam und sie in
ihrem qualvollen Leiden trösten wollte mit
den Worten: »Du kommst, wenn Du stirbst,
wohl sofort in den Himmel!«, antwortete
Schwester Maria Euthymia klar und fast ein
wenig schalkhaft: »Als ob ich wohl etwas anderes wollte!« (W. Meyer, a.a.0.).

Ein solches Wort zielt nicht auf ewige Ruhe,
ewigen Schlaf, sondern auf ewiges Leben: um
Gottes große Taten an seiner niedrigen kleinen Magd mit Maria und wie Maria zu preisen und auf Erden Gutes zu tun. Das ist
Schwester Maria Euthymias Freude im »Himmelssaal« und unsere Hoffnung! Und darum
sagen wir noch einmal: » ›Schwester‹ – das ist
weniger eine Anrede als eine Erwartung!«

Diesen Vortrag hielt Frau Dr. Albrecht am
14. März 2001 im St.-Paulus-Dom in Münster

»Es ist alles für den großen Gott«

Von Prof. Dr. Hanna-Barbara Gerl-Falkovitz, Dresden

I. Natur und Überwindung

»Es ist ja alles für den großen Gott.« Wie weit ist ein Mensch gegangen, dass er einen solchen Satz sagen kann? Ist nicht ursprünglich ein ganz anderer Wunsch, naturhaft, triebhaft, lebendig angelegt, alles für uns dienstbar zu machen, zu unserer Steigerung heranzuziehen? Wir sind doch in Wirklichkeit der Mittelpunkt unseres Radius, wir sind, uneingestanden oder offen, das Gestirn, um das sich die anderen, die Welt, auch Gott drehen. Und das ist nicht einfach böse, sondern zunächst lebensnotwendig: Um zu leben, müssen wir nehmen, in unersättlichem Zugreifen. Im Hebräischen heißt die Seele nefesch, wörtlich Lebensdurst. Für uns fließen die Wasser der Schöpfung, reifen die Erdbeeren, entfaltet sich das Köstliche. »Nichts Schöneres unter der Sonne, als unter der Sonne zu sein«, formuliert Ingeborg Bachmann in ihrem großen Hymnus an das Dasein. Ansehen, Erfolg, Freude, Selbstbestätigung, Selbststeigerung sind die Signatur des mündigen Lebens – und zielen die Freuden der Schöpfung nicht auch, biblisch, auf uns zu immer schönerer Verwirklichung?

»Es ist ja alles für den großen Gott.« Wohin gehört ein solcher Satz in der Symphonie des selbstmächtigen Daseins?

Einen solchen Satz kann man aus Schwäche sagen, aus Unfähigkeit zu leben – wie Nietzsche seit dem 19. Jahrhundert die Christen verdächtigt: statt die »adlerhaften, pantherhaften Sehnsüchte« zu leben, seien sie »schafsmäßig, lammäugig, krauswollig, / Grau, mit Lamms-Schafs-Wohlwollen«. Diese böse Injektion steckt uns allen im Blut, und so betonen wir, auch als Christen, die Vitalität, die Selbstverwirklichung ...

Aber kann man auch denken, dass ein solcher Satz aus Stärke gesagt ist: »Es ist ja alles für den großen Gott«? Biblisch gesehen gibt es eine Stärke, die anderer Herkunft ist, als die Natur sie ihren Kindern gibt. Es ist die Stärke eines Menschen, der an Gott geraten ist.

II. Jakobskampf: währender Sinn des uralt Geschehenen

Der Jakobskampf in Kapitel 32 der Genesis eröffnet einen geheimnisvollen Zusammenhang, der dem unmittelbaren Begreifen nur wenig mitteilt. Trotzdem bleibt der Text haften; er ist auch im Namen »Israel« haften geblieben bis auf den heutigen Tag: Israel = Gottesstreiter. Nichts scheint weniger auf die kleine, wahrhaft demütige Schwester zuzutreffen, die wir feiern, als die seltsame Geschichte dieses Ringkampfes. Und doch zieht sich von dieser Ewigkeiten währenden Nacht eine Linie, die Linie jener Menschen, die von Gott gefordert und versehrt und gesegnet wurden.

Diese Ursprungsgeschichte ist zunächst Grund für die biologische Linie der Erlösung: über den vierten Sohn Jakobs, Juda, läuft die Auserwählung zu David, aus dessen Stamm Jesse und Maria, aber auch Josef kommen. Jesus, das Ziel dieser Generationenfolge, öffnet den Alten Bund zum Neuen, das Alte Israel zum Neuen Israel, der Kirche. Und mit der Kirche öffnet er die Geschichte Jakobs für die geistliche Abstammung, für die Kinder nicht dem Fleische nach, sondern die Kinder der Erwählung: Auch sie sind dem Ringkampf des Urvaters entsprossen und mit ihm gesegnet. Der Jakobskampf erzählt nicht, wie es einmal, vor langer, langer Zeit, weit zurückliegend gewesen ist, sondern wie die bleibende Prägung auf dem Geschlecht der Gottesstreiter lautet, wie das Siegel aussieht, unter dem alle Künftigen antreten. Solche Geschichte ist währendes Geschehen, sie gilt für das ganze »Haus Jakob«, und man tut gut daran, die Kraft des Geschehens als die große

Linie zu begreifen, unter der die Kinder Jakobs in die Zukunft geschickt werden.

III. Das Ineinander von Übermacht und Schwäche

Entziffern wir die Erzählung: Jakob, der Flüchtling vor dem betrogenen Bruder Esau, kehrt nach Jahren reich in die Heimat zurück; der Segen seines Vaters Isaak hat sich ausgewirkt: Frauen, Kinder, Herden zeigen sichtbar die Huld Gottes; Reichtum im Überfluss hat sich eingestellt. Esau, der nichts vergessen hat, zieht ihm jedoch entgegen, und Jakob bleibt am anderen Ufer zurück, er fühlt den Kampf voraus und fürchtet ihn. Es wird sich erweisen, ob der sichtbare Segen anhält oder ob Jakob erschlagen wird. Anstelle des Bruders, dem er ausweicht, ringt plötzlich ein Unbekannter mit ihm – ein Engel, also ein Geschöpf, als Bote? Oder Gott selbst? Zu dem Unbekannten gehört schon, dass diese Frage sich nicht schließt, auch am Ende nicht.

Der Kampf ist sonderbar: »ein dunkles Ineinander von Übermacht und Schwächersein zugleich«. Jakob siegt nach der endlosen Nacht, aber er hinkt, denn der andere hat seine Übermacht leichthin demonstriert – er brauchte ihn nur berühren. Aber auch umgekehrt: Jakob hinkt, aber er siegt, denn der mächtige Unbekannte zeigt sich am Ende überwunden. Die Sonne geht auf, und Jakob trägt einen neuen Namen; damit trägt er eine neue Bestimmung und wird in ihr ein zweitesmal und endgültig den Bruder bezwingen, diesmal durch Versöhnung.

Jakob ist einer der Großen in den Stationen des Heils, ein Mann der Kraft und Schläue, der gleichzeitig in das Geheimnis Gottes, in die schwer zu bestehende Nähe zu Gott gerät und darin gezeichnet wird. Er ist Begründer eines königlichen und hinkenden Geschlechts, das bis heute fortdauert.

IV. Euthymia

Wie passt das heftige, männliche Bild des Jakobskampfes auf die verhaltene, leise, mütterliche Gestalt Euthymias? Gemeint ist nicht etwa ein verdünntes Bild des »Lebenskampfes«, das in groben Zügen auf jeden zutrifft. Gemeint ist wirklich der Kampf der Erwählten mit der Erwählung – ein Kampf, der von Gott ausgeht und unterschiedliche Färbungen hat.

Warum überhaupt Kampf von ihm aus? Kann man mit Gott wirklich kämpfen?

Die biblische Tradition kennt Gott als den, dem nichts widersteht. Sie kennt ihn aber auch als den, der seine Übergröße zurücknehmen kann. Der Souverän kommt bittend, etwa in Nazareth; er kommt im Maß des Menschlichen, lässt sich fragen und gibt Auskunft. In der Jakobsgeschichte ist beides verbunden: der Unwiderstehliche und der sich bezwingen lässt. Was bedeutet es, dass er im Kampf kommt oder seinen Engel zum Kämpfen schickt, dabei siegt und doch nicht siegt? Offensichtlich will er, dass der Mensch mit ihm kämpft, ja geheimnisvollerweise ihn bezwingt. Hier gibt es eine wunderbare theologische und anthropologische Aussage: Gott will den Menschen als kämpfenden – weil er ihn als sein Bild geschaffen hat. Auch das gehört zum Ebenbild: nicht als Marionette und Befehlsempfänger geschaffen zu sein, mit dem Gott leichtes Spiel hätte, sondern als Freier, Starker zu leben, zu schaffen, zu gestalten, was zum eigenen Leben dient.

Hier liegt die wunderbare Herausforderung: Die Liebe will, dass man mit ihr kämpft. Es ist Liebe, die den Menschen nicht als bloßes Kind will. Natürlich gibt es das kindliche Dasein, das Gott nahesteht und dem er sich in rein vollendender Weise kundgibt. So müssen wir uns wohl die Kinder denken, die früh sterben: Hier wird etwas an der Lebensleistung ergänzt. Aber das normale Dasein kennt nicht diese Form der Begabung und Vollendung. Seine Normalität besteht im Treffen auf Widerstände, Ungelegenes, Verqueres auch im eigenen Herzen, in der mitgegebenen Natur, aber auch im Verkehr mit Freunden und Gegnern. All das will bestanden werden, und das macht einerseits müde, andererseits ruft es sonst unentbundene Kräfte heraus.

Die Jakobsgeschichte klärt uns auf, dass in den Widerständen – zunächst ist ja nur der Bruder und Feind Esau erwartet – ein anderer uns antritt oder anspringt: ein Geheimnisvoller, der sein Visier nicht lüftet. Und er zeigt Macht: Wollte er, so würden wir unterliegen; er zeigt aber auch Bezwingbarkeit: Wollen wir, so können wir – eine ganze Nacht lang kämpfend! – ihn um Segen bitten.

Dieses Ineinander von Herausforderung und Segen, von Widerstand und Sieg, von Nacht und schließlichem Sonnenaufgang ist eine Botschaft vom Wesen Gottes und Wesen des Erwählten. Was als Widerstand und scheinbare Zerstörung kommt, kommt – wenn der Kampf gekämpft ist – als Segen. Gottes Macht kommt nicht zerbrechend. Sie fordert ein Äußerstes an Kraft, ein optimum virtutis, aber sie überwältigt nicht. In der Gestalt des Widerstandes will sie als Liebe erfasst werden. So sagen die Geistlichen Notizen Euthymias: »Aus den Stunden der Prüfung, des Ringens und Kämpfens sind Stunden der Gnade, des Segens und des Trostes gewachsen. Herr, mache mich stark in den großen Prüfungen meines Lebens, dass ich in allen Vorkommnissen nur deine große Liebe erkenne und meine Liebe so stark ist, dass ich alles meistern kann und nicht verzage. Die Stunde der Prüfung ist da, so groß und schwer wie nie zuvor. Der liebe Gott will mich läutern und klein und demütig machen. Wochen stürmt und tobt es schon in mir und um mich . . . O weh, ein Gewitter steigt auf, und Einschläge folgen, schlagen Wunden, die immer wieder von neuem anfangen zu bluten.« – »Leid, Krankheit, Prüfung sind vom Heiland selbst als Goldstücke geschenkt, um damit die Schulden zu bezahlen.«

V. Die Tapferkeit des Herzens

Wie ein Blitzlicht leuchtet ein Zug in Euthymias verhülltem inneren Leben auf: die Reaktion auf die Mitteilung, künftig nicht mehr in der Krankenbaracke, sondern im Wäschebetrieb arbeiten zu sollen. Der Blitz schlägt sozusagen in ihre Begabung, ihr Lebenswerk,

ihr Können, ihre Freude am Umgang mit denen, die Jesus ähneln in der leiblichen Not. Stattdessen wird es der fast anonyme Dienst an der Wäsche, abseits vom unmittelbar Menschlichen, bei mangelnder körperlicher Kraft. Sie erbleicht, ringt einen Augenblick nach Atem und stimmt zu. Und derselbe Friede wie zuvor unter den Kranken wird in der Waschküche sein, nichts weiter wird sichtbar. Auch der innere, fast als tödlich empfundene Kampf der Zurücksetzung, vielleicht der Verleumdung, die Ungetröstetheit im Seelischen, die sich in ihren letzten Aufzeichnungen finden, zeigen nach außen nichts als die unerschütterte Friedfertigkeit, das verhaltene Lächeln auf einem ruhigen Antlitz.

So bleiben das Erbleichen und die ungelenken Worte auf dem Papier, die den Blitz über dieser inneren Landschaft darstellen. Um dies auszudeuten, greifen wir auf den bekannten Kupferstich von Dürer zurück, wo Hieronymus in der Klause sitzt und schreibt, die beschauliche Zelle gefüllt mit Sonnenkringeln an der Wand. Im fast greifbaren Frieden des Raumes übersetzt der Heilige in tiefem Schweigen den biblischen Text.

Wäre nicht noch ein Lebewesen im Raum, das anderes verrät, die tausendfach erkämpfte Ruhe, das mühsam errungene Gleichgewicht. »Doch wunderlich dem Löwen einverleibt, der schöngelockt mit wilden Augen kauert, blond, kindlich-katzenrund im Winkel vorn, pocht in der Klause schläferndem Behagen des großen Herzens ungezähmtes Schlagen voll Sturm und Liebe, Tränen, Kampf und Zorn.«

Euthymia war gewiss nicht zornig, aber die anderen Aufzählungen treffen zu. Hier ist der Löwe wieder, den Nietzsche an den Schafen Christi vermisste, aber er ist nicht nur in seiner tierischen Vitalität da. Es gibt Tugenden, die nicht ins Auge fallen, weil sie nicht so augenscheinlich imponieren. Sie spielen sich im Inneren ab, als Orkan, als Kampf, als Wehmut, die durchzustehen sind. Und dabei so viel Kraft brauchen, dass der Kämpfende nach außen ruhig wirkt, eher konzentriert, ein wenig abgeschlossen, um sich nicht ablenken zu lassen vom Notwendigen: von der Aufmerksamkeit auf den Gegner im Inneren. Hier gibt es viel Verwundenes, viel Überwundenes, vieles, was als Verlorenes zurückbleiben muss. Es gibt eine Tapferkeit, die den Tapferen so beansprucht, dass er, um Kraft zu sparen, nur nach vorne blicken kann.

So beschaffen ist die Tapferkeit des Herzens. Sie misst sich nicht an ihren Taten, sondern an dem, was nicht geschieht: kein Ausbruch von Zorn, keine Wehleidigkeit, kein Nachrechnen. Sie lässt alles sein außer der Zuspitzung der Kraft auf das äußere und – langsam wachsend – das innere Stillhalten. »Tapfer ist der Löwenzwinger, tapfrer, wer sich selbst bezwang«, nennt Schiller diesen Zustand. Denn es ist weniger ein Handeln als ein Zustand: ein Ringen um Gleichgewicht, ohne den Platz zu verlassen und ohne Beute zu machen. Wenn jemand dabei siegt, hat sich im Sichtbaren nichts verändert. Alles ist wie zuvor, nur dem Auge kenntlich, das am winzigen Schwanken eines Menschen merkt, welches Drama auf der unsichtbaren Bühne gespielt wird.

Es gibt Tapferkeit in der Gestalt von Nichttun, von Bewegungslosigkeit, von Abfangen der Bosheit, eigener und fremder – das ist nicht nichts. Es entspricht dem Ausreißen und Wegstemmen einer Säule, wie sie im Barock auf den Schultern einer sinnbildlichen Fortitudo, der als Frau ausschreitenden Tapferkeit, zu sehen ist. Denn es sind nicht allein Helden der Vorzeit, sondern auch viele Frauen, die eine solche Tapferkeit des Herzens üben – nicht weil sie dazu begabt sind, sondern weil sie es lernen mussten: das Auge im Orkan zu sein, die Ruhe im Sturm, das Schweigen in der Anklage. Sie werden zu denen gehören, die neben den Helden der großen Abenteuer stehen, neben denen, die sich selbst zügelnd in die Hand nehmen. Es gibt offenbar eine Sanftmut, die sich mit der Tapferkeit verbündet und nichts mit Schwäche zu tun hat.

In solchen Menschen sammeln und klären sich die Haltungen, die ursprünglich aus dem Alten Testament und aus dem Evangelium stammen. Tapferkeit des Herzens bei gleichzeitiger Sanftmut, Abstand von den Leidenschaften, Rücknahme der Selbstliebe, ja Stehenlassen der Beleidigung – das ist Kraft, nicht Schwäche. Sie gilt für Frauen wie für Männer, sie gilt sogar für Kinder. Sie gilt, weil sie dem Löwen entspringt, der als Lamm zur Schlachtbank ging – in solchen wundervollen Gegensätzen hat die Überlieferung die Kraft Jesu zu fassen gesucht. Die Urväter, Propheten, Apostel sind ein fernes Echo auf seine Gestalt. Das nähere Echo sind die unscheinbareren Jünger und Jüngerinnen, die das alltägliche Hauen und Stechen in Tapferkeit auf sich nehmen, Grimm abfangen, Böses nicht mit Bösem vergelten. Vielleicht sogar, nach einem winzigen Schwanken, es mit Gutem vergelten.

VI. Das Gesetz des Reiches Christi

Im Februar 2001 hatte sich der 200. Geburtstag eines Mannes gejährt, der mit Sr. Euthymia nichts gemein zu haben scheint: der Geburtstag von John Henry Kardinal Newman. Der Sohn eines Londoner Bankiers, genial veranlagt, auf den besten Schulen ausgebildet und später selbst gefeierter Lehrer und Prediger in Oxford, Inbild eines englischen Gentleman der viktorianischen Kultur, zeitweise Rektor der Katholischen Universität von Dublin und im Alter hochgeehrt durch den Kardinalshut aus den Händen von Leo XIII., glänzt bis zum heutigen Tag durch seine Schriften, seine Vordenkerschaft, seine un-nachgiebige Wahrheitsliebe. Und doch hat dieser Große im Reich des Geistes etwas gemein mit der kleinen, unintellektuellen Schwester, und deswegen erwartet auch er eine Seligsprechung.

Dieses Gemeinsame ist Kenntnis und Vollzug des »Gesetzes im Reich Christi«, das er auch »Gesetz unseres Kriegszuges« nennt: »Wir gewinnen im Verzicht, wir feiern Auferstehung im Falle, wir erobern im Leiden, wir überzeugen durch Schweigen, wir werden reich durch Freigebigkeit, wir erben die Erde durch Milde, wir gewinnen Trost durch Trübsale, wir ernten Verklärung durch Buße und

Gebet.« »Es ist ein geheimnisvoller Zusammenhang zwischen wirklichem Erfolg und Selbsterniedrigung. Wenn du dem Niedrigen und Verachteten zu Diensten bist, wenn du den Hungrigen speisest, den Kranken pflegst, dem Unglücklichen hilfst – wenn du Geduld hast mit dem Verdrießlichen, Schmähungen hinnimmst, Undankbarkeit erträgst, Böses mit Gutem vergiltst: dann gewinnst du, wie durch göttlichen Zauber, Macht über die Welt und steigst auf unter den Geschöpfen. Von Gott ist dieses Gesetz. So wirkt Er seine wunderbaren Werke. Seine Werkzeuge sind armselig und verachtet, die Welt kennt ihre Namen kaum oder überhaupt nicht. Sie beschäftigen sich mit Dingen, die die Welt geringfügig nennt, und niemand hält viel davon. Sie sind dem Anschein nach nicht vor große Aufgaben gestellt; man sieht nicht, was dabei herauskommt. Sie scheinen zu versagen. Ja sogar in religiösen Dingen, die ihnen nach eigenem Bekenntnis am Herzen liegen, lässt sich von ihrem Tun und Leiden zu dem erwünschten Ziele kein natürlicher und sichtbarer Zusammenhang aufdecken. Aber es ist eine unsichtbare Beziehung in Gottes Reich: Man steigt im Fallen. Es ist klar, keine Herablassung kann so groß sein, wie die unsres Herrn selbst. Wir sind Ihm also um so ähnlicher, je mehr wir uns erniedrigen.« Es ist

dieses »Gesetz«, das der Steigerung des eigenen Selbst geheimnisvollen Widerstand leistet. In Euthymia blicken wir mit Verwunderung und Bewunderung auf einen Frieden, der aus Überwindung kommt, aus Kampf. Löwe und Lamm sind verschwistert, Demut und Tapferkeit, Sich-Kleinmachen und Großsein – alle jene merkwürdigen christlichen Behauptungen, die nie bewiesen werden können, außer durch das Leben. Und die kleine Schwester, die absichtslose Ursache unserer Feier, ist ein solcher Beweis, dass die abgründige Demut einem abgründigen Kampf entspringt – wie ja die Kinder der Erwählung nicht von Anfang an Sieger sind, sondern die Erwählung sie auf die Rennbahn treibt und erst am Ende der Siegeskranz wartet. »Das wird manches Opfer kosten und einen Kampf zwischen Gnade und Natur.« Dennoch sieht man ihn nicht notwendig. »Katholische Tugend heißt ›heilige Gewöhnlichkeit.‹« Dies als Ermutigung für uns, in der Nacht des Kampfes wie Jakob auszuhalten, bis die Sonne aufgeht. »Es ist ja alles für den großen Gott.« Es ist ja alles für ihn erkämpft, im Ringen gegen ihn, mit ihm.

Diesen Vortrag hielt Frau Prof. Dr. Gerl-Falkovitz am 28. März 2001 im St.-Paulus-Dom.

»Dein Werk werde verherrlicht, nicht das meine«

Von Bischof Adrianus H. van Luyn, Rotterdam

Im Johannesevangelium ist der Schriftgelehrte Nikodemus der erste Glaubensjünger Jesu. Obwohl er zu den religiösen Führern des jüdischen Volkes gehört – er ist Pharisäer und Mitglied des Hohen Rates – verhält er sich wohlwollend gegenüber dem Rabbi aus Nazareth, den er als einen »Lehrer, der von Gott gekommen ist«, sieht. Er kommt in der Nacht zu Jesus. Wahrscheinlich aus Angst, sich

gegenüber seinen Mitpharisäern zu kompromittieren. Aber zugleich ist die Dunkelheit der Nacht symbolisch für seine aufrechte Suche nach den wahren Grundfesten des Gottesglaubens Israels, und hofft er durch Jesus mehr Einsichten zu gewinnen über die wesentlichen Fragen über Leben und Tod, den Sinn der menschlichen Existenz. Jesus bietet Nikodemus ein neues Leben an in der Kraft der Wiedergeburt aus dem Heiligen Geist. Ein Leben, das sich nicht abspielt im Dunkel von Sünde und Bösem und hinführt zum Tod, sondern ein neues Dasein, welches hinzielt auf das Königreich Gottes dank des gläubigen Annehmens des Lichtes, das in die Welt gekommen ist, um jeden Mensch zu erleuchten. Dieses Licht ist Gottes einziggeborener Sohn, das Wort Gottes, das Fleisch geworden ist, um die Menschen durch sein Leiden, Tod und Auferstehung zu befreien aus dem Dunkel von Sünde und Tod. Jesus bietet Nikodemus sich selbst an als »das Licht der Welt« (vgl. Joh 1,9; 8,12), »den Weg, die Wahrheit und das Leben« (Joh 14,6) und er lädt ihn ein, dieses Licht anzunehmen und darin den Weg zu finden zum wahren Leben. Er spornt ihn an, die Wahrheit der Frohen Botschaft zu tun und sein Handeln auf Gott hin abzustimmen. Dann, so verspricht Jesus ihm, wird er zum Licht kommen, wird er die himmlische Stadt Gottes erreichen, die »kein Licht mehr braucht von Sonne und Mond, um ihr zu leuchten. Denn die Herrlichkeit Gottes erleuchtet sie, und ihre Leuchte ist das Lamm« (Offb 21,23).

Die Wahrheit tun

»Wer aber die Wahrheit tut, kommt zum Licht, damit offenbar wird, dass seine Taten in Gott vollbracht sind« (Joh 3,21). Dieses Versprechen Jesu ist nicht allein für Nikodemus gemeint. Es gilt für alle Jünger, die an Ihn glauben, auch für uns.

Viele Jünger sind diesen Weg vor uns gegangen, in der Nachfolge Christi und Bejahung seines Evangeliums »als eine Leuchte für ihre Füße, ein Licht auf ihrem Weg« (Ps 119, 105). Indem sie die Wahrheit tun, konkret und praktisch, Tag ein, Tag aus, haben sie ihre Taten »in Gott« verrichtet und haben letztendlich das Licht erreicht. Große Heilige in der Geschichte der Kirche, aber auch einfache Menschen, in der Abgeschlossenheit eines täglichen, treu bejahten und verwirklichten Dienstes für Gott und die Menschen.

Am 9. September 1955 starb in Münster Schwester Euthymia, 41 Jahre alt, nach zwanzig Jahren Klosterleben. Ihr Leben war nicht spektakulär. Sie war nicht mit besonderen Talenten begnadigt, sie hat keine außergewöhnlichen Dinge getan, keine intellektuellen Leistungen, keine verantwortungsvollen Leitungsfunktionen. Sie war eine bescheidene, einfache Ordensschwester, die zuerst zehn Jahre Krankenschwester im Krankenhaus zu Dinslaken war und danach zehn Jahre verantwortlich für die Wäscherei im Mutterhaus der Clemensschwestern zu Münster.

Sie suchte nicht sich selbst, sondern hat sich vollständig hingegeben, aus Liebe zu Gott und zu ihren Mitmenschen. Sie war »treu im Kleinen« und lebte ihre Berufung in Gehorsam auf die alltäglichen Umstände hin bis zur letzten Konsequenz des Opfers ihres Lebens in der Bejahung der fatalen Krankheit und ihres frühzeitigen Todes.

So entfaltete sich ihr Leben als ein großes Zeugnis von Glaube, Hoffnung und Liebe. So wie von ihr bezeugt wird: »Die Anziehungskraft der Clemensschwester Euthymia resultiert nicht aus einer sensationellen Besonderheit ihrer äußeren Lebenslinie, sondern aus ihrer glaubwürdigen und ungekünstelten Art, die Frohbotschaft in konkretem Tun zu vergegenwärtigen«.

Als Bild Gottes

Die Wahrheit des Evangeliums ist nicht abstrakt oder theoretisch, sondern konkret und praktisch. Es ist nicht eine Frage rationaler Einsicht, sondern Bejahung mit dem Herzen. Diese Wahrheit ist, dass Gott Liebe ist und dass Er den Menschen geschaffen hat nach seinem Bild und Gleichnis. Gott ist Liebe in sich selbst, in der Liebesbeziehung der drei göttlichen Personen, – zwischen Vater und Sohn und zwischen diesen und dem Heiligen Geist, der aus Ihrer gegenseitigen Liebe hervorgeht – die sich auf eine, für uns Menschen so unvorstellbare Art lieben, dass sie eins sind von Natur aus.

Gott ist Liebe nach außen, in der Schöpfung, wodurch Er aus Liebe Leben schenkt an das

Werk seiner Hände, und in der Erlösung der Menschen von Sünde und Tod. »Denn Gott hat die Welt so sehr geliebt, dass er seinen einzigen Sohn hingab, damit jeder, der an ihn glaubt, nicht zugrunde geht, sondern das ewige Leben hat.« (Joh 3,16)

Wenn der Mensch nach Gottes Bild geschaffen ist, dann ist er vorbestimmt für die Liebe, um zu wachsen als Ebenbild Gottes, der Liebe ist. Gott lieben mit ganzem Herzen und den Nächsten wie sich selbst, dies ist der Kern des Evangeliums. Jesus gibt seinen Jüngern den Auftrag: »Liebt einander, sowie ich euch geliebt habe« und »macht euch auf und bringt Frucht, so dass eure Frucht bleibt« (Joh 15,12 und 16). Dass dies lediglich Früchte der Liebe sind, wird deutlich durch die Vision vom letzten Gericht in Matthäus 25: Die Liebe, die wir durch konkretes Handeln dem notleidenden Menschen bewiesen haben, ist das einzige Kriterium, nach dem unser Leben beurteilt wird als wertvoll für Gott.

Wir können Gott nicht lieben, wenn wir nicht den Hungrigen, Durstigen, Nackten, Kranken und Gefangenen mit jener Liebe begegnet sind, mit der jeder sich selbst liebt. Die Wahrheit des Evangeliums tun ist, den Andern zu lieben mit ganzem Herzen und allen Kräften, mit dem ganzen Leben. Dann wird deutlich werden, dass deine Taten »in Gott« getan sind und wirst du zugelassen zum Licht der göttlichen Liebe.

Dieses Bild von der göttlichen Liebe, dieser Abglanz der Liebe Gottes, hat das Leben von Schwester Euthymia bestimmt. Hierfür hat sie unablässig gebetet und hierfür hat sie sich unermüdlich eingesetzt. »Wenn Gottes Liebe sich doch in mir widerspiegelte!«, seufzt sie in einem eigenhändig verfassten Gebet. Diese Ähnlichkeit mit dem Bild Gottes ist von den Menschen, die ihr begegneten, voll Dankbarkeit erkannt worden: Kriegsgefangene und Zwangsarbeiter aus ganz Europa, die vielen Kranken, die Mitschwestern. Sie hatten als Erste die Intuition von der Heiligkeit Schwester Euthymias, haben ihr Grab besucht und da Kerzen angezündet, um so ihre Überzeugung zum Ausdruck zu bringen, dass Schwes-

ter Euthymia auf dem Weg der Nachfolge in der Liebe Christi zum Licht gekommen ist.

Und seitdem hat sich Ihr Ruf der Heiligkeit in viele Teile der Weltkirche verbreitet und ist die Zeit angebrochen, ihr Licht auf einen Leuchter zu setzen (Mt 5,15), so dass ihr Beispiel auch uns in dieser Zeit inspirieren werde.

Die Seligsprechung von Schwester Euthymia ist ein willkommenes Glaubenszeugnis in einer Welt, die sich vom Glauben immer mehr entfernt.

In einer Welt, weit entfernt von Glauben

Die beiden großen Prozesse von Säkularisierung und Individualisierung beinhalten – außer den positiven Aspekten, die sicher auch anwesend sind, so wie die eigene Verantwortung und Mündigkeit – die Gefahr von Verfremdung und Ausschließung von Andern, sowohl den Mitmenschen als auch Gott. Wo Säkularisierung und Inividualisierung zu weit gehen und verabsolutiert werden, entsteht ein Mensch, der der Illusion anhaftet, sich selbst erfüllen zu können, wobei er sich jedoch stets mehr entfernt von seiner authentischen Daseinserfüllung. Denn er ist ausschließlich fixiert auf seine eigenen Interessen, Position, Wohlfahrt und erstrebt dies, indem er den Mitmenschen negiert, den er mehr als Konkurrent erfährt und nicht als eine Bereicherung und als wesentliche Beziehung für sein eigenes, menschenwürdiges Dasein. Er formt sich Pseudogötter, die jedoch nie seine tiefsten Erwartungen und Sehnsüchte erfüllen können. Er ist gefangen im begrenzten und kontigenten Diesseits und droht zu ersticken unter einem geschlossenen Himmel.

Seit Beginn der Verkündigung des Evangeliums hat die Kirche, so wie der Diakon Stefan, Zeugnis abgelegt vom »offenen Himmel und den Menschensohn zur rechten Gottes« (Apg 7, 56): Christus, menschgewordener Sohn Gottes, Gott mit uns, der den Bund mit Gott wieder hergestellt hat. Seit Beginn ihrer Sendung hat die Gemeinschaft der Jünger Jesu sich dem Dienst an den Armen und Unter-

»Die Heimat nie vergessen«

Gläubige aus dem Geburtsort Halverde am Grab Euthymias

»Die liebe Heimat, das liebe Elternhaus kann man ja nie vergessen.« Das schrieb Schwester Euthymia einst ihren Eltern in Hopsten-Halverde. Auch die Heimat hat ihrerseits die Clemensschwester nicht vergessen. Zu einem Gebetsabend trafen sich weit mehr als tausend Gläubige am Grab auf dem Zentralfriedhof in Münster.

Die Pfarrgemeinde St. Peter und Paul in Halverde hatte die Feier vorbereitet. 60 Messdiener, 90 Musiker und Sänger aus Halverde, Hopsten und Recke gestalteten die Andacht.

»Schwester Euthymia hilft den Menschen, die inneren Gegensätze zu versöhnen.« Unter diesen Leitgedanken stellte Peter van Briel, Pastor der Gemeinde St. Peter und Paul, die Gedenkstunde. Euthymia sei ein Beispiel dafür, dass Demut und Nächstenliebe gelebt werden könnten. In ihrem Dienst für andere habe sie einen großen Frieden für sich gefunden.

Pfarrer van Briel ermunterte die Zuhörer: »Schaut auf Schwester Maria Euthymia und traut euch, als Christen zu leben. Es gibt kein größeres Glück!«

Zugleich erinnerte der Geistliche an den Abschied von Emma Üffing aus ihrer Heimat, der ihr sicher nicht leicht gefallen sei. Aber als Schwester Euthymia habe sie ihre Wurzeln tiefer gegraben: »Sie war nicht allein im Örtchen Halverde verwurzelt, sondern noch viel mehr und viel tiefer in ihrer Familie, in der Liebe zu ihrer Mutter und den Verwandten und Kindern. Sie hatte ihre Wurzeln im gemeinsamen Glauben.« Dies habe sie getragen. Wer seine Heimat im Himmel wisse, der sei niemals in der Fremde.

Nach der Ansprache führten die 60 Messdiener zu dem Lied »Te deum laudamus« einen liturgischen Tanz auf. Alle trugen dabei Rosen, die sie später am Grab der Ordensfrau niederlegten.

drückten hingegeben, so wie der Diakon Laurentius, der der weltlichen Behörde die Armen der Kirche anwies als die echten Schätze der Kirche und der Gesellschaft.

Der Dienst der Kirche für die Welt hat stets die beiden Dimensionen der Liebe zu Gott und zu den Mitmenschen beinhaltet als die zwei, untrennbar verbundenen Seiten des einen Notwendigen. Die beiden Beziehungen zu Gott, Schöpfer und Erlöser und zum Mitmenschen, Kinder desselben Vaters, sie sind wesentlich für authentische Menschwerdung.

Wenn der Mensch »Individuum« bleibt, in sich selbst gefangen und sich selbst genügsam, bleibt er allein, und sein Weg führt in eine Sackgasse. Der Mensch ist berufen, »Person« zu werden, dank der Kommunikation mit andern, dank dem Wachsen in liebevollen Beziehungen zu den Mitmenschen und zu Gott. In unserer Zeit droht dem Individuum der Primat zugesprochen zu werden über dem der Person, wodurch wesentliche, menschliche Werte subjektiviert werden, Interessen privatisiert, Wahrheiten relativiert und das Leben und das Zusammenleben fragmentarisiert werden.

Der Mensch, der alles für sich selbst fordert, wird sein Leben verlieren, sagt Jesus zu seinen Jüngern. Nur wenn er sein Leben einsetzt für andere, wird er es behalten. »Denn wer sein Leben retten will, wird es verlieren; wer aber sein Leben um meinetwillen und um des Evangeliums willen verliert, wird es retten. Was nützt es dem Menschen, wenn er die ganze Welt gewinnt, aber dabei sein Leben einbüßt?« (Mk 8,35–36)

Glaubwürdig Zeugnis ablegen

Auch in unserer Zeit haben die eben zitierten Worte ihre Gültigkeit und echte Jünger des Herrn, wie Schwester Euthymia, sind für uns hierfür ansprechende und glaubwürdige Zeugen.

Ansprechend, weil sie nichts Außergewöhnliches getan hat, nichts Sensationelles, sondern ohne Rückhalt verfügbar war für die Aufgabe, die von ihr Tag aus Tag ein erwartet wurde, und ohne Zögern und ohne jemanden auszuschließen, für jeden zur Verfügung stand, der ihr begegnete und sie um Hilfe und Sorge bat. Glaubwürdig, weil ihr Handeln und ihre Lebensweise konsequent bestimmt wurde von der Liebe, die in der Nachfolge Christi Triebfeder war von ihrer Berufung und Sendung.

Für ihr Leben gilt, was Paulus voll Überzeugung in Bezug auf die authentischen Jünger an die Christen in Korinth schrieb: »Die Liebe Christi drängt uns ... damit die Lebenden nicht mehr für sich selbst leben sondern für den, der für sie gestorben und auferweckt worden ist« (2 Kor 5,14–15).

Wir wollen uns kurz besinnen in Bezug auf die Hauptakzente ihrer gläubigen Gestalt.

1. Mit Gott verbunden

Schwester Maria Euthymia lebte aus einer äußerst innigen Verbundenheit mit Gott und aus Christus heraus. Diese tiefe Verbundenheit nahm zu in ihrem Herzen, vor allem seit ihrem Eintritt in die Kongregation der Clemensschwestern. Ihrer Mutter schrieb sie einige Tage nach ihrer Profess: »Der göttliche Heiland gibt mir täglich besser zu verstehen, dass er mich erwählt und in seinen Dienst berufen hat. Wohl kommen hier und da Opfer vor, doch die Liebe ist stärker und überwindet alles« (Brief an die Familie vom Oktober 1934).

Wie tief und intensiv ihre spirituellen Erfahrungen waren, ihr ständiger Dialog mit Christus und ihre mystische Begegnung mit Gott wird überdeutlich in ihren »geistlichen Aufzeichnungen« und in ihrem »handgeschriebenen Gebetbuch«.

Während ihrer geschäftigen Arbeit und all den extra Aufgaben, die sie wegen der stets größeren Not in der Krankenpflege auf sich nahm, lebte sie mit Gott und dem Herrn verbunden; ihre Arbeit wurde Gebet und ihr Beten wurde Arbeit. Sie lehrt uns – in einer Zeit zunehmender Gottesverfinsterung – bewusst zu leben aus dem Quell des Lebens und der Liebe, der Gott ist.

2. Bedingungslos dienstbar

Die gleiche Liebe zu Gott bestimmte dann auch ihre bedingungslose Dienstbarkeit, ohne Rückhalt und ohne Ansehen der Person. Dieser Liebesdienst ist ihr keine Pflicht geworden, sondern war ein Merkmal ihrer Lebenseinstellung, eben so sehr wie ihre Verbundenheit mit dem Herrn. Beide Grundzüge ihres Lebens sind so sehr miteinander verflochten, dass ihr Leben zu einem einzigen Zeugnis für das Evangelium wurde. Ihr Handeln in Solidarität mit den notleidenden Nächsten entstand aus und ging über in ihr spirituelles Erleben ihrer Verbundenheit mit dem Herrn. In der Tat, ihre Taten bekunden überdeutlich, im Anschein Gottes verrichtet worden zu sein.

Als Krankenschwester war ihr nichts zu viel. Schwester Euthymia lässt ihre verwundeten Kriegsgefangenen nicht im Stich, auch nicht während der schweren Bombenangriffe auf Dinslaken. Sie steht jungen Männern nächtelang als sorgende Mutter bei, wenn sie fern von der Heimat sterben. Sie macht keine Unterschiede zwischen Nationalität und Rasse und umgeht unmenschliche Befehle der SS-Leitung.

Ihr liebevolles Handeln ist ein aktuelles Beispiel von evangelischem Einsatz für Gerechtigkeit und Versöhnung in einer Welt, in der noch stets große Teile heimgesucht werden von Hass, Gewalt und Unterdrückung.

3. Sich selbst außer acht lassend

Letzten Endes ließ ihr die Liebe zu Christus und zu den Geringsten seiner Brüder und Schwestern so wenig Ruhe, dass sie kaum noch Zeit und Andacht für sich selbst hatte. Was sie für sich selbst bekam, gab sie weg an Menschen, die noch weniger besaßen. All ihre Zeit stellte sie andern zur Verfügung.

Wir können uns kaum eine Vorstellung machen, unter welchen Umständen Schwester Euthymia arbeiten musste im Krankenhaus in Dinslaken am Ende des Krieges in den überfüllten Krankenbaracken, unter Entbehrung von praktisch allem und unter Bedro-

hung ihres eigenen Leben durch Infektionen und durch Kriegsgewalt.

Ihr Leben wurde gekennzeichnet, wie ein Kommentator dies genannt hat, durch ihre »Fähigkeit zur Pro-Existenz«. Sie suchte dabei nicht sich selbst. Ihr Motto war: »Es ist alles für den großen Gott« und sie schreibt in ihren persönlichen Aufzeichnungen: »Die arme, kranke Welt, wie sehr ruft sie nach unserer Hilfe. Nichts darf uns zu schwer werden, kein Opfer zu groß sein, kein Misserfolg uns zurückschrecken, keine Zurücksetzung uns ins Abseits stellen«.

Und sie verwirklicht diese Askese aus Liebe zu Gott und aus Gehorsam an Seinen Willen im Kleinen und im Großen. Vor allem als ihre Oberen am Ende des Krieges von ihr das schwere Opfer verlangen, die Krankenpflege und das Krankenhaus zu verlassen und die Leitung der Wäscherei im Mutterhaus zu Münster zu übernehmen. Diese Entscheidung zu akzeptieren fällt ihr äußerst schwer, aber sie fängt sich und sagt: »Es ist gut, wenn die Oberen es wünschen, gehe ich zur Waschküche. Es ist ja alles für den großen Gott«.

Die moderne, westliche Gesellschaft hat ein großes Bedürfnis an solchen evangelischen Zeugnissen von Christen, die auf sichtbare und glaubwürdige Weise die humane und evangelische Korrektur vorleben in Bezug auf die Überbewertung des Individuums, das sich vollständig frei, autonom und als sich selbst genug sieht und sagt, keinen Gott zu brauchen und an dem Andern, auch wenn dieser schwerverletzt am Wegrand liegt, vorbei läuft, vollständig konzentriert auf die Jagd nach Befriedigung seiner eigenen Bedürfnisse.

Eine starke Zeit

Wir befinden uns in der Fastenzeit, in der wir unser alltägliches Leben spiegeln am Evangelium des Herrn, an der Wahrhaftigkeit unseres persönlichen Verhältnisses zu Gott und zum Mitmenschen. In der Bergpredigt nennt Jesus uns drei wesentliche Formen: Gebet, Almosen und Fasten, alle drei ausgeübt als Ausdruck aufrechter Bekehrung hin zu dem einen Notwendigen: die Liebe zu Gott von ganzem Herzen und die sich selbst außer Acht lassende Liebe zum Nächsten. Die Vorbereitungszeit auf das Hochfest von Ostern wird von der Kirche gesehen als eine »starke Zeit«, für die Realisierung des Evangeliums und für die Nachfolge Christi in ihrem wesentlichen Auftrag und Konsequenz: persönlich erlebte Verbundenheit mit Gott, liebevolle Dienstbarkeit in Hinsicht auf den Mitmenschen und Askese vom eigenen Ich, um wirklich der Liebe zum Andern Platz einzuräumen. Wir erkennen diese Züge im Beispiel von Schwester Euthymia: ihr ganzes Leben war eine »starke Zeit« evangelischen Lebens.

Wir haben nun die Verantwortung, ein glaubhaftes Zeugnis abzulegen für unseren Glauben in einer Welt, die sicherlich nicht weniger als in der Zeit, in der Schwester Euthymia lebte, hierin Bedarf hat.

Ein diözesanes Programm

Unser Bistum Rotterdam hat diese evangelische »Gegenbewegung« ausgedrückt in einer Trias von Begriffen, die alle drei mit dem Buchstaben »S« anfangen – einfach zu merken, aber nicht einfach, ihnen alle drei den richtigen Platz im alltäglichen Leben zu geben – zusammen bilden sie ein vollständiges evangelisches Programm. Die ersten zwei korrigieren aus dem Evangelium heraus die zu weit fliegende Säkularisierung und Individualisierung des modernen Menschen, da sie uns zurückführen zu den, für das menschliche Dasein wesentlichen Beziehungen zu Gott und den Mitmenschen, die zwei untrennbar miteinander verbundenen Seiten des neuen Gebotes des Herrn. Diese Begriffe sind »Spiritualität« und »Solidarität«. Zusammen bilden sie den wesentlichen Auftrag, die Wahrheit zu tun!

1. Spiritualität

Spiritualität bedeutet: persönliche Bekehrung und gemeinsamer Austausch der Gotteserfahrung in unserem Leben: ein kindliches Vertrauen zu Gott, dem barmherzigen Vater, der weiß, was wir brauchen und der sich um uns kümmert und der auf uns wartet; die Begegnung mit Christus, dem Auferstandenen, der mit uns unterwegs ist, so wie er es seinen Jüngern versprochen hat, alle Tage bis zur Erfüllung unseres Lebens und der Geschichte (vgl. Mt 28,20); die Begeisterung durch den Heiligen Geist, den Helfer, der zu uns spricht, um an das zu erinnern, was Jesus uns gelehrt hat und der uns, wenn wir auf ihn hören, zur vollen Wahrheit bringen wird und uns die Kraft gibt, diese Wahrheit zu vollbringen.

2. Solidarität

Solidarität bedeutet, dass die Liebe Christi unser Herz öffnet für den Mitmenschen, vor allem wenn dieser sich in Not befindet, Hunger leidet, krank ist, einsam ist oder ausgeschlossen wird. Nicht nur in unserer eigenen Umgebung, entlang dem Weg, den wir täglich zurücklegen, sondern auch weit weg in den anderen Teilen der Welt, wo Menschen in menschenunwürdigen Umständen leben von extremer Armut und gewaltsamer Unterdrückung. Wir werden täglich hierüber informiert. Aber erkennen wir in den Gesichtern der Opfer von Armut und Hunger, von Naturkatastrophen, von Krieg und Gewalt, die auf dem Fernsehbildschirm erscheinen, das Antlitz Christi, der sich mit jenen identifiziert und uns anspricht auf unsere Mitverantwortung und liebevolle Dienstbarkeit? Gottesdienst ist Dienst am Menschen, an denjenigen, die Not leiden. Wir können nicht vor Gottes Antlitz treten, wenn wir den Nächsten negieren der sich beruft auf unsere Liebe.

3. »Soberheid«

Es gibt noch einen dritten Begriff, der mit einem »S« anfängt und der zwangsläufige Bedingung ist, unsere Verantwortung Gott und dem Mitmenschen gegenüber wahr zu machen. Dies ist die Tugend der »sobrietas«, »soberheid« in der niederländischen Sprache, eine der vier Kardinaltugenden, in der klassi-

»Der Tod kann auch geben«

Gebetsstunde am Grab von Schwester Euthymia an ihrem 46. Todestag

»Der Tod kann auch geben.« Das betonte Professor Hugo Goeke bei der Gebetsfeier am 9. September 2001 am Grab von Schwester Maria Euthymia auf dem münsterischen Zentralfriedhof. Viele hundert Gläubige waren zur Andacht am 46. Todestag der hochverehrten Clemensschwester gekommen. Goeke machte deutlich, dass seit dem Ableben der damals 41-Jährigen »noch mehr Menschen Licht und Wärme von ihr empfangen«. Die Gebetsstunde fand erstmals an der neuerrichteten Kapelle über dem Euthymia-Grab statt. Erst wenige Tage zuvor war der Sarg vom Dom in die Grabkapelle zurückgebracht worden.

Einer Mitarbeiterin in der Waschküche des Mutterhauses und der Raphaelsklinik in Münster hatte Schwester Euthymia wenige Wochen vor ihrem Tod gesagt: »Hier auf der Arbeitsstätte sehen wir uns nicht wieder, aber wenn ich beim Heiland bin, sollen sie merken, das ich für sie bete.« Ein ständiger Strom von Grab-Besuchern belegt, wie sehr die Fürsprache von Schwester Euthymia geschätzt wird. »Emma Üffing ist zu unserer großen sorgenden Schwester geworden«, erklärte Professor Goeke, der wie Euthymia aus Halverde stammt.

Der emeritierte Professor für Katholische Theologie stellte heraus, die Clemensschwester habe ihr Leben als ein »Kommen« auf den Anruf Gottes hin begriffen: »So lebt, wer in seinem Alltag Gottes Anruf vernimmt und so stirbt, wer den Umgang mit dem eigenen Tod in seinem Leben gelernt hat.« Als Krankenschwester in Dinslaken habe sie selbst zu einer neuen Kultur des Sterbens beigetragen.

Professor Goeke empfahl das Beispiel der Clemensschwester als Anstoß zur persönlichen Besinnung: »An dir, Schwester Euthymia, mögen Maß nehmen, die sich für groß halten, und an dir mögen sich aufrichten, die leiden und denen ihr Leben allzu unscheinbar und klein erscheint.«

schen Moral »temperantia« genannt. Im Deutschen sind für »Soberheid« mehrere Worte nötig: Maß und Zucht, Nachhaltigkeit, Enthaltsamkeit, Genügsamkeit . . .

Gemeint ist hiermit die Tugend, die uns befähigt, unsere eigene Person in den Hintergrund zu stellen, um so Raum, Zeit, Andacht, Energie, Geld, umsonst und ohne Bedingungen dem andern zur Verfügung zu stellen. Diese Tugend hat zu tun mit der Bereitschaft zu Fasten, Askese zu üben aus Liebe zu Gott und dem Nächsten.

Der moderne Mensch lebt in der Gefahr, sich zu viel auf sich selbst zu konzentrieren, auf Wohlfahrt, auf unbegrenztes Konsumieren: mehr Lohn, mehr Geld, mehr Luxus und Komfort, mehr Freizeit und Urlaub, mehr technische Hilfsmittel für den Verkehr, für Kommunikation, für Freizeitbeschäftigung; stets mehr, stets besser und stets schneller. Er droht, die Güter der Erde für sich selbst zu fordern, wodurch andere zu wenig haben: jetzt Millionen Menschen in den anderen Kontinenten, später die kommenden Generationen. Es geht uns hier und jetzt im reichen Westen zu gut.

Wir müssen unseren Reichtum teilen. Das Evangelium warnt uns ständig vor der uns Menschen angeborenen Gefahr, dass wir nur an uns selbst denken. Durch Maß und Zucht in allen Sektoren unseres Lebens müssen und können wir wieder Raum und Zeit schaffen für den Andern und für Gott. Als Christen dürfen wir nicht mitlaufen mit der Konsumgesellschaft, weil wir uns unserer Verantwortung bewusst sind für die Vielen, die hier in unserer Mitte, aber noch viel zahlreicher und himmelschreiender in anderen Kontinenten weit unter dem Niveau leben müssen, das wir hier als Existenzminimum definieren.

Spiritualität, Solidarität und »Soberheid«, dieses Dreigespann wird uns in der Fastenzeit vor Augen gehalten. Es ist eine moderne Übersetzung der Aufforderung Jesu zu Gebet, Almosen und Fasten. Es spiegelt auch sehr treffend das evangelische Leben von Schwester Euthymia wider. Ihre Person ist für uns leuchtendes Beispiel in der Nachfolge Christi.

Das Geheimnis des Mondes

Wir alle sind berufen, Zeugnis abzulegen vom Licht, das Christus ist, das in die Welt gekommen ist, um die Finsternis der Sünde und des Todes zu durchbrechen. Wir bereiten uns vor auf die Feier des Sieges vom Licht im Fest von Christi Auferstehung. In dieser Fastenzeit erinnern wir uns an den Auftrag des Herrn: »Ihr seid das Licht der Welt . . . So soll euer Licht vor den Menschen leuchten, damit sie eure guten Werke sehen und euren Vater im Himmel preisen.« (Mt 5,14;16)

In seinem apostolischen Brief zum Abschluss des großen Jubiläums im Jahr 2000 »Novo Millennio Ineunte (Am Anfang des neuen Jahrtausends) verweist der Papst auf den Auftrag des Herrn an seine Jünger – eine »wunderbare und anspruchsvolle Aufgabe« – Widerschein des Lichtes Christi zu sein. Es ist das den Kirchenvätern in ihrer kontemplativen Betrachtung so teure »mysterium lunae« (das Geheimnis des Mondes); sie verwiesen mit diesem Bild auf die Abhängigkeit der Kirche von Christus, der Sonne, dessen Licht sie widerspiegelt. Das war eine Form, um auszudrücken, was Christus selbst sagt, wenn er sich als »Licht der Welt« vorstellt (Joh 8,12) und seine Jünger auffordert, »das Licht der Welt« zu sein (vgl. Mt 5,14).

Es ist eine Aufgabe, die uns schaudern lässt, wenn wir auf die Schwachheit blicken, die uns oft finster macht und Schatten auf uns wirft. Doch die Aufgabe ist ausführbar, wenn wir uns dem Licht Christi öffnen und empfänglich sind für die Gnade, die uns zu neuen Menschen macht.«

Schwester Euthymia hat diesen Auftrag vollbracht. Wir sind Zeugen ihrer guten Werke und verherrlichen den Vater im Himmel mit den Worten, mit denen sie selbst ihre tiefste Glaubensüberzeugung und Motivation ausdrückte in ihren Aufzeichnungen »Dein Name werde gelobt, nicht der meine! Dein Werk werde verherrlicht, nicht das meine!«

Diese Predigt hielt Bischof van Luyn am 21. März 2001 im St.-Paulus-Dom in Münster.

5.
Der Lebensweg

Eine stille Existenz

Emma Üffing 1914 –1955 aus Halverde

Emma Üffing wurde 1914 in Halverde (heute Kreis Steinfurt) geboren. Sie war das neunte von elf Kindern aus zwei Ehen ihres Vaters. 1934 trat sie in den Orden der Clemensschwestern in Münster ein und erhielt den Namen Euthymia.

Dort machte sie ihre Ausbildung zur Krankenschwester. Diesen Beruf übte sie dann ab 1936 in Dinslaken aus. Während des Krieges pflegte sie die ansteckend kranken Kriegsgefangenen und Zwangsarbeiter.

Diese nannten sie »Engel der Liebe«. 1948 kehrte sie nach Münster zurück und übernahm die Leitung der Wäscherei des Mutterhauses und der Raphaelsklinik. Trotz der vielen Arbeit blieb sie die freundliche Schwester, die für jeden ein Lächeln und ein gutes Wort hatte und allen half, die sie um Hilfe baten. 1955 starb Schwester Euthymia an Krebs.

Heimweh nach dem Himmel

Von Margarete Heitkönig-Wilp, einer Großnichte von Emma Üffing

Vieles ist beschrieben worden, was das Leben der Ordensfrau Sr. Euthymia betrifft. Menschen treffen sich an ihrem Grab, beten und bitten, erhoffen Heilendes und Hilfe, bringen Lichter mit, um eigene Dunkelzeiten zu ertragen. Im Gebet hoffen sie auf ein Lebenszeichen für sich, erfahren Ruhe, spüren die Wärme der Kerzenflammen, sehen die vielen Blumen, entdecken die kleinen und großen Zeichen des Dankes. Die Menschen spüren eine Leidensgemeinschaft mit den anderen Betern am Grab. Manche kommen ins Gespräch, erzählen einander von ihrer Not, beten miteinander. Wandlung geschieht. Der offene Himmel über allem. Eine Weite, die gut tut, aufschauen lässt.

Wenn ich an Schwester Euthymias Grab stehe, fühle ich, dass ich etwas Vertrautes von ihr in mir trage.

Das, was mich mit Schwester Euthymia verbindet, ist zum einen eine verwandtschaftliche Beziehung. Sie und meine Großmutter sind zusammen aufgewachsen, sind Halbschwestern.

Zum anderen verbindet uns das Dorf Halverde.

Die meisten Erzählungen, die bekannt sind, handeln von ihr als junger Frau, die als Ordensfrau lebte.

Ich versuche zu erahnen, wie aus ihr eine Frau werden kann, die mit soviel Energie einen ureigenen Weg findet. Mit soviel Kraft, dass heute noch viele Menschen heilende Nähe durch sie erfahren.

Ich mache mich auf den Weg und suchte nach der Emma, die zwanzig Jahre in diesem kleinen Dorf lebt, als Tochter und Schwester, Schwägerin und Tante. Ich frage nach, wie ihr Alltag aussah und wie man sich fühlte, wenn man mit ihr zusammen war, lese Briefe, die sie an die Familie schrieb.

Die Familie Üffing lebt auf einem Bauernhof. Er liegt an einer Hauptstraße, etwa 500 Meter vom Dorf entfernt. Der Weg zur Kirche, zur Schule und zum Einkaufen ist nicht weit. Auf dem Hof findet das eigentliche Leben statt. Das Sorgen und Sich-Kümmern um Haus und Feld. Pflügen, Säen, Wachsen, Reifen und Ernten. Die Natur gibt Wohl und Weh. Jeder, der auf dem Land lebt, kennt diesen Kreislauf. Emmas Vater schafft es zudem, einige Hektar Moorfläche urbar zu machen. Er ist ein ruhiger, besonnener, frommer Mann. In der Stille des Moores gewinnt er nach und nach fruchtbaren Boden.

Emma wächst mit neun Geschwistern auf. Die Mutter der ältesten drei Kinder stirbt früh an Tuberkulose. Diese Krankheit sucht die Familie bereits in den vorangegangenen Generationen mehrfach heim. Der Vater heiratet dann ein weiteres Mal. Es werden sieben Kinder geboren. Emma ist in der Geschwisterriege das neunte Kind. Emmas Mutter versorgt neben der vielen Haus- und Gartenarbeit noch die Tiere auf dem Hof. Dazu kommt die mühvolle Mitarbeit auf den Feldern. Sie ist eine starke und fromme Frau, schafft die viele Hausarbeit und achtet sehr darauf, dass Ordnung und Sauberkeit herrschten. So erzählt die – heute mittlerweile neunzigjährige – Schwiegertochter, die damals als Nachbarskind das Leben auf dem Hof Üffing mitbekommt, wie Mutter Üffing mit einer Hand Pfannekuchen backt und auf dem anderen Arm ihr neugeborenes Kind trägt und stillt.

So, wie die Familie mit den Jahreszeiten der Natur lebt, ist sie in gleicher Weise in das liturgische Erleben des Kirchenjahres eingebunden. Die Mutter besucht jeden Morgen den Gottesdienst, ebenso ihre Kinder, die zur Schule gehen. Zuhause wird täglich miteinander gebetet. Das Gebet ist in der Erlebenswelt der damaligen Zeit das Tagewerk für Gott, um die eigenen Mühen und Sorgen bewältigen zu können.

Vom elterlichen Hof erblickt man weite Fel-

Emma Üffing – zweite von rechts – bei einer Familienfeier. Emma war gern mit Kindern zusammen.

der. Wälder und Hecken umfassen alles, wie ein grünes Band. Darüber der pastellfarbene Himmel. Wer mit diesen tagtäglichen Bildern aufwächst, mag solch ein Fleckchen Erde, solche Farben, diese Weite, mag diesen Boden, der den eigenen Wurzeln Kraft gibt. Auch Mut für die ersten eigenen Schritte.

Emmas erste Schritte sind überschattet. Eine Rachitis-Erkrankung schwächt sie. Mit eineinhalb Jahren kann sie nicht mehr laufen. Sie bleibt viel im Haus, sitzt manchmal stundenlang auf einem kleinen Tischchen am Kohleherd, schaut der Mutter bei der Küchenarbeit zu, ist ein stilles Kind. Mit vier Jahren hat sie erst wieder genug Kraft, um das Laufen neu zu lernen.

Als Emma neun Jahre alt ist, heiratet – als erste in der Geschwisterriege – die zweitälteste Schwester und zieht auf einen nahegelegenen Bauernhof. Emma ist oft mit Geschwistern dort. Einige verbringen später dort ihre Knecht- oder Magdjahre.

Mein Vater ist der erste Neffe, der geboren wird, dann folgen vier Nichten. Emma ist gern mit den Kindern zusammen. Sie spielt mit ihnen, hilft bei den Hausarbeiten und erzählt ihnen Geschichten beim Zubettgehn. Vom Leben des heiligen Aloysius, von der heiligen Ludwina und von Anna Katharina Emmerick. Die Kinder lernen kleine Gebete, die sie selbst geschrieben hat.

In den Schulferien dürfen sie manchmal bei ihr übernachten. Die älteste Nichte erinnert sich nach über 60 Jahren, dass sie an einem Abend zu viert in Emmas Bett lagen, sich aneinander kuschelten und friedlich einschliefen – glückliche Kindertage.

Dann kommt Emmas Abschied von ihrer Familie. Die Kinder ahnen, dass sie gehen wird. Am letzten Sonntag vor ihrer Abreise räumt Emma mit ihnen die Schubladen ihrer Kommode aus. Sie verschenkt Heiligen- und Schutzengelbildchen und ein Occhi-Schiffchen. Die Kinder wissen, wie gern Emma Handarbeiten macht. Dann bringt sie die Kinder bis zur Hofgrenze. Sie sagt, dass sie

Schwester Euthymia (im Kreis) mit ihren Mitschwestern 1943 in Dinslaken. In dieser Stadt pflegte Schwester Euthymia kranke Kriegsgefangene und Zwangsarbeiter. Diese nannten sie »Engel der Liebe«.

nicht weiter mitgehen kann und verabschiedet sich. Die Mädchen ahnen etwas Endgültiges. Sie fragen Emma, wann sie denn wieder nach Hause komme. Sie sagt ihnen, dass sie nie mehr zurück käme und gesteht ihnen mit stockenden, ehrlichen Worten, dass ihr dieser Abschied sehr schwer falle, schwerer als die Trennung von den Eltern. Die Kinder schauen sie an, bleiben bei ihr stehen und trauen sich nicht, sie zu verlassen. Dann gibt Emma ein tröstliches Abschiedszeichen. Sie legen die Hände aneinander, umschlingen jeweils mit dem Daumen und dem kleinen Finger die Hand des anderen. Ein Kreis entsteht. Emma sagt ihnen, dass dies ein Zeichen sei, wodurch sie immer miteinander verbunden bleiben, nichts könne sie mehr trennen. Nach diesen

Momenten fordert sie die Kinder auf zu gehen, schickt sie nun endgültig auf den Heimweg. Sie gehen ein paar Schritte, drehen sich wieder um und sehen, wie sich Emma ihre blau-gestreifte Schürze vor das Gesicht hält und bitterlich weint. Als sie dann ein paar Tage später das Elternhaus verlässt, um ins Kloster zu gehen, wirkt sie still und in sich gekehrt.

Einige Zeit später besteht die erste Besuchsmöglichkeit in Münster. Die Freude ist groß bei diesem Wiedersehen. Emma begrüßt alle ganz herzlich, hält jede Hand lang in ihren Händen und streichelt sie zärtlich.

Auch die Briefe, die sie an die Familie schickt, zeigen eine große Nähe zu ihrer Familie. Wenn ein Brief von ihr kam – so erzählt die

Schwägerin – hatte man beim Lesen oder Zuhören immer Tränen in den Augen. Liebevoll und innig ist ihre Sprache. Die Briefe, die die jüngere Schwester Johanna aus dem Kloster schickt, sind ganz anderer Art. Die lustige Wesensart kommt in ihren Briefen zum Ausdruck.

In Emmas Briefen spürt die Familie auch Heimweh in den Zeilen, ahnt, dass sie Schweres ertragen muss. Sie klagt nie, sondern schöpft viel Kraft aus den Erinnerungen ihrer Kindertage, darunter viele Dankesworte an die Mutter.

All ihre Lebensmomente bindet Emma immer wieder ein in eine enge göttliche Beziehung. Die Briefe sind Dokumente dieser Seelenlandschaft, Ausdruck ihrer tiefen Gottesliebe.

So verbindet sich in ihren Briefen die Stärke ihrer Wurzeln und die wachsende Kraft ihrer Flügel. Jeder spürt, dass sie den Himmel in sich trägt.

»Es ist alles für den großen Gott« – so lautet ihr absoluter Satz, mit dem sie allem Schweren begegnet. Sie weiß um das Geheimnis dieses Satzes, die Kraft, die darin liegt. Letztendlich ist es das Streben nach Freiheit . . . frei zu werden, um sich von dem zu lösen, was sie vom Himmel fernhält.

Als Emmas schwere Erkrankung bekannt wird, besucht die Familie sie einige Male am Krankenbett, zuletzt einige Tage vor ihrem Tod. Die Mutter und einige Geschwister sitzen an ihrem Bett.

Nach einiger Zeit richtet sich Emma auf und fragt meine Großmutter, wie es den Kindern geht. Mutter Üffing entgegnet daraufhin spontan, dass es doch keine Kinder mehr seien, sondern schon Erwachsene. Emma sagte, dass es in ihrem Herzen immer ihre Kinder bleiben würden.

Dann nimmt Großmutter einige Fotos aus ihrer Tasche, gibt sie Emma und sagt ihr, dass sie alle Kinder mitgebracht habe. Emma freut sich darüber, lehnt sich zurück, und schaut sich jedes Foto schweigend an. Es ist zu spüren, dass sie sich verabschiedet von ihnen – nun für immer.

Der Himmel öffnet sich ein paar Tage später. Sie kann nun ganz ihren Flügeln vertrauen. . .

Die Mutter von Emma Üffing war eine starke und fromme Frau.

Betend auf der »Lebensspur« von Schwester Euthymia

Betrachtungen von Ort zu Ort

Die Stationen des kurzen Lebens von Schwester Maria Euthymia laden zum betrachtenden Gebet ein. Jeder ihrer Lebensabschnitte ist durch eine besondere Herausforderung geprägt gewesen:
Ihr Leben als Kind und Jugendliche durch die Erkrankung an Rachitis, ihr Eintritt bei den Clemensschwestern in Münster durch ihre schwache gesundheitliche Konstitution und das mühevolle Lernen, ihr Dienst als Krankenschwester in Dinslaken durch die Not des Zweiten Weltkrieges, ihre Arbeit in der Wäscherei des Mutterhauses in Münster durch den Verzicht auf die Krankenpflege und die schwere Arbeit, das letzte Stadium ihres Lebens durch ihr Krebsleiden und starke Schmerzen. Auf der »Lebensspur« von Schwester Maria Euthymia wollen wir im Folgenden betend das Geheimnis ihres tiefen Glaubens kennen lernen und uns in ihre tiefe Liebesbeziehung zu Christus hineinziehen lassen.

1. Ursprung in Geborgenheit (Heimat in Halverde)

Dir, Gott Vater, sei Preis und Dank für deinen Sohn im Heiligen Geist.
Er ist der Weg, er ist die Wahrheit, er will uns Licht und Leben geben.
Wer auf ihn hört, dem schenkt er sich, und wirkt in ihm durch seinen Geist.
Wer an ihn glaubt, wird froh zum Zeugen, der Gottes Liebe widerspiegelt.
Entzündet in der Liebe, ist ihm verborgen gefolgt, Schwester Maria Euthymia.

Ein Klassenfoto aus Halverde: Emma Üffing steht oben neben dem Lehrer.

Das Elternhaus in Halverde.

Im Zeugnis für ihn, wird sie zur treuen Dienerin der verborgenen Liebe zum Nächsten. So preisen wir den Vater, im göttlichen Sohn Jesus Christus, durch den lebendigen Geist, der den Anfang schuf, die Zeit in Händen hält und Ewigkeit verheißt. Amen.

Als Kind schwächlich

Am 8. April 1914 wird Emma Üffing in Halverde (Kreis Tecklenburg, heute Kreis Steinfurt) geboren und am gleichen Tag getauft. Ihre Eltern sind Bauern. Ihr Vater August Üffing (1869–1932) stammt aus Hopsten; in zweiter Ehe ist er mit Maria Schnitt (1878–1975) verheiratet. Emma ist das neunte von elf Kindern aus zwei Ehen ihres Vaters. Im Alter von 18 Monaten erkrankt sie an Rachitis. Diese Krankheit hat Folgen für ihr ganzes Leben: Ihre körperliche Entwicklung verzögert sich, sie bleibt schwächlich, kann schlecht laufen. Das linke Augenlid hängt etwas herunter. Als Erwachsene ist sie nur 1,56 Meter groß, beim Ordenseintritt wiegt sie 60 Kilogramm.
Die Schule ist kein Zuckerschlecken für

Emma: Sie muss sich anstrengen, das Lernen fällt ihr nicht leicht. Was anderen zufällt, muss sie sich mühsam erarbeiten. Dennoch: Ihre Noten sind durchweg gut bis sehr gut. Nur das Singen ist »kaum genügend«.
Schon früh fällt Emma ihrer Familie und den anderen Bewohnern von Halverde durch ihre tiefe Frömmigkeit auf. Bald wird sie »Üffings Nönneken« (Üffings Nonne) genannt.
Emma hilft in der Küche und auf dem elterlichen Hof. Arbeiten nimmt sie gern anderen ab: »Dat kann ick wuoll!« (Das kann ich wohl!).

Die Eltern von Schwester Euthymia.

Das Mädchenzimmer im Elternhaus.

Nach der Schulzeit bleibt sie zunächst noch drei Jahre zu Hause. Bereits mit 14 Jahren will sie Ordensschwester werden; sie ist traurig, als ihre Mutter ihr sagt, dass sie für diese Entscheidung noch zu jung ist.

Im November kommt Emma Üffing an das St.-Anna-Hospital in Hopsten. Dort arbeitet sie zunächst sechs Monate im Haus und auf dem Geflügelhof, anschließend ein Jahr als Lernköchin. In dem Krankenhaus lernt sie die Clemensschwestern kennen; die Oberin Schwester Euthymia Linnenkemper wird für sie zum Vorbild. »Sie war fleißig, brav und ehrlich«, urteilt die Oberin zum Abschied im Mai 1933. Eine Mitschülerin sagt später: »Keine Arbeit war Emma Üffing zu klein oder zu gering. Von allen im Haus wurde sie ge-

schätzt und geachtet.« – Ihre Liebe zum Ordensleben ist geweckt . . .

Herr, Jesus Christus, du berufst Apostel,
Männer und Frauen in deine Nachfolge.
Hilf auch uns, dir zu folgen.
Du lehrst die Jünger durch Wort und Tat den Weg zum Leben.
Hilf auch uns, dich als unseren Weg, unsere Wahrheit und unser Leben zu erkennen.
Wer seine Hand an den Pflug legt und zurückschaut, ist deiner nicht wert.
Lass uns treu sein in deiner Nachfolge und nicht zurückblicken.
Wer dich vor den Menschen bekennt, den wirst du vor dem Vater bekennen.
Gib uns die Kraft, vor aller Welt mutig für dich einzutreten.
Du bist nicht gekommen, dich bedienen zu lassen, sondern um zu dienen.
Hilf uns, selbstlos unseren Nächsten zu dienen.
Du bist gütig und von Herzen selbstlos.
Mache unser Herz deinem Herzen ähnlich.
Du sehnst dich nach unserem Glauben.
Hilf unserem Unglauben.
In dir ist die Liebe Gottes erschienen.
Gib uns das Feuer deiner Liebe.
Wer dir nachfolgt, wird hundertfältigen Lohn empfangen und das ewige Leben.
Dir danken wir mit unserem Leben, dich loben und preisen wir in Ewigkeit.
Amen.

*Über die Kindheit und Jugend
von Schwester Maria Euthymia:*

Sie wuchs auf in einem roten münsterländischen Klinkerhaus nahe der Straße, hinter buchsbaumumrandeten Gartenbeeten und leise wehenden Laubbäumen an der Scheune. In einem Bezirk, der keinerlei Luxus kannte, statt dessen aber die Sinnfülle von Heimat, das fraglose Miteinander jahrelang und von keinem Urlaub unterbrochen, Gleichmaß mit dem Höhepunkt Sonntag, die Wärme der engen Stuben, die Lebensweisheiten ihrer Eltern zum immer wiederkehrenden Zyklus von Füttern, Melken und Buttern, von Säen, Jäten, Hacken und Ernten.

Die lammstille fleißige Tochter Emma war hier am Platz, seit Kindestagen schon ein Beispiel. Sie betete kniend wie ihre Geschwister den Rosenkranz, brauchte aber keine Anlehnung. Sie warf artig den Fangball einer Kameradin zu, »an diesem Sonntag bei Üffings, am nächsten bei uns, Streit gab es nie«.

Hatten die Größeren anderes im Sinn als Kühehüten, stand Emma treu und fliegenwehrend den Tieren bei. »Kein Zweifel«, sagt ein Bruder, »dass wir sie weidlich ausgenutzt haben.«

Emma tat nichts dagegen, und hier schon beginnt die Verborgenheit ihres Lebens, das offenbar keine Bestätigung von außen brauchte, sondern ganz natürlich und naiv jenen »Mut der Liebe« besaß, den Annette von Droste ihren Münsterländern nachsagt. Als ein Bruder Emma beim Wasserpumpen schwer die Stirn verletzte, war Auskunft über sein Missgeschick durch sie nicht zu bekommen. Und so blieb das lebenslang: Parteilichkeit zu eigenen Gunsten kannte sie nie.

Aus: Magdalena Padberg – M. Euthymia, Clemensschwester. Recklinghausen 1977

Aus dem Evangelium nach Matthäus:

In jener Stunde kamen die Jünger zu Jesus und fragten: Wer ist im Himmelreich der Größte? Da rief er ein Kind herbei, stellte es in ihre Mitte und sagte: Amen, das sage ich euch: Wenn ihr nicht umkehrt und wie die Kinder werdet, könnt ihr nicht in das Himmelreich kommen. Wer so klein sein kann wie dieses Kind, der ist im Himmelreich der Größte. Und wer ein solches Kind um meinetwillen aufnimmt, der nimmt mich auf. Hütet euch davor, einen von diesen Kleinen zu verachten! Denn ich sage euch: Ihre Engel im Himmel sehen stets das Angesicht meines himmlischen Vaters. (18,1–5.10)

Psalm 8

Herr, unser Herrscher, wie gewaltig ist dein Name auf der ganzen Erde, über den Himmel breitest du deine Hoheit aus.

Aus dem Mund der Kinder und Säuglinge schaffst du dir Lob, deinen Gegnern zum Trotz; deine Feinde und Widersacher müssen verstummen.

Seh' ich den Himmel, das Werk deiner Finger,

Im St.-Anna-Hospital in Hopsten arbeitete Emma Üffing als Lernköchin (2. von links).

Unzählige Stunden verbringt Schwester Euthymia im stillen Gebet in der Servatiikirche.

Mond und Sterne, die du befestigt:
Was ist der Mensch, dass du an ihn denkst,
des Menschen Kind, dass du dich seiner annimmst?
Du hast ihn nur wenig geringer gemacht als Gott, hast ihn mit Herrlichkeit und Ehre gekrönt.
Du hast ihn als Herrscher eingesetzt über das Werk deiner Hände, hast ihm alles zu Füßen gelegt.
Herr, unser Herrscher, wie gewaltig ist dein Name auf der ganzen Erde!
Ehre sei dem Vater und dem Sohn und dem Heiligen Geist
wie im Anfang, so auch jetzt und alle Zeit und in Ewigkeit. Amen.

Herr, unser Gott, du hast Schwester Maria Euthymia bereits als Kind die Gnade geschenkt, dir und ihren Nächsten zu dienen, in

Krankheit auf dich zu vertrauen und in Geduld ihr Schicksal in deine Hände zu legen. Die Liebe ihrer Familie gab ihr Heimat und Schutz auf ihrem Weg in deine Nachfolge. Stärke uns auf unserem Lebensweg in der Treue zu Dir und festige unseren Glauben, damit wir an deiner liebenden Nähe niemals zweifeln. Lass uns lebendige Zeugen deiner Liebe und Hingabe sein und einander als Schwestern und Brüder, als Väter und Mütter beistehen, wenn wir der Hilfe und der Geborgenheit bedürfen. Dir sei Lob und Ehre heute und in Ewigkeit. Amen.

2. Grenzenloses »Ja« (Eintritt in Münster / Mutterhaus)

Dir, Gott Vater, sei Preis und Dank für deinen Sohn im Heiligen Geist.
Er ist der Weg, er ist die Wahrheit, er will uns Licht und Leben geben.
Wer auf ihn hört, dem schenkt er sich, und wirkt in ihm durch seinen Geist.
Wer an ihn glaubt, wird froh zum Zeugen, der Gottes Liebe widerspiegelt.
Entzündet in der Liebe, ist ihm verborgen gefolgt, Schwester Maria Euthymia.
Im Zeugnis für ihn, wird sie zur treuen Dienerin der verborgenen Liebe zum Nächsten.
So preisen wir den Vater, im göttlichen Sohn Jesus Christus, durch den lebendigen Geist, der den Anfang schuf, die Zeit in Händen hält und Ewigkeit verheißt. Amen.

Eine »Barmherzige Schwester«

Als 20-Jährige bewirbt sich Emma um den Eintritt in die Ordensgemeinschaft der Clemensschwestern in Münster. Die Ordensoberen haben zunächst Zweifel: Emma hat eine schwache Konstitution; wird sie den harten Anforderungen als Krankenschwester gewachsen sein?
Am 23. Juli 1934 tritt Emma Üffing zusammen mit 46 anderen Frauen bei den Clemensschwestern ein. Sie erhält den Namen Maria Euthymia – in Anlehnung an die Hopstener Oberin. (Der Name Euthymia kommt

aus dem Griechischen und bedeutet guten Mutes.) An ihrer Einkleidungsfeier nehmen 40 Personen aus Halverde teil – Zeichen der Wertschätzung in ihrer Heimat. Euthymia legt die Gelübde der Armut, Ehelosigkeit und des Gehorsams ab.

Die Kongregation der »Barmherzigen Schwestern der allerseligsten Jungfrau und schmerzhaften Mutter Maria«, so der volle Name der Clemensschwestern, wurde 1808 von Clemens August von Droste Vischering gegründet. Sie übernahm 1820 das Clemenshospital und wirkte in der stationären wie in der ambulanten Krankenpflege und anderen weiteren sozial-caritativen Aufgaben (Kindergärten, Näh- und Kochschulen). Zur Zeit des Ordenseintritts von Schwester Euthymia hat sie 2638 Mitglieder.

Der Tagesablauf für Schwester Euthymia und ihre Mitschwestern ist klar gegliedert: Er beginnt um 5 Uhr mit dem Aufstehen, Gebeten und Meditation. Um 6 Uhr feiern die Schwestern die Messe. Das Frühstück ist um 6.45 Uhr. Danach beginnt der Arbeitstag, unterbrochen durch ein kurzes Gebet am Mittag. Schwester Euthymia wird ab 1936 zur Krankenschwester ausgebildet. Das Lernen des umfangreichen Fachwissens fällt ihr schwer, doch mit Ausdauer schafft sie es.

Herr Jesus Christus, damals wie heute berufst du Männer und Frauen in deine Nachfolge.
Rufe auch heute junge Menschen in deine Nachfolge und deinen Dienst.
Du lebst ja, um immer für uns dazusein.
Du willst, dass alle Menschen an der Erlösung teilhaben.
Lass alle, die du berufen hast, deinen Willen erkennen und sich zu eigen machen.
Öffne ihnen den Blick für die ganze Welt, für die stumme Bitte so vieler um das Licht der Wahrheit und die Wärme echter Liebe.
Lass sie am Aufbau deiner Kirche mitarbeiten und so deine Sendung fortsetzen.
Mach sie zum Salz der Erde und zum Licht der Welt.
Wecke in den jungen Frauen, die du berufst, die Entschlossenheit, deiner Liebe zu folgen.

Schenke ihnen das Verlangen, vollkommen nach dem Geist des Evangeliums zu leben.
Stärke sie zur selbstlosen Hingabe im Dienst an deiner Kirche.
Nicht wir haben dich erwählt, sondern du hast uns in deine Nachfolge gerufen.
Dir danken wir von Herzen, dich loben und preisen wir in Ewigkeit. Amen.

(nach Gotteslob Nr. 27, 5)

Aus dem ersten Brief von Schwester Euthymia an ihre Eltern nach ihrem Ordenseintritt:

Manche Freudentage habe ich hier im Kloster bereits verlebt. Schon in den ersten Tagen fühlte ich mich ganz heimisch im Kreise meiner lieben Mitschwestern. Der göttliche Heiland gibt mir täglich besser zu verstehen, dass er mich erwählt und in seinen Dienst berufen hat. Wohl kommen hier und da Opfer vor, doch die Liebe ist stärker und überwindet alles. In der ersten Zeit durften wir auch schon zur Nachtanbetung in die Mutterhauskapelle. Viele Kerzen brannten vor dem höchsten Gute. Der Altar war so feierlich geschmückt, dort in der Stille habe ich auch besonders an Euch gedacht.

Ihr Lieben daheim, es ist Euch sicher erst der Abschied schwer geworden, habt Euch aber doch sicher bald in Gottes heiligen Willen geschickt. Die Zeit, wo wir nun getrennt sind, ist ja auch nur eine kurze. Wir wandern ja nur wie arme Pilger umher und suchen alle die eine und wahre Heimat, wo wir bleibende Stätte finden. Ich werde Euch stets dankbar dafür sein, dass ich meinen Herzenswunsch erfüllen durfte, durch ein Klosterleben den Weg zur wahren Heimat zu suchen.

Aus dem Buch Genesis:

Der Herr sprach zu Abram: Zieh weg aus deinem Land, von deiner Verwandtschaft und aus deinem Vaterhaus in das Land, das ich dir zeigen werde. Ich werde dich zu einem großen Volk machen, dich segnen und deinen Namen groß machen. Ein Segen sollst du sein. Ich will segnen, die dich segnen; wer dich verwünscht, den will ich verfluchen. Durch dich sollen alle Geschlechter der Erde Segen erlangen. (12, 1–3)

Psalm 63

Gott, du mein Gott, dich suche ich, meine Seele dürstet nach dir.
Nach dir schmachtet mein Leib wie dürres, lechzendes Land ohne Wasser.
Darum halte ich Ausschau nach dir im Heiligtum, um deine Macht und Herrlichkeit zu sehen.
Denn deine Huld ist besser als das Leben; darum preisen dich meine Lippen.
Ich will dich rühmen mein Leben lang, in deinem Namen die Hände erheben.
Wie an Fett und Mark wird satt meine Seele, mit jubelnden Lippen soll mein Mund dich preisen.
Ich denke an dich auf nächtlichem Lager und sinne über dich nach, wenn ich wache.
Ja, du wurdest meine Hilfe; jubeln kann ich im Schatten deiner Flügel.

Meine Seele hängt an dir, deine rechte Hand hält mich fest.
Ehre sei dem Vater und dem Sohn und dem Heiligen Geist,
wie im Anfang, so auch jetzt und alle Zeit und in Ewigkeit. Amen.

Herr, unser Gott, du hast Schwester Maria Euthymia berufen, dir in der Ordensgemeinschaft der Clemensschwestern in Armut, Ehelosigkeit und Gehorsam nachzufolgen. Durch ihr grenzenloses »Ja« zu deinem Ruf und ihre stetige Dienstbereitschaft wurde sie für ihre Mitschwestern zum Vorbild der Hingabe und Barmherzigkeit und zum Segen für viele Mitmenschen.
Stärke uns auf ihre Fürsprache in der Treue zu unserer Berufung und lass uns der Verheißung deiner wirkmächtigen Nähe mehr trauen als unseren eigenen Fähigkeiten und Kräften. So wollen wir in allem, was wir sind und tun, dich als die Mitte unseres Lebens bekennen. Dir sei Lob und Ehre heute und in Ewigkeit.
Amen.

Im St.-Vinzenz-Hospital in Dinslaken war Schwester Euthymia zunächst auf der Frauenstation tätig.

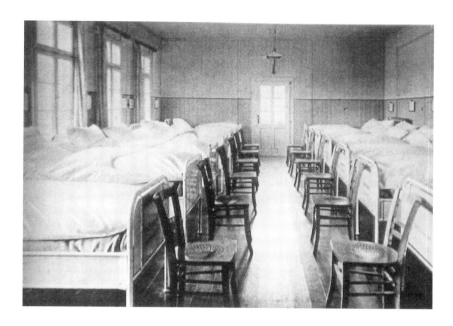

In der St.-Barbara-Baracke in Dinslaken pflegte Schwester Euthymia ansteckend kranke Kriegsgefangene und Zwangsarbeiter.

3. Verschenktes Leben (Krankenpflege in Dinslaken)

Dir, Gott Vater, sei Preis und Dank für deinen Sohn im Heiligen Geist.
Er ist der Weg, er ist die Wahrheit, er will uns Licht und Leben geben.
Wer auf ihn hört, dem schenkt er sich, und wirkt in ihm durch seinen Geist.
Wer an ihn glaubt, wird froh zum Zeugen, der Gottes Liebe widerspiegelt.
Entzündet in der Liebe, ist ihm verborgen gefolgt, Schwester Maria Euthymia.
Im Zeugnis für ihn, wird sie zur treuen Dienerin der verborgenen Liebe zum Nächsten.
So preisen wir den Vater, im göttlichen Sohn Jesus Christus, durch den lebendigen Geist, der den Anfang schuf, die Zeit in Händen hält und Ewigkeit verheißt. Amen.

»Engel« ohne Ekel

Am 30. Oktober 1936 wird sie an das St.-Vinzenz-Krankenhaus ins niederrheinische Dinslaken versetzt. Am Tag zuvor hat sie die Prüfung zur Desinfektorin mit »sehr gut« bestanden.

Zunächst ist Schwester Euthymia auf der Frauenstation tätig. Nach einem Jahr übernimmt sie den Dienst auf der Isolierstation für ansteckende Krankheiten. Diese besteht aus einer Holzbaracke mit rund 50 Betten. Den Patienten – vor allem den vielen Kindern – versucht Euthymia die fehlende Mutter durch Liebe und Fröhlichkeit zu ersetzen. Zwischenzeitlich schafft sie am 3. September 1939 ihre Abschlussprüfung als ordentliche Krankenschwester ebenfalls mit der Note »sehr gut«. Gut ein Jahr später legt sie im Mutterhaus in Münster die »Ewigen Gelübde« ab – sie bindet sich für ihr ganzes Leben an den Orden der Clemensschwestern. Während des Zweiten Weltkrieges übernimmt Euthymia im Februar 1943 die Pflege der ansteckend kranken Kriegsgefangenen und Zwangsarbeiter. Oft haben sie schwere Krankheiten: Krätze, Gesichtsrose, Typhus, Geschlechtskrankheiten, Lungentuberkulose. Meist kommen sie verdreckt und verlaust an. Euthymia kennt keinen Ekel vor Eiter, Blut, Auswurf und Kot. 70 Patienten sind es mittlerweile in der so genannten St.-Barbara-Baracke.
Ein Gefangener schreibt über sie: »Im Vin-

zenz-Hospital gab es keine SS, sondern war christliche Liebe. Ich wurde als menschliches Wesen behandelt.« Ein anderer berichtet, sie habe ihn empfangen wie eine Mutter. Dass sie schon mit warmen Decken am Wagen steht, wenn Russen wie Vieh ausgeladen werden, macht sie verdächtig. Sie behandelt die ausländischen Gefangenen wie Menschen. »Im Umgang mit Ausländern habe ich Schwester Euthymia nie auch nur ein einziges kritisches oder tadelndes Wort sagen hören«, so einer ihrer Mitarbeiter. Für Euthymia sind diese Männer keine Feinde.

Ein weiterer Fremdarbeiter erinnert sich: Euthymia sieht, wie Gefangene in Mülltonnen nach Essbarem suchen. Und obwohl von der SS verboten, versorgt die Schwester die Hungrigen mit Butterbroten, die sie heimlich in einer von ihr zuvor gereinigten Mülltonne versteckt. Die Gefangenen nennen sie »Engel der Liebe«.

Am 23. März 1945 wird Dinslaken bei einem amerikanischen Bombenangriff zu 85 Prozent zerstört – auch das Vinzenz-Hospital. Euthymia kennt nur die Sorge um die Kranken. Sie hilft bis spät in die Nacht beim Abtransport in die umliegenden Dörfer. Am anderen Tag bricht sie völlig durchnässt und mit hohem Fieber zusammen.

Als das Krankenhaus notdürftig wieder hergerichtet ist, wird Euthymia in der Waschküche eingesetzt. Sie wird blass, als man ihr diese Entscheidung der Oberen mitteilt – sie war zehn Jahre lang mit Leib und Seele Krankenschwester. Schnell fängt sie sich, denn sie ist »gern zu allem bereit«.

Herr, öffne unsere Augen, dass wir die Not der anderen sehen.
Öffne unsere Ohren, dass wir ihren Schrei hören.
Öffne unser Herz, dass sie nicht ohne Beistand bleiben.
Gib, dass wir uns nicht weigern, die Schwachen und Armen zu verteidigen.
Mach uns zum Werkzeug des Friedens und der Liebe, wo Streit und Hass regieren.
Zeige uns, wo man Glaube, Hoffnung und Liebe nötig hat, und lass uns deren Überbringer sein.
Öffne uns Augen und Ohren, damit wir für deinen Frieden und deine Gerechtigkeit wirken können.
Hilf uns, den Hunger und die Schmerzen der Menschen nach Kräften zu lindern.
Zeige uns, wo Menschen in Einsamkeit und Verlassenheit unsere Nähe brauchen.
Lass uns in den Nächsten unsere Schwestern und Brüder erkennen und in ihnen dir dienen.
Denn wer sein Leben um deinetwillen verliert, wird es gewinnen.
Dir danken wir für das Leben, das du uns immer fort schenkst, und wir preisen dich heute und in Ewigkeit. Amen.

(nach Gotteslob Nr. 29, 3+4)

Aus einem Brief von Schwester Maria Euthymia an ihren Bruder Hermann:

Viele herzliche Grüße aus dem Vinzenzhospital sendet dir, lieber Hermann, deine Schwester Euthymia. Bis vor kurzem hat hier noch immer Schnee gelegen. Über 30 bis 35 Grad Kälte haben wir hier auch lange gehabt. Viele wurden eingewiesen mit verfrorenen Fingern, Händen und Füßen. Doch wir dürfen und wollen vor allem nicht klagen. Uns ist nichts anderes möglich, als uns dem Willen Gottes zu unterwerfen. Nicht mein, o Herr, sondern dein Wille geschehe, so wollen wir bereitwillig sprechen und dann abwarten, was der liebe Gott uns dann noch schicken wird. In Walsum wurde ein Krankenhaus getroffen und zerstört. Viele Kranke wurden auch nach uns gebracht. Sie bebten und zitterten vor Angst und Schrecken. Auch die Nächte darauf konnte man sie kaum ins Bett bekommen. Was der Krieg doch alles mitbringt. Elend, Not und Sorgen, das ist wohl fast überall das Tagtägliche.

Auf unserer Station haben wir über 40 Kranke. Darunter sind aber über die Hälfte Ausländer, Holländer, Franzosen, Ukrainer und wo sie auch überall herkommen mögen. Aber wie verkommen und verwaist sie alle aussehen. Das tut doch einem so aufrichtig weh. Sie machen ein so ernstes und bitteres Gesicht, dass man nur Mitleid mit ihnen haben kann. Niemand können sie so recht ihr Leid klagen, weil ihre Sprache so schwer verstanden wird. Wie gut tut es ihnen aber, wenn sie jetzt von einer mitfühlenden, liebenden Hand gepflegt und versorgt werden. Wie ich diese Tage einem so ganz armen und zerlumpten Kranken half, kam ein anderer hinzu und sagte: deine Mama. Ja, könnte man doch all den Armen die Mutter ersetzen, damit sie sich nicht so ganz verwaist vorkommen. Viele und große Liebe will ich ihnen entgegenbringen, und diese Liebe möge dann auch euch wieder zugute kommen, damit ihr in der Fremde auch ein wenig Liebe spürt.

Aus dem Evangelium nach Lukas:

Da stand ein Gesetzeslehrer auf, und um Jesus auf die Probe zu stellen, fragte er ihn: Meister, was muss ich tun, um das ewige Leben zu gewinnen? Jesus sagte zu ihm: Was steht im Gesetz? Was liest du dort? Er antwortete: Du sollst den Herrn, deinen Gott, lieben mit ganzem Herzen und ganzer Seele, mit all deiner Kraft und all deinen Gedanken, und: Deinen Nächsten sollst du lieben wie dich selbst. Jesus sagte zu ihm: Du hast richtig geantwortet. Handle danach, und du wirst leben. Der Gesetzeslehrer wollte seine Frage rechtfertigen und sagte zu Jesus: Und wer ist mein Nächster? Darauf antwortete ihm Jesus: Ein Mann ging von Jerusalem nach Jericho hinab und wurde von Räubern überfallen. Sie plünderten ihn aus und schlugen ihn nieder; dann gingen sie weg und ließen ihn halbtot liegen. Zufällig kam ein Priester denselben Weg herab; er sah ihn und ging weiter. Auch ein Levit kam zu der Stelle; er sah ihn und ging weiter. Dann kam ein Mann aus Samarien, der auf der Reise war. Als er ihn sah, hatte er Mitleid, ging zu ihm hin, goss Öl und Wein auf seine Wunden und verband sie. Dann hob er ihn auf sein Reittier, brachte ihn zu einer Herberge und sorgte für ihn. Am andern Morgen holte er zwei Denare hervor, gab sie dem Wirt und sagte: Sorge für ihn, und wenn du mehr für ihn brauchst, werde ich es dir bezahlen, wenn ich wiederkomme. Was meinst du: Wer von diesen dreien hat sich als der Nächste dessen erwiesen, der von den Räubern überfallen wurde? Der Gesetzeslehrer antwortete: Der, der barmherzig an ihm gehandelt hat. Da sagte Jesus zu ihm: Dann geh und handle genauso! (10,25–37)

Psalm 116 A

Ich liebe den Herrn, denn er hat mein lautes Flehen gehört
und sein Ohr mir zugeneigt an dem Tag, als ich zu ihm rief.
Mich umfingen die Fesseln des Todes, mich befielen die Ängste der Unterwelt, mich trafen Bedrängnis und Kummer.
Da rief ich den Namen des Herrn an: »Ach Herr, rette mein Leben!«
Der Herr ist gnädig und gerecht, unser Gott ist barmherzig.
Der Herr behütet die schlichten Herzen; ich war in Not, und er brachte mir Hilfe.
Komm wieder zur Ruhe, mein Herz! Denn der Herr hat dir Gutes getan.
Ja, du hast mein Leben dem Tod entrissen, meine Tränen getrocknet, meinen Fuß bewahrt vor dem Gleiten.
So gehe ich meinen Weg vor dem Herrn im Land der Lebenden.
Ehre sei dem Vater und dem Sohn und dem Heiligen Geist,
wie im Anfang, so auch jetzt und alle Zeit und in Ewigkeit. Amen.

Herr, unser Gott, Schwester Maria Euthymia hat uns ein Beispiel selbstlosen Dienstes an den Kranken und Fremden gegeben. Ihre Liebe und menschliche Wärme hat sie zur Mutter zahlloser kranker Kriegsgefangener gemacht. Hilf uns, die Not der kranken und leidenden Menschen zu sehen und ihnen tatkräftig zur Seite zu stehen, ohne falsche Sorge um uns selbst. Schenke uns die innere Wachsamkeit, in allen Menschen dieser Erde deine geliebten Kinder und unsere Brüder und

Die Waschbaracke des Mutterhauses und der Raphaelsklinik in Münster.

Schwestern zu erkennen und über alle kulturellen und ethnischen Grenzen hinweg ein Zeugnis der Solidarität mit den Armen und Benachteiligten dieser Welt zu geben. Dir, dem einen und dreieinen Gott sei Lob und Ehre heute und in Ewigkeit. Amen.

4. Der letzte Platz
(Wäscherin in Münster / Mutterhaus)

Dir, Gott Vater, sei Preis und Dank für deinen
Sohn im Heiligen Geist.
Er ist der Weg, er ist die Wahrheit, er will uns
Licht und Leben geben.
Wer auf ihn hört, dem schenkt er sich, und
wirkt in ihm durch seinen Geist.
Wer an ihn glaubt, wird froh zum Zeugen, der
Gottes Liebe widerspiegelt.
Entzündet in der Liebe, ist ihm verborgen gefolgt, Schwester Maria Euthymia.
Im Zeugnis für ihn, wird sie zur treuen Dienerin der verborgenen Liebe zum Nächsten.
So preisen wir den Vater, im göttlichen Sohn
Jesus Christus, durch den lebendigen Geist,
der den Anfang schuf, die Zeit in Händen hält
und Ewigkeit verheißt. Amen.

Waschen »für den großen Gott«

»Es ist alles für den großen Gott«, hatte Euthymia gesagt, als sie ins Waschhaus beordert wurde. Nachdem in Münster das Mutterhaus und die Raphaelsklinik wieder aufgebaut sind, sucht die Ordensleitung eine Schwester für die Waschküche. Ihre Wahl fällt auf die damals 33-Jährige.

Am 14. Januar 1948 kommt Schwester Euthymia nach Münster. Ihre Aufgabe: In der klinikeigenen Wäscherei die anfallende Schmutzwäsche zu reinigen, überdies fällt Wäsche des Mutterhauses und seiner angeschlossenen Einrichtungen an.

»Für die große Maschine zweieinhalb Kilogramm Pulver, eineinhalb Kilogramm Einweichmittel, zwei Kilogramm Soda, 3.400 Liter Wasser«, lautet eine der wenigen handschriftlichen Notizen der neuen Waschhausleiterin. Allein für die Klinik fallen wöchentlich 45 bis 50 Maschinen an, für das Mutterhaus zwölf Maschinen – täglich sind es 10 Maschinen, die Euthymia zu schaffen hat.

Die Arbeit ist hart und eintönig: Stapel von Bettwäsche, Kitteln, Schürzen. Scharfer Geruch liegt in der Luft. Stickiges Treibhausklima. »Oft, wenn mir jetzt etwas schwer fällt, sehe ich plötzlich das Gesicht dieser Schwester vor mir, das immer feucht war vom Schweiß. Die Augen schauen mich dann voll Freude an, und es fällt mir ein, was sie oft gesprochen hat: ›Bringen Sie es nur – ich werde es schon schaffen.‹ Ja, sie hat es immer geschafft«, so eine Krankenpflegeschülerin.

Trotz des harten Arbeitstages übernimmt sie den Abwasch für andere Mitschwestern, die abends noch zum Singen in den Kirchenchor gehen wollen. »Dat kann ick wuoll!« (Das kann ich wohl!) Freiwillig übernimmt sie Nachtwachen am Bett von Sterbenden. Es gibt aber auch Anfeindungen: Schwestern, die sich an ihrer unbeirrbaren Liebe stoßen, andere, denen die Wäsche nicht sauber genug ist. Und doch: Euthymia nimmt diese Kritik widerspruchslos hin.

Die Kraft für ihre Arbeit holt sie aus dem Gebet. Stundenlang kniet sie vor dem Altar der Mutterhauskirche, später in der benachbarten Servatiikirche. Mitschwestern berichten, wie Euthymia im Gebet stundenlang versunken ihnen selbst zum Vorbild wird. »Sie strahlte Gottesnähe aus«, weiß eine Mitschwester.

Doch sie selbst bleibt letztlich ein Rätsel: »Da Schwester Euthymia wenig sprach, konnte man sie nicht richtig ergründen. Jeder fühlte sich von ihr verstanden, aber über sich selbst schwieg sie«, so eine Clemensschwester.

Die Last des Tages,
– für dich, o Gott.
Die Mühe für andere,
– für dich, o Gott.
Der Schmerz der Einsamkeit,
– für dich, o Gott.
Die Sorge, nichts zu gelten,
– für dich, o Gott.
Das Unverständnis der Mitmenschen,
– für dich, o Gott.
Die Monotonie des Alltags,
– für dich, o Gott.
Die Armut des Herzens,
– für dich, o Gott.
Die Bereitschaft, alles zu geben,
– für dich, o Gott.
Mein Leben ist Licht,
– nur mit dir, o Gott.
Alles hat seinen Sinn,
– nur mit dir, o Gott.
Ich überspringe Mauern,
– nur mit dir, o Gott.
Mein Leiden wird zur Freude,
– nur mit dir, o Gott.
Meine Nacht wird zum Tag,
– nur mit dir, o Gott.
Mit dir, o Gott, lebe ich,
– und nur für dich, o Gott. Amen.

Die Aussage einer Krankenpflegeschülerin:

Zu meinen Pflichten gehörte auch der allmorgendliche Gang ins Waschhaus. Tag für Tag war es dasselbe. Große Wannen mit schmutziger Wäsche mussten dorthin getragen werden. Und was war dort schon alles in den Becken! Zwischen diesen Stößen hantierte eine Barmherzige Schwester so fleißig und fröhlich, dass es jedem auffallen musste. Es war Schwester Euthymia, die dort ihre schwere Arbeit tat. Es ging so viel Liebe und Fröhlichkeit von ihr aus, dass es einem ganz warm ums Herz wurde. Oft, wenn mir jetzt etwas schwer fällt, sehe ich plötzlich das Gesicht dieser Schwester vor mir, das immer feucht war vom Schweiß. Und zwei Augen schauen mich dann voll Freude an, und es fällt mir ein, was sie oft gesprochen hat. Viel war es nicht. Meistens sagte sie: »Bringen Sie es nur, ich werde es schon schaffen.« Ja, sie hat es immer geschafft. Nie hat sie uns eine Bitte abgeschlagen. Es waren keine großen Dinge, die sie tat. Aber gerade die kleinen, die niedrigsten Verrichtungen haben diese Schwester in den Augen ihrer Mitschwestern und aller, die sie kannten, so lieb und wert gemacht. Ich selber wünsche mir einen ganz kleinen Teil vom Wesen Schwester Euthymias.

Aus dem Evangelium nach Markus:

Jesus rief die Jünger zu sich und sagte: Ihr wisst, dass die, die als Herrscher gelten, ihre Völker unterdrücken und die Mächtigen ihre Macht über die Menschen missbrauchen. Bei euch aber soll es nicht so sein, sondern wer bei euch groß sein will, der soll euer Diener sein, und wer bei euch der Erste sein will, soll der Sklave aller sein. Denn auch der Menschensohn ist nicht gekommen, um sich dienen zu lassen, sondern um zu dienen und sein

Leben hinzugeben als Lösegeld für viele. (10, 42–45)

Psalm 116 B

Voll Vertrauen war ich, auch wenn ich sagte: Ich bin so tief gebeugt.
In meiner Bestürzung sagte ich: Die Menschen lügen alle.
Wie kann ich dem Herrn all das vergelten, was er mir Gutes getan hat?
Ich will den Kelch des Heils erheben und anrufen den Namen des Herrn.
Ich will dem Herrn meine Gelübde erfüllen, offen vor seinem ganzen Volk.
Kostbar ist in den Augen des Herrn das Sterben seiner Frommen.
Ach Herr, ich bin doch dein Knecht, dein Knecht bin ich, der Sohn deiner Magd. Du hast meine Fesseln gelöst.
Ich will dir ein Opfer des Dankes bringen und anrufen den Namen des Herrn.
Ich will dem Herrn meine Gelübde erfüllen, offen vor seinem ganzen Volk,
in den Vorhöfen am Hause des Herrn, in deiner Mitte, Jerusalem.
Ehre sei dem Vater und dem Sohn und dem Heiligen Geist,
wie im Anfang, so auch jetzt und alle Zeit und in Ewigkeit. Amen.

Herr, unser Gott, Schwester Maria Euthymia hat im Gehorsam den Dienst am letzten Platz eingenommen. In vorbildlichem Einsatz und hingebungsvoller Liebe widmete sie sich der schweren Arbeit in der Wäscherei. Sie nahm die Last des Tages auf sich, ohne zu klagen und ohne auf sich selbst zu schauen. »Alles für den großen Gott« zu vollbringen war ihre tiefste Sehnsucht.
Führe uns auf die Fürsprache deiner Dienerin Maria Euthymia durch die Höhen und Tiefen unseres Lebens mit der gleichen Liebe, die sie beseelte, und lass uns immer tiefer erkennen, dass nicht unsere Arbeit, nicht die Wertschätzung, die wir erfahren, nicht unser eigener Erfolg, sondern du allein das einzige und ganze Glück unseres Lebens bist. Dir, dem lebenden Gott sei Lob und Ehre heute und in Ewigkeit. Amen.

5. Angekommen . . .
(Sterben in Münster / Mutterhaus und Zentralfriedhof)

Dir, Gott Vater, sei Preis und Dank für deinen Sohn im Heiligen Geist.
Er ist der Weg, er ist die Wahrheit, er will uns Licht und Leben geben.
Wer auf ihn hört, dem schenkt er sich, und wirkt in ihm durch seinen Geist.
Wer an ihn glaubt, wird froh zum Zeugen, der Gottes Liebe widerspiegelt.
Entzündet in der Liebe, ist ihm verborgen gefolgt, Schwester Maria Euthymia.
Im Zeugnis für ihn, wird sie zur treuen Dienerin der verborgenen Liebe zum Nächsten.
So preisen wir den Vater, im göttlichen Sohn Jesus Christus, durch den lebendigen Geist, der den Anfang schuf, die Zeit in Händen hält und Ewigkeit verheißt. Amen.

Sonnenstrahlen im toten Gesicht

Schwester Euthymia geht stets an ihre Grenzen und schont sich nicht. Von ihrer Umgebung unbemerkt sind ihre Reserven bald aufgebraucht. Für die Sorgen und Leiden anderer hat sie ein offenes Ohr – von ihren eigenen weiß niemand.
Euthymia bricht im Waschhaus zusammen. Am 8. Juli 1955 wird sie auf die Krankenstation gebracht. Eine Operation ergibt: eine Krebsgeschwulst am Darm. Metastasen befinden sich auch an anderen Organen. An eine Heilung ist nicht mehr zu denken. Die Ärzte zeigen sich erschüttert vom Durchhaltevermögen dieser »Waschfrau«. Die Patientin hat große Schmerzen.
Ende August 1955 bekommt Euthymia Fieber. Sie bittet um das Sakrament der Krankensalbung. Eine Krankenschwester erinnert sich: »Es war kaum mit anzusehen, wie sehr sie litt.«
Morgens um 6 Uhr empfängt Schwester Euthymia am 9. September 1955 die Kommu-

nion. Um 7.30 Uhr stirbt sie. Im gleichen Augenblick fällt Sonne durch das Fenster und erhellt das Gesicht der Toten – dann bleibt das Wetter den ganzen Tag trübe.
Schwester Maria Euthymia Üffing ist tot.

Dankt dem Vater mit Freude! Er hat euch fähig gemacht, Anteil zu haben am Los der Heiligen, die im Licht sind.
Er hat uns der Macht der Finsternis entrissen und aufgenommen in das Reich seines geliebten Sohnes.
Durch ihn haben wir die Erlösung, die Vergebung der Sünden.
Er ist das Ebenbild des unsichtbaren Gottes, der Erstgeborene der ganzen Schöpfung.
Denn in ihm wurde alles erschaffen im Himmel und auf Erden, das Sichtbare und das Unsichtbare, Throne und Herrschaften, Mächte und Gewalten; alles ist durch ihn und auf ihn hin geschaffen.
Er ist vor aller Schöpfung, in ihm hat alles Bestand.
Er ist das Haupt des Leibes, der Leib aber ist die Kirche.
Er ist der Ursprung, der Erstgeborene der Toten; so hat er in allem den Vorrang.
Denn Gott wollte mit seiner ganzen Fülle in ihm wohnen, um durch ihn alles zu versöhnen.
Alles im Himmel und auf Erden wollte er zu Christus führen, der Friede gestiftet hat am Kreuz durch sein Blut.
Ehre sei dem Vater mit dem Sohn im Heiligen Geist,
der war und der ist in Zeit und Ewigkeit. Amen.

(Kol 1, 12–20)

Das Sterben von Schwester Maria Euthymia:

Vor der Konventsmesse empfing die Sterbende ihre letzte Kommunion. Dann begann der Todeskampf. »Es war kaum mit anzusehen, wie sehr sie litt«, schreibt Schwester Liboris. »Plötzlich richtete sie sich auf, griff mich fest mit beiden Armen und sagte ganz laut: ›Noch zehn Minuten.‹

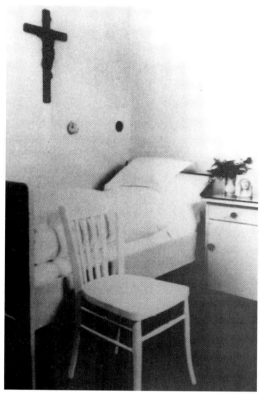

Das Kranken- und Sterbezimmer von Schwester Euthymia.

Nach zehn Minuten war der Todeskampf überstanden. Schwester Euthymia legte sich selbst ganz bewusst gerade ins Bett, faltete andächtig die Hände, legte selbst das Kreuz hinein. Die Oberen und viele Schwestern beteten jetzt die Sterbegebete. Als die Kerze, ein Geschenk ihrer Mutter, verlosch, atmete Schwester Euthymia zum letzten Mal. Das war am Freitag, dem 9. September 1955, gegen 7.30 Uhr.«
Aus: Magdalena Padberg – M. Euthymia, S. 153, Clemensschwester. Recklinghausen 1977

Aus dem Ersten Johannesbrief:

Seht, wie groß die Liebe ist, die der Vater uns geschenkt hat: Wir heißen Kinder Gottes, und wir sind es. Die Welt erkennt uns nicht, weil sie ihn nicht erkannt hat. Liebe Brüder, jetzt sind wir Kinder Gottes. Aber was wir sein werden, ist noch nicht offenbar geworden. Wir wissen, dass wir ihm ähnlich sein werden, wenn er offenbar wird; denn wir werden ihn sehen, wie er ist. Jeder, der dies von ihm erhofft, heiligt sich, so wie Er heilig ist. (3,1–3)

Psalm 103

Lobe den Herrn, meine Seele, und alles in mir seinen heiligen Namen!
Lobe den Herrn, meine Seele, und vergiss nicht, was er dir Gutes getan hat:
der dir all deine Schuld vergibt und all deine Gebrechen heilt;
der dein Leben vor dem Untergang rettet und dich mit Huld und Erbarmen krönt;
der dich dein Leben lang mit seinen Gaben sättigt; wie dem Adler wird dir die Jugend erneuert.
Der Herr vollbringt Taten des Heiles, Recht verschafft er allen Bedrängten.
Er hat Mose seine Wege kundgetan, den Kindern Israels seine Werke.
Der Herr ist barmherzig und gnädig, langmütig und reich an Güte.
Er wird nicht immer zürnen, nicht ewig im Groll verharren.
Er handelt an uns nicht nach unsern Sünden und vergilt uns nicht nach unsrer Schuld.
Denn so hoch der Himmel über der Erde ist, so hoch ist seine Huld über denen, die ihn fürchten.
So weit der Aufgang entfernt ist vom Untergang, so weit entfernt er die Schuld von uns.
Wie ein Vater sich seiner Kinder erbarmt, so erbarmt sich der Herr über alle, die ihn fürchten.
Denn er weiß, was wir für Gebilde sind; er denkt daran: Wir sind nur Staub.
Des Menschen Tage sind wie Gras, er blüht wie die Blume des Feldes.
Fährt der Wind darüber, ist sie dahin; der Ort, wo sie stand, weiß von ihr nichts mehr.
Doch die Huld des Herrn währt immer und ewig für alle, die ihn fürchten und ehren;
sein Heil erfahren noch Kinder und Enkel;

alle, die seinen Bund bewahren, an seine Gebote denken und danach handeln.
Der Herr hat seinen Thron errichtet im Himmel, seine königliche Macht beherrscht das All.
Lobt den Herrn, ihr seine Engel, ihr starken Helden, die seine Befehle vollstrecken, seinen Worten gehorsam!
Lobt den Herrn, all seine Scharen, seine Diener, die seinen Willen vollziehen!
Lobt den Herrn, all seine Werke, an jedem Ort seiner Herrschaft! Lobe den Herrn, meine Seele!
Ehre sei dem Vater und dem Sohn und dem Heiligen Geist,
wie im Anfang, so auch jetzt und alle Zeit und in Ewigkeit. Amen.

Herr, unser Gott, Schwester Maria Euthymia hat ihre schwere Krankheit in Geduld getragen und ist dir in ihrem Sterben voll Vertrauen entgegengegangen. Sie war erfüllt von der Sehnsucht, mit dir im Tod und in der Auferstehung vereint, den notleidenden und Hilfe suchenden Menschen Fürsprecherin bei Gott zu sein. Ihr Vorbild gebe uns Mut, unser Leben und unser Leiden in deiner Hand geborgen zu wissen und uns im Sterben voll Vertrauen der Barmherzigkeit unseres Vaters im Himmel zu überlassen. Auf die Fürsprache deiner Dienerin Schwester Maria Euthymia schenke uns täglich die Wachsamkeit, nichts anderes zu wollen und zu tun, als unserem kommenden Christus entgegenzueilen. Dir, dem dreieinigen und Leben spendenden Gott sei Lob und Ehre heute und in Ewigkeit. Amen.

CHRISTOPH HEGGE   NORBERT GÖCKENER
Domvikar

Als Delegierte für das
Generalkapitel 2008 / 2009
schlage ich folgende Schwestern vor:

1) _____

2) _____

3) _____

4) _____

5) _____

Das Geheimnis ihrer Stärke in der Schwäche

Von Dr. Carl Möller

Eine Annäherung an das Lebensgeheimnis der Schwester Maria Euthymia – der Bauerntochter Emma Üffing aus Halverde – kann man mit theologischen Kategorien versuchen. Es kann auch interessant sein, psychologische Fragen an dieses Leben zu richten, um möglicherweise etwas von dem Geheimnis ihrer Heiligmäßigkeit ergründen zu können. In der neuesten Literatur, die zu ihrer Seligsprechung bereits vielfältig erschienen ist, ist das auch eindrücklich geschehen. Ich möchte versuchen, dem Leben dieser Ordensfrau gerecht zu werden, indem ich den Erfahrungshorizont meines persönlichen Glaubensweges mit der schon früh von den Menschen innig verehrten Schwester Maria Euthymia in direkte Beziehung setzen will.

Für mich gibt es eine persönliche Geschichte mit jener auffallend oft – wenn nicht sogar allzu oft – als »einfach«, »klein« und »unscheinbar« bezeichneten »Barmherzigen Schwester« seit Kindertagen, bin ich doch nicht mehr als 25 Kilometer entfernt von ihrem Geburtsort Halverde geboren und aufgewachsen. Die sandig-moorige Landschaft ihrer Heimat ist mir ebenso vertraut wie die Besuche am Grab von Sr. Maria Euthymia mit meinen Eltern. Da standen der Besuch auf dem Zentralfriedhof, das anschließende Vergnügen im alten Münsteraner Zoo, der spätere Einkaufsbummel in der Domstadt wie selbstverständlich nebeneinander. Nicht selten gab es abschließend ein Innehalten vor dem Allerheiligsten in St. Servatii auf dem Rückweg zum Bahnhof mit dem Hinweis der Eltern: »Hier hat Euthymia oft stundenlang gebetet«. Ich erinnere diesbezüglich meine bohrenden Fragen, die ich angesichts der Blumen, Lichter und Dankesbezeugungen am Grab der Clemensschwester den Eltern stellte und die mich schrittweise mit dem Leben der Ordensfrau vertraut werden ließen.

Religiöse Praxis war noch ganz und gar integriert in den familiären Lebensalltag und solcherart Kinderfragen sind nicht angelernt, sondern gehören zu den ursprünglichen Themen, die Kinder beschäftigen, dazu. Diese Unmittelbarkeit des Umgangs mit der nach ihrem Tod von unzähligen Menschen in allen Notlagen angerufenen Ordensfrau ließ in mir nicht nur ein Bild der Clemensschwester reifen, sondern schälte das darin möglicherweise enthaltene Gottesbild dieser sogenannten »still-frommen Frau« heraus. Meine in der Kindheit geprägten Bilder von Maria Euthymia stehen also im Spannungsverhältnis zwischen der Erfahrung des Gebets an ihrem Grab zusammen mit unzähligen anderen Betern und ihrem eigenen Gebet vor dem ausgesetzten Allerheiligsten in der Servatiikirche. Dieses Bild ist von Anfang an das einer starken, aufrechten Frau, so dass das bisweilen überzeichnete Porträt ihrer Schwäche, Kleinheit und Unscheinbarkeit stets mein Verwundern hervorgerufen hat; galten doch schon die ersten Besuche als Kind auf dem Zentralfriedhof stets der Stärkung, der Aufrichtung in oft schmerzlich-niederdrückenden Anliegen und bisweilen auch einer neuen Ausrichtung in glaubendem Vertrauen.

Die aktuelle Literatur allerdings untermauert in den bereits benannten theologischen wie psychologischen Aspekten das Bild ihrer Größe und Stärke im Kontrapunkt zum Kleinen und Schwachen. Und vielleicht kann sogar mein Eindruck aus der Kinderzeit den Versuch unterstützen, aus der Hervorhebung der Schwester Maria Euthymia als einer primär starken Frau ein Porträt zu entwerfen, das für die Anforderungen und Veränderungen im Glaubensleben heutiger Christinnen und Christen, eventuell auch für notwendige Weichenstellungen in den tätigen Orden, vorbildlichen, ja prophetischen Charakter haben und in das Nachdenken heutiger Problemfelder unserer Kirche Einlass finden kann.

Vermisst habe ich in der vorhandenen Literatur allerdings den Versuch, aufzuzeigen, welche innere Entwicklung diese einerseits tatkräftige, sich nie schonenden Frau und andererseits andächtig stille große Beterin zu ihrer so unergründlich geheimnisvoll scheinenden Stärke geführt haben mag, ohne dass ihr Gebet Flucht vor eventuell notwendigen Auseinandersetzungen mit ihren Vorgesetzten, Mitschwestern und Mitarbeitern gewesen wäre, legt doch das immer lächelnde und das auch zu den härtesten und ungerechtesten Arbeiten ein Ja findende Gemüt zunächst die Vermutung von Verdrängung und Flucht nahe.

Wenn ich nun in diesem Zusammenhang die Kraft der Anbetung vor dem ausgesetzten Leib Jesu Christi als Quelle ihrer Stärke bezeichne, ist die Frage nur konsequent, was hat Emma Üffing zur großen Beterin Maria Euthymia werden lassen und was mag sich in ihr vollzogen haben, dass ihr während und durch das Beten eine solche Kraft zugeflossen ist? Zur Beantwortung dieser Frage soll zuerst der Blick auf das junge Mädchen Emma Üffing gerichtet werden, das in der Schlichtheit des münsterländischen Katholizismus die Urerfahrung ihres Glaubens in den Ritualen und religiösen Gebräuchen ihres bäuerlichen Umfeldes machen durfte.

Bei dem schon früh als »Üffings Nönneken« bezeichneten Kind Emma zeigt sich eindrücklich, was unmittelbare Einübung religiöser Bezüge im Tun des Alltäglichen für die gesunde Reifung eines eher kränklich und vom Wuchs klein gebliebenen Kindes bedeuten kann.

Die Unmittelbarkeit religiöser Erfahrung in der Kindheit hat eine Wirkkraft hinüber ins Erwachsenenalter in positiver wie negativer Natur. Kinder erwerben sich – das ist entwicklungspsychologisch in weiten Kreisen Konsens – zusammen mit erwachsenen Vorbildern eine entscheidend prägende Deutung des Glaubens und wenden sie im Laufe ihrer Reifung auf neue, strukturähnliche Interpretationen an. Dabei geht es vor allem um den inneren Vorgang der Symbolbildung. Offenbart sich das allen Religionen innewohnende Geheimnis doch in erster Linie über Symbole, deren Bedeutung u.a. über unsere religiösen Rituale vermittelt werden kann.

So können z.B. Kinder angesichts eines toten Tieres lernen, dass das Leben begrenzt, endlich ist oder sie können über die den Tod überschreitende Glaubenserfahrung der Menschen hoffen lernen. Einen solchen Zusammenhang erläutert der Freiburger Religionspädagoge Albert Biesinger treffend in seinem Buch »Kinder nicht um Gott betrügen«: »Wenn ich Kinder in die Deutung menschlicher Wirklichkeit – der erfreulichen wie der entsetzlichen – einbeziehe und diese Wirklichkeit mit ihnen vom Glauben her deute, werden sie unkompliziert und ohne Dogmatisierungen glauben lernen.«

Dass Gott und Welt zusammengehören stellt die Bauerntochter ebenso wie die Menschen ihrer Umgebung, nicht in Frage. Sie erlebt die Welt von Gott her, interpretiert ihr eigenes Leben ganz auf Gott hin: »Alles für den großen Gott« lautet einer ihrer bekannt gewordenen Sätze. Schon das junge Mädchen Emma bezieht u.a. bei ihren Besuchen der nahegelegenen Kapelle der Hl. Mutter Anna das Spannungsfeld alltäglicher Freud- und Leiderfahrungen ganz auf Gott. Sie zeigt dadurch in allem, was sie als Kind oft schwach, kränklich oder geringer begabt erscheinen lässt, eine immer wieder alle überraschende Standfestigkeit, Stärke und Beharrlichkeit. Schon damals vermochte ihre Umgebung zu spüren, dass Emma ihr Leben aus einer sehr konkreten, wenn auch eher unreflektierten Gottesbeziehung gestaltete. Das ermöglichte ihr schon früh, ganz sie selbst zu sein. Sie vermochte sich in jener Freiheit, die jedem Gotteskind eigen ist, auf ein Leben einzulassen, zu dem sie sich von Gott her berufen fühlte. Prüfungen, Probleme und Konflikte kannte sie sehr wohl – auch wenn diese nur spärlich dokumentiert sind. Aber sie verstand es, die damit verbundenen Kämpfe stillhaltend und äußerlich schweigend anzunehmen, diese aber im Blick auf Ihn hin ehrlich und vollständig zu durchleben und zu durchleiden.

Die alte Mutterhauskirche: Im Gebet schöpfte Schwester Euthymia Kraft.

Ihre Freiheit, die sie schon als Kind in einem absolut souveränen Verhalten zeigen konnte, lag von Anfang an darin, ihr Leben von Gott her zu erkennen und es so und nicht anders zu bejahen. Das hat sie vor allem unter Beweis gestellt in jener sogenannten »Waschküchenkrise«, als ihre Oberen sie von ihrem leidenschaftlichen Dienst an den Kranken und Sterbenden in die Waschküche nach Münster holten. Sie, die in den vom Krieg grausamst zugerichteten Soldaten aus unterschiedlichsten verfeindeten Nationen die Ebenbildlichkeit Gottes erkannt und sich ihnen mit solcher Fürsorge und Hingabe gewidmet hat, dass sie in ihr eine mütterliche, heiligmäßige Frau sahen, erhält von ihren Oberen die Order, die Kranken und Sterbenden zu verlassen und sich dem Dienst in der großen Waschküche des Mutterhauses zu stellen.

Für viele Insider des Ordenslebens ist diese Versetzung im Laufe der Zeit zur Chiffre für uneinfühlsame Versetzungen im »Manage-

Altar der alten Mutterhauskirche.

ment« besonders tätiger Orden geworden. Für mich jedoch ist es erklärlich, dass sie als heiligmäßige Frau, als fast »heiler« Mensch eine geeignete Fläche für die Projektionen ihrer Umwelt, insbesondere ihrer Mitschwestern, bietet. Es kann nicht überraschen, dass ihr »stilles Lächeln« als »Lächeln einer Spötterin« und ihr »Sich stets Fügen« als Charakterschwäche, als mangelnde Durchsetzungskraft interpretiert worden ist. Ein Satz aus der Biographie des französischen Soldatenpriesters Emile Eche, der lange Zeit mit ihr die kranken Soldaten betreut hat, gefällt mir in diesem Zusammenhang besonders: »Es gefällt Gott, die Schwachen auszuwählen, um die Starken zu beschämen.«

Das Geheimnis ihrer Stärke in der Schwäche beschämt bis heute und hat gerade im letzten Abschnitt ihres Lebens vor dem Eintritt in Krankheit und Tod eindrucksvoll sich bewähren können. Maria Euthymia verharrt trotz der bitteren Enttäuschung, die ihr durch die unverständliche Versetzung zugefügt worden ist, in der Unmittelbarkeit ihres vertrauenden Glaubens, wie sie ihn in der Kindheit erfahren und gelernt hat. Eine derartige Haltung ständiger Selbstbeherrschung ist nicht natürlich. Sie kann es nicht sein, und noch weniger kann sie das Ergebnis einer Gewohnheit sein; denn gerade unter solchen Umständen, wie sie uns der Krieg aufzwang, explodierte unsere Natur in Wutschreie, nervösen Bewegungen der Machtlosigkeit oder auch in Zorn. Die Natur braucht übrigens diese Befreiung, diese Entladung. Aber nichts, rein gar nichts von all dem gab es bei Schwester Euthymia.

Sie widerspricht nicht und setzt sich mit all ihrer Bitternis dem ausgesetzten, allerheiligsten Sakrament in der direkt neben dem Mutterhaus liegenden Servatiikirche aus.

Nun vollzieht sich die letzte Etappe der Reifung ihres Lebens auf Gott hin, es geschieht Selbstwerdung im eigentlichen Sinn.

Ein Mensch, eine Frau, die selbst brutale Erniedrigungen ihrer Umwelt, ja der eigenen Mitschwestern, schweigend, dienend, oft sogar mit munterem Lächeln auf den Lippen ertragen hat, lässt sich mit heute oft vom Zeit-

geist geprägten Begriffen wie Selbstverwirklichung, Emanzipation, Demokratie in der Kirche nicht messen. Es handelt sich bei ihr gar nicht um die Frage von Selbstverwirklichung Emanzipation etc . . . Sr. M. Euthymia ging es ausschließlich darum, sich selbst, ihren Lebensauftrag vor Gott zu finden, ihn anzunehmen und in größtmöglicher Souveränität umzusetzen. Es ging ihr um ein zu sich selbst Kommen, um ein Selbstwerden im Gebet, im Aushalten des eigenen Lebensgeheimnisses vor dem Geheimnis, welches das Altarssakrament darstellt.

Von dort her, von dort allein, wächst ihr die ihr eigene faszinierende, oft kaum nachvollziehbare Stärke im Dienen zu, denn in dieser Form des Gebetes ist es dem Beter geschenkt, zu sich selbst zu kommen.

Was also könnte sich für Maria Euthymia in den für sie wohl schwierigsten Jahren ihres Ordenslebens während der unzähligen Stunden, die sie anbetend vor dem Allerheiligsten verbracht hat, vollzogen und ereignet haben. Was bedeutet für Sr. M. Euthymia in diesem Zusammenhang Anbetung? Was könnte sich in ihr, der »Anbetenden«, vollzogen haben? Ist für Sr. M. Euthymia die Servatiikirche ein Ort der Flucht vor den Problemen ihrer Ordenswelt oder ein Raum, wo sie für ihr Leben und damit verbunden für die Welt Verantwortung übernimmt? Ist es nicht so, dass Anbetung eine besondere Form des Gebetes ist, wohl auch eine höhere Stufe in Richtung auf ein letztliches Verharren im Schweigen, im still gewordenen Schauen auf das Geheimnis Gottes hin!

Es geht dabei ja gerade nicht um etwas Magisches, nicht um das Anbeten eines von Menschenhand geschaffenen Gottes- bzw. Christusbildes, eines heiligen Brotes, so dass Anbetung fast zum Götzendienst entartet wäre. Es geht um jenen Rufer im Gebet, den sich auf Gott betend ausstreckenden, sich ganz ausrichtenden Menschen, der sich im Entdecken des Christus als seinem Gegenüber und des darin verborgenen göttlichen Du wegbewegt von allem noch ego-bezogenen, ego-zentrischen, eben nicht christo-zentrischen Beten

im Sinne des: »Ich bitte dich, erhöre mich.«
Die meisten anderen Stufen des Gebetes bewegen sich noch im Raum des Sich-absi-
chern-Wollens, wie z.B. die Klage, die Bitte
ebenso wie das betende Ausrufen von Freude,
Lob, Dankbarkeit noch immer sehr stark unserem Ego entspringen. Die Anbetung aber
lässt in ihrem eigentlichen Sinn alles subjekti-
ve Wünschen und Wollen schrittweise zurück
und kann sich ganz auf Gott hin wagen. Auf
diese Weise befreit die Anbetung Gottes den
Menschen, weil er Gott als beständig lieben-
des Gegenüber erfährt.
Sr. Maria Euthymia erfährt in der Anbetung
vor dem Allerheiligsten in St. Servatii die
Freiheit eines Menschen, dem es gelingt, im
Labyrinth der Alltagswirrnis zu ihrer Mitte,
zur göttlichen Mitte im eigenen Inneren zu
finden. Von diesem tragenden Grund aus
stellt sie sich dem täglichen mühevollen Handeln dann aus freiem Entschluss. Die Freiheit
dieses Sich-geborgen-Wissens in Gott schenkt
ihr die Freiheit des Sich-ganz-verströmen-
Könnens. Vor dem im Sakrament des Altares
verborgenen Gott spricht sie sich aus, spricht
sie sich frei, spricht sie sich leer, bis nur noch
liebende Begegnung zwischen Gott und ihr
bleibt.
Wer betet und betend davon lebt, dass Gott
da ist und darum da ist für ihn, der kann auch
leben für Gott, der kann aus sich herausge-
hen, der kann sich verschenken. Er kann sich
hingeben in Liebe, nicht nur sich aussprechen
in dem Bewusstsein gehört zu werden, sondern auch lieben in dem Bewusstsein, angenommen und wiedergeliebt zu werden. Er
kann seinen Mund auftun vor Gott und kann
einstimmen in das liebende Schweigen Gottes. Er kann loslassen. Er ist frei.
Diese Befreiung im Dienen erlebt Sr. M. Euthymia.
Als solche sehe ich sie als wegweisende, pro-
phetische Gestalt in den derzeitigen tiefgrei-
fenden Problemstellungen unserer Kirche.
Ich sehe ihren Vorbildcharakter u.a. in der
Diskussion der um Erneuerung bemühten tätigen Orden.
Vor allem aber beziehe ich den Dienst Sr. M.

Euthymias an den schwerstkranken und sterbenden Soldaten mit ein, wenn es in unserer
Gesellschaft um die Diskussion würdigen
Sterbens geht. Wo sonst erhält ihr Vorbild
prophetischen Charakter, wenn nicht in
ihrem Umgang mit dem unbeschreibbaren
Leid und Schmerz dieser so grausam zugerichteten Menschen?
Sie erfüllt Sinnlosigkeit mit Sinn aus dem Geheimnis ihres unerschütterlichen Glaubens
an die Liebe, die sie als eine von Gott unmittelbar geschenkte ihr ganzes Leben erfahren
hat.

*Carl Möller ist Priester und analytischer
Psychologe*

Die Schwester aller in der Zeit des Rassenwahns

Sie sah in Fremden ihre Menschenbrüder

Der französische Priester Abbé Eche (im weißen Kittel) war Schwester Euthymia in Dinslaken als Pflegehelfer zugeteilt. Auf dem Foto ist er mit Kriegsgefangenen zu sehen.

Der französische Kriegsgefangene und Soldatenpriester Emile Eche war von 1943 bis 1945 in der Barbara-Baracke in Dinslaken Schwester Euthymia als Helfer bei der Pflege ansteckend kranker Kriegsgefangener zugeordnet. Abbé Eche erinnert sich:

»Schwester Euthymia war immer von derselben Güte, von der gleichen Freundlichkeit. Sie zeigte immer das gleiche gute Lächeln. Von einer solch anziehenden Seele konnte nur Glückhaftes ausstrahlen.« . . .
In der Barbara-Baracke war es also, wo Schwester Euthymia ihre Menschenbrüder pflegte, die in Deutschland Fremde waren. Bei dieser großen menschlichen Passion des Zweiten Weltkrieges, die so viele Opfer forderte, war sie Dienerin von kranken Körpern, die Menschen gehörten, welche mit Leib und Seele als Ebenbilder Gottes

geschaffen worden waren. Diesen christlichen Grundgedanken darf man nicht übersehen, wenn man den Eifer dieser Ordensfrau verstehen will, die sich ganz im Dienst der leidenden Menschheit verbraucht hat, aus Liebe zu Gott und zu Christus, ihrem Erlöser. Denn »die Schwester aller« konnte trotz des herrschenden Rassenwahnsinns ringsum sagen, ja, sie alle sind Menschen, jeder ein Mensch mit Leib und Seele. Und dabei war sie sich genau des Umfangs und der Schwere dieses Wortes bewusst. Während ihres Noviziats oder im Laufe von Exerzitien hatte man den jungen Schwestern einmal eine Stelle aus dem Galaterbrief des Apostels Paulus ausgelegt: »Alle, die ihr auf Christus getauft seid, habt Christus angezogen. Da ist nicht mehr Jude noch Grieche, nicht mehr Sklave noch Freier, nicht mehr Mann noch Frau, denn ihr alle seid einer in Christus Jesus«. Das hatte Schwester

Euthymia nicht mehr vergessen ...
Während andere die Liebe zu sich selbst
ohne Rücksicht auf Gott vorantrieben, liebte
sie Gott ohne Rücksicht auf sich selbst. In
dieser Baracke, die unter dem Schutz der
heiligen Barbara stand, war Schwester Euthymia der Hort des Friedens, wo die Einsamen
sozusagen eine Familie wiederfanden...
Das harmonische und brüderliche
Zusammenleben von Menschen so
verschiedener Nationen offenbart die
lebenordnende Kraft der Leiterin dieser
Abteilung. Jede Nationalität hatte ihr eigenes
Zimmer; aber die Männer durften sich nach
Belieben gegenseitig besuchen. In dieser
Abteilung gab es niemals Streit oder
Disziplinlosigkeit, und nur sehr selten
musste der »Pastor Krankenpfleger« seine
Stimme erheben. In solchen Augenblicken
erschien dann immer die stille Schwester
Euthymia und stellte allein durch ihre
Gegenwart den vollkommenen Frieden
wieder her. Durch ihre Menschenliebe, an
der niemand zweifeln konnte, und durch ihr
gütiges, fast unmerkliches Lächeln war sie
geradezu ein Quell des Friedens...
Im 13. Kapitel aus dem ersten Korinther-
Brief erkennen wir die Gesichtszüge der
wahren brüderlichen und christlichen
Menschenliebe, wie sie der Apostel Paulus
gezeichnet hat. Und in diesen Gesichtszügen
erkennen wir auch Schwester Euthymias
Antlitz wieder. Diese Menschenliebe, diese
Liebe zum anderen, ist nach Jesu Wort die
Zusammenfassung aller Gebote und der
Frömmigkeit überhaupt. Sie hat un-
übersehbare Merkmale! Ganz allgemein
gehört zu ihr, dass diese Liebe geduldig ist;
dass sie sich bemüht, das Gute zu schaffen.
Gewisse Haltungen schließt sie aus: Sie ist
nicht neidisch; sie ist niemals taktlos; sie
bläht sich nicht in Hochmut auf; sie tut
nichts, was kränken könnte; sie denkt nicht
an den eigenen Vorteil; sie ist nicht reizbar;
sie kalkuliert nicht mit dem Bösen (sie
verzeiht das Böse, und selber will sie es
nicht); über die Fehler der anderen freut sie
sich nicht (und auch nicht an Fehlern, die
gegen andere begangen werden). Dagegen
freut sie sich über das Gute, das andere tun
(oder das ihnen erwiesen wird); sie verzeiht
alles; sie vertraut in allem; sie erhofft alles;
sie erträgt alles.
Jeden einzelnen Zug dieses Porträts finden
wir im Bild der Dienerin Gottes Schwester
M. Euthymia wieder. Jede Eigenschaft dieser
Charakteristik der Menschenliebe ist in ihr
Wirklichkeit geworden. Ich selbst kann es
bestätigen; denn ich habe mehrere Jahre
neben ihr gelebt: an Tagen, die angefüllt
waren mit Arbeit und Sorge für die Kranken,
und in ungezählten Bombennächten.«

*St.-Barbara-Baracke
in Dinslaken.*

Sie war ein Mensch, der in sich ruhte

Der Graphologe Christoph Gerling liest in der Handschrift Schwester Euthymias

Für den Graphologen Christoph Gerling ist eines klar: »Die Schrift sagt mir nichts darüber, wie ein Mensch ist, sondern wer.« Christoph Gerling ist Kunst-Therapeut und spiritueller Wegbegleiter im Benediktshof in Münster-Handorf, einem Zentrum geistlicher, psychologischer und therapeutischer Begleitung, das seine Wurzeln einerseits in der Abtei Gerleve hat, andererseits in der so genannten »initiatischen Therapie« nach Karlfried Graf Dürckheim und Maria Hippius Gräfin Dürckheim. Gemeinsam mit dem Gerlever Pater Ludolf Hüsing leitet er den Benediktshof seit 1986.

Schwester Annetta Siepe, die als Novizin Schwester Euthymia kennenlernte, ist die Archivarin im Mutterhaus der Clemensschwestern. »Viele originale Schriftstücke von Schwester Euthymia haben wir hier nicht. Einiges ist beim Bistum.« Immerhin: 30 Schriftstücke liegen vor Christoph Gerling, in einem schlichten Karton, sortiert nach Datum, jeweils mit einem Deckblatt versehen, auf dem der Adressat und der Inhalt der Briefe und Karten vermerkt sind.

Christoph Gerling nimmt vorsichtig ein Blatt heraus, mit gespreizten Fingern, als ginge es um ein wertvolles Dokument einer frühmittelalterlichen Klosterschreibschule. In seinen Händen hält er einen Brief, den Schwester Euthymia 1939 geschrieben hat. Mit ausgestreckten Armen blickt er ihn an. Etwas zu weit weg, um ihn wirklich lesen zu können. »Um den Inhalt geht es nicht«, erklärt er. »Nur die Schrift interessiert.«

Sütterlin – das erkennt sogar das Laien-Auge. Auch Christoph Gerling, 1956 geboren, beherrscht die Schrift nicht. Was also sieht er? Es folgt eine kleine Einführung in graphologische Grundlagen: Neigt sich die Schrift nach rechts, deutet das auf sehr aktive, lebendige, nach außen orientierte Menschen hin. Richtet sie sich hingegen eher nach links, lässt das auf eine eher introvertierte, auf jeden Fall auf eine Person schließen, die ein Gespür für ihr Innenleben hat.

Was bei Schwester Euthymias Schrift auffällt: Sie ist außerordentlich aufrecht, gleichmäßig, sauber, akkurat. Auch ohne Linien schreibt sie doch wie auf einer Linie – und das über Seiten hinweg. »Sie wird eine Frau gewesen sein«, sagt Christoph Gerling, »die sehr genau wusste, was sie wollte. Sie hat es weder nötig gehabt, sich helfen zu lassen, noch war das, was sie helfend anderen tat, eine bewusste Aktion nach außen, die jeder sehen sollte.« Einen leichten Hang nach links erkennt er wohl auch: »Ich vermute, dass sie für sich einen Raum der Innerlichkeit gebraucht hat.« Eng, sehr eng hat sie die einzelnen Buchstaben aneinander geschrieben, ohne jegliche Unterbrechung innerhalb eines Wortes. »Das ist sehr auffällig.« Christoph Gerlings Blick geht von der horizontalen in die vertikale Betrachtung, schaut sich einzelne Buchstaben genauer an. Es gibt kleine Lettern wie zum Beispiel a-c-e-m-n-o-s-u-v-w. Und es gibt solche, die aus diesem Mittelbereich nach oben oder unten ausbrechen wie etwa b-f-g-h-j-p-ß. Für den Graphologen ist interessant, wie stark diese Ober- und Unterlängen ausgeprägt sind. Eine stärker nach oben orientierte Schrift deutet auf den geistigen, verstandesmäßigen Bereich hin. Überwiegen Betonungen nach unten, lässt dies auf Vitalität, aber auch auf Getriebenheit schließen. Der mittlere Bereich hingegen steht für die Herzens-Ebene, den Kern einer Person.

Bei Schwester Euthymia falle auf, dass der untere Bereich (Vitalität) im Ganzen nicht so stark ausgeprägt sei wie der obere (Geistigkeit). Und doch findet Christoph Gerling in dem einen oder anderen Schriftstück Stellen, an denen die Unterlängen eines Buchstabens bis in die Oberlängen der nächsten Zeile hineinragen (siehe großes Foto, direkt über dem Finger berühren sich die Wörter »jetzt« und »laßt« darüber): »Das sind Anzeichen für persönliche Krisen, für existenzielle Anfragen wie: Was ist das Richtige? Was ist zu tun? Das gehört zur Grundstimmung Schwester Euthymias. Sie hatte solche Entscheidungszeiten – und die haben sie ausgemacht.«

Das Gleichmaß der Schrift über Jahre fasziniert Gerling. Auch ihre Unterschrift ändert sich kaum. »Es gibt einen gewissen Ordnungszwang in ihrer Schrift, eine Leistungsstruktur. Aber es sieht so aus, als sei all das, von dem sie glaubte, dass es getan werden müsse, eine Herzenspflicht. Wer aber seine Aufgaben nur aus einem von außen kommenden Pflichtgefühl heraus tut, bricht bald zusammen. Das kann man auch in der Schrift erkennen – da, wo die Schrift kraftlos wird. Euthymia trägt ihre Last durch, sie trägt das sehr selbstverständlich mit ihrem Herzen.«

Eine Karte von 1955, »einige Monate vor ihrem Tod vom Krankenbett aus geschrieben«, erklärt Schwester Annetta. Die Schrift wie immer. Wohl setzt sie an einigen Stellen beim Schreiben einzelner Buchstaben mehrfach an. Christoph Gerling schaut vor allem auf die Bögen-Buchstaben: m und n. Manche verändern diese Buchstaben und schreiben die Bögen nicht nach unten geöffnet, sondern nach oben. »Das nach unten geöffnete m und n, die Arkadenform, weiß sich von oben her geborgen, wie eine Hand, die über mir gehalten ist. Schreibt man diese Buchstaben m und

n um 90 Grad gedreht, also mit der Öffnung nach oben wie eine Schale, vertraut man auf den Schutz von unten.«

Schwester Euthymia schreibt ein m wie ein m und ein n wie ein n. Nur über das »Schalen-u« schreibt sie eine weitere kleine Schale, ein kleines Häkchen, das andere zur Unterscheidung von einem nach oben offen geschriebenen n darübersetzen. Bei Euthymia wäre das eigentlich nicht nötig – eben weil sie ein n wie ein n schreibt.

Christoph Gerling: »Für sie war die Geborgenheit in der Spiritualität ihres Jesus-Glaubens ganz offensichtlich niemals gebrochen. Genauso wenig aber der Schutz aus sich selbst, von unten, den sie im u-Häkchen noch verdoppelt. Das steht mit großer Selbstverständlichkeit. Sie war immer sie selber. Sie war ein Mensch, der in sich ruhte.«

MARKUS NOLTE

Kleines Magnificat

Warum musstest still du – so fragt mancher sich –
in Waschhaus-Schwaden Talente vergraben?
Vom Himmel dir freundlich verliehene Gaben
des Mitfühlens, Aufmunterns, Pflegens, die dich

zum Engel der Fremden, Gefangenen machten,
Verwundeten, Kranken – zum tröstlichen Licht,
das immer erneut düstere Wolken durchbricht,
seit Bittende deiner vertrauend gedachten,

mit Kerzen und Blumen das Grab dir geschmückt:
fern leuchtender Stern, zu den Seligen entrückt,
doch nah unseren täglichen Nöten und Plagen.

Dein kleines Magnificat singst du dem Herrn,
der Großes getan hat – Ihm dientest du gern
mit allem, was Liebe dir aufgetragen.

Helga Meschede

6.
Die Fürsprecherin

Junge Menschen suchen neue Vorbilder

Gespräche und Briefe belegen zahllose Gebetserhörungen

Schwester Raphaelis ist selbst überrascht, als sie die Zahl abliest – 680 Briefe sind von Januar bis August 2001 auf ihrem Schreibtisch gelandet. Sie hat sie gelesen – und beantwortet. Alle. Und täglich kommen drei bis vier neue dazu. Die Menschen teilen ihre Probleme und Schwierigkeiten mit, in denen sie sich befinden. Sie bitten die Ordensgemeinschaft um Unterstützung im Gebet, wenn sie sich vertrauensvoll an Schwester Euthymia um Fürsprache wenden. »Ich versuche auf ihre Sorgen einzugehen, und so entsteht eine briefliche Lebensbegleitung«, berichtet Schwester Raphaelis. Aber sie betreut nicht nur das, was sich seit Jahrzehnten in unzähligen Aktenordnern an Dokumenten und Briefen aus Deutschland, aus den Niederlanden, aus Belgien, Frankreich und der Schweiz angesammelt hat. Menschen stehen täglich vor der Klosterpforte und bitten um Hilfe – nicht um Geld. Sie brauchen Hilfe für die Seele. Sie sind ratlos, sie befinden sich in einer Lebenskrise, sie wissen nicht mehr weiter. Und die weißhaarige Ordensfrau in Zivil hört zu, lenkt das Gespräch, fragt behutsam und merkt nach einiger Zeit: »Wenn sie sich ihren Kummer von der Seele geredet haben, wirken sie erleichtert.«

Alle, die kommen, wissen: Schwester Euthymia ist unsere große Fürsprecherin. Sie kann und sie wird uns helfen.

Aber es sind nicht nur die Einzelgespräche, die Schwester Raphaelis führt. Gruppen reisen mit dem Bus an, und wollen sich dort informieren, wo Schwester Euthymia gelebt hat. Vor allem die Gruppenbesuche haben seit dem der Seligsprechungstermin feststeht, stark zugenommen: »Manchmal sind es 50

Das frühe Grab von Schwester Euthymia:
Schon kurz nach dem Tod setzte die Verehrung ein.

Personen, einmal waren es so gar 70«, erinnert sich Schwester Raphaelis.

Ganz gleich, ob die Menschen selbst ins Mutterhaus kommen oder ob sie im brieflichen Kontakt stehen: Sie alle berichten über ihre Erfahrungen und Gebetserhörungen, die sie gemacht haben, wenn sie sich vertrauensvoll um Hilfe an Euthymia gewandt haben: »Sie begleitet uns, sie gibt uns Kraft« heißt es in einem der Briefe. »Mein Sohn trinkt seit einem Jahr nicht mehr, und die Ehe mit seiner Frau ist auch wieder in Ordnung«, schreibt eine Mutter. »Danke, danke, danke, liebe Schwester Euthymia«, schreibt ein Mensch, überglücklich darüber, dass er nicht aidsinfiziert ist. Eine 75-jährige Frau berichtet, dass Euthymia ihr ein ganzes Leben lang in allen schwierigen Situationen geholfen hat. »Junge Menschen stehen vor der Tür und bitten um Gebetshilfe in Examensnöten«, sagt Raphaelis. Junge Frauen kommen mit ihren Partnern und bitten um Euthymias Hilfe, damit sich ihr Kinderwunsch erfüllt. Ein anderes Problem: Arbeitslosigkeit. »Eine junge Frau hat nach einem Jahr eine Stelle gefunden. Vom ersten Gehalt hat sie uns eine Spende geschickt.«

Trompetenkonzert am Grab

Schwester Raphaelis lächelt in sich hinein, als sie folgende Geschichte erzählt: Ein junger

Mann sollte seine Meisterprüfung machen, um den Betrieb des Vaters zu übernehmen. Mitten in der Prüfungsphase verließ ihn die Kraft: »Ich schaffe es nicht. Aber wenn Euthymia mir hilft, dass ich es schaffe, dann werde ich an ihrem Grab auf dem Zentralfriedhof Trompete spielen«, gelobte er. »Er hat es geschafft«, sagt Raphaelis, »und auch sein Versprechen gehalten und an Euthymias Grab ein Trompetenkonzert gegeben.«

Eine Erfahrung, über die Schwester Raphaelis sehr glücklich ist: »Es kommen immer mehr jüngere Menschen zu uns, um sich über das Leben Euthymias zu informieren.« Junge Menschen – der Altersdurchschnitt liegt bei 30 Jahren – suchen nach ihrer Meinung neue Vorbilder. Schwester Raphaelis weiß, wovon sie spricht. Sie hat als junge Frau vor dem Eintritt ins Kloster Schwester Euthymia noch in der Waschküche erlebt. Die Art, wie sie ihr Leben, ihre Arbeitsbelastung bewältigt hat, ihre Hingabe im Gebet und ihre Ausstrahlung im Umgang mit Menschen – »das hat uns damals schon beeindruckt. Junge Menschen werden heute wieder nachdenklich, wenn sie sich damit auseinandersetzen.«

Es sind durchaus nicht immer gläubige Menschen, die um Hilfe bitten. Eine Frau mit einer lebensbedrohlichen Infektion am Arm, die wahrscheinlich eine Amputation zur Folge gehabt hätte, bat um Euthymias Fürsprache: »Ich brauche doch meinen Arm.« Die Infektion heilte, und der Arm musste nicht amputiert werden. Die Frau konnte es nicht fassen: »Ich bete nicht, ich gehe nicht zur Kirche, ich bin auch nicht gläubig, und trotzdem wurde mir geholfen.«

Eine Quelle der Kraft

Viele Gebetserhörungen sind rational nicht zu erklären, gibt Schwester Raphaelis unumwunden zu: »Aber viele Probleme klären sich, wenn man vertrauensvoll mit jemanden darüber sprechen kann«, und sie setzt gedankenvoll hinzu: »Es ist Gnade.«
Gelegentlich sitzen auch Menschen im Sprechzimmer des Mutterhauses, die alles an-

dere als höflich sind. Eine Frau war wütend, weil sich ihre Probleme noch nicht gelöst hatten. Sie sah keinen Ausweg, fühlte sich von allen schlecht behandelt und schloss wütend mit dem Satz: »Auch Euthymia hat mir nicht geholfen.« Schwester Raphaelis hört dann nur zu und schweigt. Zum Schluss des Gespräches sagt sie: »Es tut mir weh, dass Sie solche schlechten Erfahrungen machen müssen. Das einzige, was ich für Sie tun kann – ich werde für Sie beten.«

Wenn die Briefe beantwortet sind und die Ratsuchenden das Kloster wieder verlassen haben, ist für Schwester Raphaelis die »Sache nicht abgehakt«. »Viele Dinge gehen mir sehr nah, und nicht selten sage ich dann – Euthymia, ich komme nicht mehr weiter.« Die vielen Anliegen werden regelmäßig im Gottesdienst in die Fürbitten aufgenommen – selbstverständlich werden keine Namen genannt. Für Schwester Raphaelis ist dies eine Quelle der Kraft: »Ich betrachte es als ein Geschenk von Schwester Euthymia, dass ich in der Lage bin, froh und unvoreingenommen meine Arbeit für die Menschen zu tun.«

Elke Seul

Sehr persönliche Dankesgaben an Schwester Euthymia

Aus dem Archiv der Clemensschwestern

Ich dankenS

Ich danken Schwester Maria Euthymia

Tôi la người viet Nam không hiêu nhiêu
tiêng đức tôi rât buôn va lo âu vi
trong gia Dinh tôi gáp nhiêu sự lo
buôn tôi không thê giai quyet đươc
tôi đên xin Ba Câu Nguyên cho tôi
va cho moi người trong gia Dinh tôi đã
đươc Thiên Chua va Me Maria Thương-
cưu giup va ban cho rât nhiêu Ôn lanh
phân Hôn phân xac. Tôi xin Ba Ta Ôn Chua

Bitte um Hilfe im Nachbarschaftsstreit und um eine ruhige Wohnung

Danke, liebe Sr. Euthymia
für Deine Hilfe.
Bitte, sei auch weiterhin
meine Fürsprecherin.

Ursula, Sept. 1993

Dankeschön
für Gerechtigkeit
Hilf mir bitte weiter
Theresia

Liebe   Schw.
Maria Euthymia!
Danke für Deine
schnelle Hielfe
am 30. ● 10. 1999.
Hielf mir
bitte weiter
Deine
Henriette

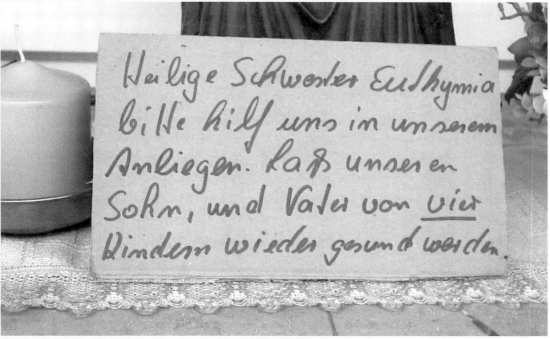

Heilige Schwester Euthymia
bitte hilf uns in unserem
Anliegen. Laß unseren
Sohn, und Vater von vier
Kindern wieder gesund werden.

Mit der seligen Schwester Euthymia beten

Fünf Grundhaltungen prägten ihr Leben

Das geistliche Leben von Schwester Maria Euthymia war von einem grenzenlosen, kindlichen Vertrauen auf die liebende Barmherzigkeit Gottes geprägt. In Jesus Christus kommt diese Liebe Gottes uns Menschen so sehr nahe, dass Schwester Maria Euthymia ihr Leben in ständiger Sehnsucht nach dem »Mehr« dieser Liebe deutet, der gegenüber alles andere als gering erscheint. »Ich will nichts tun ohne dich und alles für dich tun«, beschreibt sie ihre tiefe Liebe und Dankbarkeit Gott gegenüber. »Ich will nicht getrennt sein von dir.«

Mindestens fünf Grundhaltungen prägen ihr geistliches Leben, in das der Beter im Folgenden hinein genommen werden soll: das frohe »Ja« zum Willen Gottes –, die Liebe, die das Herz entzündet –, die heilsame Unruhe, die zur Umkehr führt –, die Nachfolge im Verborgenen –, und das Leben Gottes, das durch das Kreuz unseres Lebens hindurch aufstrahlt.

1. »Ja« zum Willen Gottes

Im Namen des Vaters und des Sohnes und des Heiligen Geistes.
Amen.
Herr Jesus Christus, wir loben und preisen dich, denn du bist der Sohn des lebendigen Gottes.
Du bist der Erlöser der Welt, unser Herr und Heiland.
Sei gepriesen in der seligen Schwester Maria Euthymia,
denn sie ist dir nachgefolgt, indem sie ihr »Ja« zum Willen Gottes gesagt hat.

Schwester Maria Euthymia schreibt:

Der Herr soll mich brauchen, ein Sonnenstrahl zu sein, der alle Tage leuchtet. Das möchte ich lernen Herr, dass ich bei allem, was du schickst, ganz strahlend, ganz verlangend vor dir stände. Und keine Worte, keine Antwort fände, als nur ein frohes: Ja! Es ist ja alles für den großen Gott.

Herr Jesus Christus, du rufst die Menschen in deine Nachfolge
und sendest sie als Zeugen deiner Frohen Botschaft.
Du gibst ihnen Mut, dir zu leben und dich zu bekennen
und deine Liebe den Armen und Kranken zu bringen.
Du bist der Freund und Erlöser deiner Brüder und Schwestern
und bist verherrlicht in denen, die dir dienen und dich durch ihr Leben preisen.

Aus dem Evangelium nach Lukas:

Im sechsten Monat wurde der Engel Gabriel von Gott in eine Stadt in Galiläa namens Nazaret zu einer Jungfrau gesandt. Der Name der Jungfrau war Maria. Der Engel trat bei ihr ein und sagte: Sei gegrüßt, du Begnadete, der Herr ist mit dir. Sie erschrak über die Anrede und überlegte, was dieser Gruß zu bedeuten habe. Da sagte der Engel zu ihr: Fürchte dich nicht, Maria; denn du hast bei Gott Gnade gefunden. Du wirst ein Kind empfangen, einen Sohn wirst du gebären: dem sollst du den Namen Jesus geben.
Maria sagte zu dem Engel: Wie soll das geschehen, da ich keinen Mann erkenne? Der Engel antwortete ihr: Der Heilige Geist wird über dich kommen, und die Kraft des Höchsten wird dich überschatten. Deshalb wird auch das Kind heilig und Sohn Gottes genannt werden. Da sagte Maria: Ich bin die Magd des Herrn; mir geschehe, wie du es gesagt hast. Danach verließ sie der Engel. (1, 26–27a. 27c–31. 34–35. 38)

Herr unser Gott, auf die Fürbitte der seligen Schwester Maria Euthymia tragen wir dir unsere Bitten und Anliegen vor:
Gib uns den Mut, unser tägliches »Ja« zu deinem Willen zu sagen und auf deine liebende Nähe zu vertrauen.
Gott, unser Vater: Wir bitten dich, erhöre uns.

Herr Jesus Christus, du willst uns in jedem Augenblick unseres Lebens nahe sein. Lass uns den Willen Gottes erkennen, damit wir denken, reden und tun, was dir gefällt und dem Frieden dient. Wir loben dich und danken dir heute und in Ewigkeit. Amen.

2. Von der Liebe entzündet

Im Namen des Vaters und des Sohnes und des Heiligen Geistes.
Amen.

Herr Jesus Christus, wir loben und preisen dich, denn du bist der Sohn des lebendigen Gottes.
Du bist der Erlöser der Welt, unser Herr und Heiland.
Sei gepriesen in der seligen Schwester Maria Euthymia,
denn sie ist dir nachgefolgt, indem sie dich über alles geliebt und deine Liebe bezeugt hat.

Schwester Maria Euthymia schreibt:

Schenke mir ein Fünkchen deiner Liebe, damit ich allen Liebe geben kann, die mir begegnen, mag es Wort oder Tat oder nur ein liebender, freundlicher Blick sein. Wenn seine Liebe sich doch in mir widerspiegelte. Oh, dass ich zu denen gehörte, die verwundet sind von der Liebe!

Herr Jesus Christus, du rufst die Menschen in deine Nachfolge
und sendest sie als Zeugen deiner Frohen Botschaft.
Du gibst ihnen Mut, dir zu leben und dich zu bekennen

und deine Liebe den Armen und Kranken zu bringen.
Du bist der Freund und Erlöser deiner Brüder und Schwestern
und bist verherrlicht in denen, die dir dienen und dich durch ihr Leben preisen.

Aus dem Evangelium nach Johannes:

Wie mich der Vater geliebt hat, so habe auch ich euch geliebt. Bleibt in meiner Liebe! Wenn ihr meine Gebote haltet, werdet ihr in meiner Liebe bleiben, so wie ich die Gebote meines Vaters gehalten habe und in seiner Liebe bleibe. Dies habe ich euch gesagt, damit meine Freude in euch ist und damit eure Freude vollkommen wird. Das ist mein Gebot: Liebt einander, so wie ich euch geliebt habe. Es gibt keine größere Liebe, als wenn einer sein Leben für seine Freunde hingibt. (15, 9–13)

Herr unser Gott, auf die Fürbitte der seligen Schwester Maria Euthymia tragen wir dir unsere Bitten und Anliegen vor:
Lass uns deine Liebe jeden Tag aufs Neue erfahren und gib uns die Kraft, unsere Schwestern und Brüder so zu lieben, wie auch du uns liebst.
Gott, unser Vater: Wir bitten dich, erhöre uns.

Herr Jesus Christus, deine Liebe zu uns Menschen ist größer als wir erahnen können. Nimm von uns die Sorge, zu kurz zu kommen, uns minderwertig zu fühlen oder für andere verbraucht zu werden. Hilf uns, Gutes zu tun und in unserem Alltag Zeugnis zu geben von deiner Liebe, und fange unter uns an. Wir loben dich und danken dir heute und in Ewigkeit. Amen.

3. Heilsame Unruhe und Umkehr

Im Namen des Vaters und des Sohnes und des Heiligen Geistes. Amen.
Herr Jesus Christus, wir loben und preisen dich, denn du bist der Sohn des lebendigen Gottes.

Du bist der Erlöser der Welt, unser Herr und Heiland.
Sei gepriesen in der seligen Schwester Maria Euthymia,
denn sie ist dir nachgefolgt, indem sie in ständiger Umkehr und Sehnsucht nach Vollendung zu dir gelebt hat.

Schwester Maria Euthymia schreibt:

Herr, unser Gott, du hast uns voll Unruhe geschaffen. Du hast uns zu Fremdlingen gemacht in deiner Welt. Lass uns unruhig sein über unser geringes Werk. Lass uns unruhig sein über die verrinnende Zeit und jede verlorene Stunde. Lass uns unruhig sein, dass wir unheilig sind. Lass uns unruhig sein über unsere Sünde, über die Sündennot aller Menschen. Lass uns unruhig sein und dein Kommen erwarten in jedem Augenblick. Lass uns unruhig sein und in der Unruhe den Glauben bewahren. Lass uns vorwärts schreiten im Verlangen nach dem Anbruch deines Reiches.

Herr Jesus Christus, du rufst die Menschen in deine Nachfolge
und sendest sie als Zeugen deiner Frohen Botschaft.
Du gibst ihnen Mut, dir zu leben und dich zu bekennen
und deine Liebe den Armen und Kranken zu bringen.
Du bist der Freund und Erlöser deiner Brüder und Schwestern
und bist verherrlicht in denen, die dir dienen und dich durch ihr Leben preisen.

Aus dem zweiten Brief des Apostels Paulus an die Korinther:

Gott war es, der in Christus die Welt mit sich versöhnt hat, indem er den Menschen ihre Verfehlungen nicht anrechnete und uns das Wort von der Versöhnung anvertraute. Wir bitten an Christi statt: Lasst euch mit Gott versöhnen! Er hat den, der keine Sünde kannte, für uns zur Sünde gemacht, damit wir in ihm Gerechtigkeit Gottes würden. (2Kor 5,19–21)

Herr unser Gott, auf die Fürbitte der seligen Schwester Maria Euthymia tragen wir dir unsere Bitten und Anliegen vor:
Lass uns wachsam sein, damit wir uns täglich zu dir bekehren und in deiner Kraft den Neubeginn wagen im ganzen Einsatz für dein kommendes Reich.
Gott, unser Vater:
Wir bitten dich, erhöre uns.

Herr Jesus Christus, du hast uns mit Gott und miteinander versöhnt. Deine Barmherzigkeit schenkt uns die Kraft, immer wieder umzukehren und neu anzufangen. Deine Liebe macht uns frei. Darum loben wir dich und danken dir heute und in Ewigkeit. Amen.

4. Nachfolge im Verborgenen

Im Namen des Vaters und des Sohnes und des Heiligen Geistes.
Amen.
Herr Jesus Christus, wir loben und preisen dich, denn du bist der Sohn des lebendigen Gottes.
Du bist der Erlöser der Welt, unser Herr und Heiland.
Sei gepriesen in der seligen Schwester Maria Euthymia,
denn sie ist dir nachgefolgt, indem sie im Verborgenen Gott und den Menschen gedient hat.

Schwester Maria Euthymia schreibt:

Still Gott und Menschen lieben. Still bescheiden Gutes üben. Still erfassen Gottes Willen. Stille meine Pflicht erfüllen. Stille teilen fremden Schmerz. Stille flehen himmelwärts. Still im Wünschen und Verlangen. Stille Jesu Kreuz umfangen. Stille opfern und entsagen. Still des Lebens Wechsel tragen. Still dem Heiland mich vertrauen. Still zur Himmelsheimat schauen.

Herr Jesus Christus, du rufst die Menschen in deine Nachfolge
und sendest sie als Zeugen deiner Frohen Botschaft.
Du gibst ihnen Mut, dir zu leben und dich zu bekennen
und deine Liebe den Armen und Kranken zu bringen.
Du bist der Freund und Erlöser deiner Brüder und Schwestern
und bist verherrlicht in denen, die dir dienen und dich durch ihr Leben preisen.

Aus dem Evangelium nach Matthäus:

Hütet euch, eure Gerechtigkeit vor den Menschen zur Schau zu stellen; sonst habt ihr keinen Lohn von eurem Vater im Himmel zu erwarten. Wenn du Almosen gibst, lass es also nicht vor dir herposaunen, wie es die Heuchler in den Synagogen und auf den Gassen tun, um von den Leuten gelobt zu werden. Amen, das sage ich euch: Sie haben ihren Lohn bereits erhalten. Wenn du Almosen gibst, soll deine linke Hand nicht wissen, was deine rechte tut. Dein Almosen soll verborgen bleiben, und dein Vater, der auch das Verborgene sieht, wird es dir vergelten. Wenn ihr betet, macht es nicht wie die Heuchler. Sie stellen sich beim Gebet gern in die Synagogen und an die Straßenecken, damit sie von den Leuten gesehen werden. Amen, das sage ich euch: Sie haben ihren Lohn bereits erhalten. Du aber geh in deine Kammer, wenn du betest, und schließ die Tür zu; dann bete zu deinem Vater, der im Verborgenen ist. Dein Vater, der auch das Verborgene sieht, wird es dir vergelten. Wenn ihr fastet, macht kein finsteres Gesicht wie die Heuchler. Sie geben sich ein trübseliges Aussehen, damit die Leute merken, dass sie fasten. Amen, das sage ich euch: Sie haben ihren Lohn bereits erhalten. Du aber salbe dein Haar, wenn du fastest, und wasche dein Gesicht, damit die Leute nicht merken, dass du fastest, sondern nur dein Vater, der auch das Verborgene sieht; und dein Vater, der das Verborgene sieht, wird es dir vergelten. (Mt 6,1–6. 16–18)

Herr unser Gott, auf die Fürbitte der seligen Schwester Maria Euthymia tragen wir dir unsere Bitten und Anliegen vor:
Erneuere unser Denken und Handeln, damit wir uns vor unseren Mitmenschen nicht zur Schau stellen, sondern dir und unseren Nächsten im Verborgenen dienen in schlichter Freude, die aus dem Glauben kommt.
Gott, unser Vater:
Wir bitten dich, erhöre uns.

Herr Jesus Christus, dein Geist lehrt uns, unauffällig und im Kleinen treu zu sein und unseren Vater im Himmel durch Werke des Glaubens und der Liebe zu preisen. Lass uns aus der Freude leben, dass unser himmlischer Vater auch das Verborgene in unserem Leben sieht und unser Lohn ewiges Leben in deinem Reich ist. Dich loben wir und dir danken wir heute und in Ewigkeit.
Amen.

5. Durch das Kreuz zum Leben

Im Namen des Vaters und des Sohnes und des Heiligen Geistes.
Amen.
Herr Jesus Christus, wir loben und preisen dich, denn du bist der Sohn des lebendigen Gottes.
Du bist der Erlöser der Welt, unser Herr und Heiland.
Sei gepriesen in der seligen Schwester Maria Euthymia,
denn sie ist dir nachgefolgt, indem sie in Leid und Schmerzen dich als den gekreuzigten Herrn der Welt erkannt und angenommen hat.

Schwester Maria Euthymia schreibt:

Und wenn du mich lieb hast, Jesus, warum lässt du mich hier auf der Erde, wo die Menschen mich ausschelten und hart zu mir sind und mir alle möglichen Dinge befehlen, die ich nicht tun mag? Warum nimmst du mich nicht lieber zu dir in den Himmel, wenn du mich lieb hast? – Im Gebet erfährt Schwester Maria Euthymia die Antwort Jesu: Ja, ich liebe dich, darum nehme ich dich nicht gleich zu mir in den Himmel.

Denn gerade, weil ich dich liebe, lasse ich dich eine kleine Weile auf der Erde, damit du auf meinen Wegen in den Himmel gehen kannst. Auf dem Weg der Tapferkeit und des Sieges. Auf dem Weg treuer Freundschaft und Liebe. Dann wirst du einst wie ich eine strahlende Krone tragen.

Ja, das Kreuz ist sehr schwer. Man muss die Hingabe geübt haben Tag für Tag, um es in schweren Tagen und im Tod zu können.

Herr Jesus Christus,
du rufst die Menschen in deine Nachfolge
und sendest sie als Zeugen deiner Frohen Botschaft.
Du gibst ihnen Mut, dir zu leben und dich zu bekennen
und deine Liebe den Armen und Kranken zu bringen.
Du bist der Freund und Erlöser deiner Brüder und Schwestern
und bist verherrlicht in denen,
die dir dienen
und dich durch ihr Leben preisen.

Aus dem Evangelium nach Matthäus:

Kommt alle zu mir, die ihr euch plagt und schwere Lasten zu tragen habt. Ich werde euch Ruhe verschaffen. Nehmt mein Joch auf euch und lernt von mir; denn ich bin gütig und von Herzen demütig; so werdet ihr Ruhe finden für eure Seele. Denn mein Joch drückt nicht, und meine Last ist leicht. (Mt 11,28–30)

Herr unser Gott, auf die Fürbitte der seligen Schwester Maria Euthymia tragen wir dir unsere Bitten und Anliegen vor:
Stärke uns, wenn wir leiden müssen und schenke uns die Gewissheit, dass deine liebende Nähe alle Schwachheit überwindet und uns zum Leben führt, das keine Ende kennt.
Gott, unser Vater: Wir bitten dich, erhöre uns.
Herr Jesus Christus, du weißt, wie schwer das Kreuz sein kann. Habe Geduld mit uns, wenn es uns schwer fällt, unser Kreuz anzunehmen und lass uns darauf vertrauen, dass du als Sohn Gottes ein mittragender Bruder bist. Wir loben dich und danken dir heute und in Ewigkeit. Amen.

CHRISTOPH HEGGE

Was Gott will

Erinnerungen von Pfarrer Franz Lambrecht

Pfarrer Lambrecht

Pfarrer Franz Lambrecht hat Emma Üffing als Kind im gemeinsamen Heimatort Halverde erlebt. Der Geistliche Rektor des Stiftes Tilbeck bei Havixbeck hat bereits kurz nach dem Tod von Schwester Euthymia Dia-Vorträge über das heiligmäßige Leben der Clemensschwester gehalten. »Gleich ob in Schulen oder anderen Bildungseinrichtungen, vor Frauengemeinschaften oder Kolpingbrüdern, vor Jugendlichen oder alten Menschen«, erinnert sich Pfarrer Lambrecht, »Schwester Euthymia beeindruckte mit ihrer Schlichtheit.« Sie sei keine Sensation gewesen, sie habe vorgelebt, was jeder nachmachen könne: den Willen Gottes zu tun. »Sie war eine von uns, und das hat allen Mut gemacht.« Viele lebten heute nach Beobachtungen des Priesters entsprechend dem Motto: »Ich will, was mir zusteht.« Euthymia habe nach dem Grundsatz gelebt: »Ich will, was Gott will.«

Eine Begegnung, die das ganze Leben prägte

Hedy Potthoff war Patientin in der Raphaelsklinik

Hedy Potthoff

»Ich war zum ersten Mal in einem Krankenhaus«, erinnert sich Hedy Potthoff aus Münster an das Jahr 1949, als sie 16 Jahre alt war und in der Raphaelsklinik in Münster eine schwere Operation am Bein vor sich hatte. »Ich hatte große Angst und starke Schmerzen«, sagt die heute 68-Jährige. In dieser Situation traf sie Schwester Euthymia: »Sie lief mir auf dem Flur über den Weg.«

Als das Mädchen der Ordensfrau von ihren Sorgen erzählte, legte Schwester Euthymia den Arm um sie. »Sie versicherte mir, dass ich keine Angst zu haben brauche«, sagt Hedy Potthoff. »Sie sagte: ›Ich bin immer da und passe auf dich auf‹ –, auch wenn ich in der Waschbaracke bin.‹« Ganz genau kann Hedy Potthoff sich daran erinnern, wie sich daraufhin ihre Angst vollständig legte. »Diese Begegnung hat mich geprägt – mein ganzes Leben lang.«

Kein Tag vergeht – auch nach mehr als 50 Jahren – ohne dass Hedy Potthoff an Schwester Euthymia denken würde. »Sie hat mich mein ganzes Leben begleitet. Was mich bedrückt, kann ich bei ihr loswerden. Jedesmal, wenn ich aus dem Haus gehe, vertraue ich mich dem Schutz von Schwester Euthymia an. Niemand anders war für mich

im Glauben so überzeugend, so vorbildlich wie diese Frau.« Während die junge Patientin in der Raphaelsklinik war, sah sie einmal Schwester Euthymia in der Kapelle beten: »Sie stand da mit erhobenen Händen. Ich wagte kaum zu atmen.«

Noch immer sieht sie die »strahlenden Augen von Schwester Euthymia« vor sich, erinnert sich an Blickkontakte: Von ihrem Zimmer aus konnte Hedy Potthoff die Waschbaracke sehen, wo die Ordensfrau arbeitete. Immer wieder winkte Schwester Euthymia ihr von dort aus zu: wohltuende und stärkende Momente. »Es war mir genug, wenn ich sie nur von weitem sah. Sie gab mir ein Gefühl der vollkommenen Ruhe. Sie strahlte mehr aus, als es selbst eine Mutter könnte.«

Manchmal stellt sich Hedy Potthoff die Frage, wann die Ordensfrau überhaupt geschlafen habe. »Trotz ihrer schweren Arbeit in der Waschbaracke hielt sie manchmal Nachtwache bei Frischoperierten. Mehrmals sah ich, wie sie frühmorgens schon die Toiletten schrubbte. Das alles – ihr unermüdlicher Arbeitseifer, ihre Frömmigkeit, ihre Güte – hat mich so beeindruckt. Sie ist mein großes Vorbild.«

ANNETTE SAAL

Der Maler für den Petersdom

Leonard Klosa aus Garrel schuf das offizielle Bild für die Seligsprechung

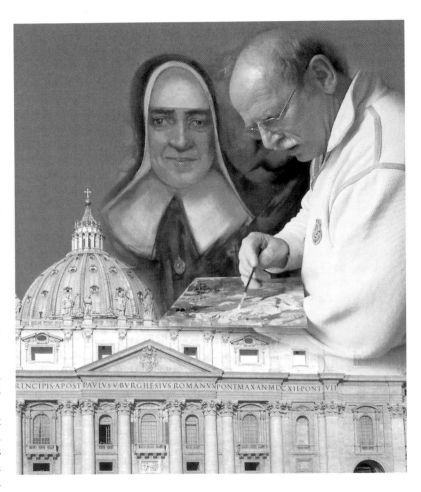

Das Bild ist weg! Dem Meister ist nur ein Foto geblieben, ein mäßiges im Format neun mal dreizehn Zentimeter. Das ist mal gerade ein Zehntel der Originalgröße. Am 7. Oktober aber wird Leonhard Klosas Porträt von Schwester Euthymia auf das Dreifache vergrößert zu sehen sein – stolze drei mal vier Meter.

Bis dahin aber wird es gehütet, bleibt es den Blicken der Öffentlichkeit entzogen, geheim gehalten. Das gehört zum Ritual. Dann aber, am 7. Oktober 2001, wird die Reproduktion des Ölbildes von Leonhard Klosa, umrahmt von Samt und Seide, an der Fassade des Petersdoms in Rom hängen. Und wenn Papst Johannes Paul II. der Weltkirche eine neue Selige, die selige Schwester Maria Euthymia, geborene Emma Üffing, vorstellen wird, fällt gewissermaßen der Vorhang, und die Weltkirche kann sich ein Bild von der neuen Seligen machen. Dafür hat es Leonhard Klosa gemalt.

Von all dem ahnt man natürlich nichts, aber auch gar nichts, im Örtchen Varrelbusch im oldenburgischen Münsterland mit nicht ganz 1500 Einwohnern. Ein bisschen versteckt liegt die Dorfschule da hinter großen Bäumen.

Wenn man auf das Haus zugeht, wird man unvermittelt von Bronzeplastiken und Steinstelen begrüßt. Ein besonderer Ort.

Hier lebt und arbeitet er, Leonhard Klosa, 65 Jahre alt, gebürtig aus Oberschlesien. 1957, während einer Studienreise nach Paris, nutzte er die Chance und flüchtete. Weil er dem Staat »nicht auf der Tasche liegen wollte«, habe er auf einem Fischkutter »malocht«, danach auf einem Passagierschiff »unter panamesischer Flagge«. Zwei Jahre ging das so.

Mit dem Geld konnte er weiterstudieren, was er in Warschau begonnen hatte: Kunst. Er kam nach Bremen und Hamburg, wirkte als freischaffender Künstler, und irgendwie hat es ihn dann an die von Ordensfrauen getragene Liebfrauenschule in Cloppenburg verschlagen. »Die Oberin muss einen Narren an mir gefressen haben.« Da lacht er. Er lacht nach jedem Satz. Wie man lacht, wenn man das alles nicht so wichtig nimmt und aus Freundlichkeit halt ein paar Wörter darüber verliert. Kunstlehrer also ist er gewesen. Mittlerweile ist er pensioniert. Er muss nicht erst sagen, dass er jetzt das machen kann, was er am liebsten macht – malen natürlich und mit Stein und anderen Materialien arbeiten. Das muss er gar nicht erst sagen. Die Dorfschule ist von vorne bis hinten Atelier, Galerie, Magazin. Hier und da erkennt man, dass Möbelstücke auch genutzt werden – er lebt hier also auch. Die Wände sieht man gar nicht; Ikonostasen sind sie, übervoll mit Gemälden. Mit eigenen Werken und denen anderer Künstler. Nach weißer Wand muss man suchen.

Gegenständlich-expressionistisch würde Leonhard Klosa seinen Stil nennen, wenn er gefragt wird. Und dann, ungefragt, sagt er etwas eigentlich Überflüssiges, nämlich dass die Malerei seine Leidenschaft sei, seine Passion. Als ob man nicht von selber darauf gekommen wäre, wenn man ihn in lässiger Weste und Clogs an den Füßen über den Steinboden der alten Dorfschule gehen sieht, von einem Zimmer ins andere, von einem Ausstellungsraum in den nächsten. Überall Skizzen, Pinsel, Kunstzeitschriften. Über Alltägliches fällt es schwer zu sprechen, und wenn dieses Alltägliche seine Leidenschaft ist, erst recht. Leonhard Klosa drückt sich auf der Leinwand aus. Eine stille Sprache.

Das Rom-Bild von Schwester Euthymia nun war eine Auftragsarbeit, mit konkreten Vorgaben und Vorstellungen. »Das ist Handwerk«, sagt er einerseits. Andererseits habe er sich natürlich mit dieser Frau beschäftigt, denn mehr als das hinlänglich bekannte Porträt-Foto der künftigen Seligen hatte auch er nicht. Dazu einige Erzählungen von Cle-

mensschwestern, die Schwester Euthymia noch erlebt hatten.

Das Wesentliche aber – darum geht es ihm. Darauf angesprochen, wird er plötzlich doch richtig beredt: »Ich mag eben Menschen, die sich hergeben; nicht mit großem Hurra, sondern in Einfachheit und Stille.« So war sie, die Schwester Euthymia, das sei ihre Selbstverwirklichung gewesen. »Mehr als ein Essen zur Mittagszeit schafft man nun einmal nicht«, sagt er, und während man noch darüber nachdenkt, ob dieser Satz möglicherweise ein polnisches Sprichwort ist, lacht er wieder drauf los und sagt: »Die innere Haltung! Das ist das, was sie preisgibt. So wie sie ist.«

Der eine oder andere Künstlerkollege habe ihn skeptisch angeschaut, warum er eine Selige malen würde. Da lacht Klosa mal nicht, sondern sagt einfach: »Ich habe etwas vom Glanz dieser Frau erfahren, von ihrem inneren Leuchten.« Auf einmal ist er ganz anders. Und erzählt, dass ihn die Euthymia-Sprüche des »Neun-Tage-Gebetes« so angesprochen hätten. Einer lautet: »Wenn du Jesus besitzt, besitzt du dann nicht alles?« – »Eben. Das meine ich«, sagt Leonhard Klosa. »Was nützt es, wenn man arbeitet und arbeitet und alles Mögliche haben und erreichen will? Irgendwann ist man tot, und dann war's das.«

Das sagt er nicht ohne Grund. Das hat eine Geschichte: die eines Freundes, der vor einiger Zeit an Krebs gestorben ist. Das sei einer gewesen, der geschuftet habe und gemacht und getan. Dann war alles früher zu Ende. »Vom Leben hat er nicht viel gehabt«, sagt Klosa. Für Schwester Euthymia sei eben das Schwere und das Leid ihr Leben gewesen, das sie ertragen hat – »und offensichtlich war sie durchaus zufrieden mit ihrem Leben«. Darüber habe er immer wieder mit seinem Freund gesprochen, während er das Porträt für die Seligsprechung malte. »Sein Sterben hat das Bild begleitet – und das Entstehen des Bildes hat sein Sterben begleitet.« Im Sarg seines Freundes liegt eine Polaroid-Aufnahme des Rom-Bildes von Schwester Euthymia.

MARKUS NOLTE

Die Selige von nebenan

Kindergarten in Halverde machte Schwester Euthymia zum Thema

»Das ist Schwester Euthymia.« Leicht geht der sechsjährigen Jouline der Name über die Lippen. Auch Niko (6) weiß, worum es geht: »Ich war schon am Grab von Schwester Euthymia.« Gut kann er sich daran erinnern, wie er mit seiner Familie den Zentralfriedhof in Münster besucht hat.

Für die Jungen und Mädchen aus dem Marien-Kindergarten ist Schwester Euthymia ein Begriff – wurde sie doch in dem Ort geboren, aus dem sie selbst stammen: aus Halverde nördlich von Ibbenbüren.

Daran knüpfte Kindergarten-Leiterin Monika Philipp an, als sie Anfang Juni mit einem Projekt begann, das den Kindern die

Selige näherbringen soll. »Manche kannten ihren Namen bereits«, berichtet sie. »Einige Kinder wohnen sogar in der Nachbarschaft des Hauses, wo Schwester Euthymia geboren wurde.«

Kleine Schritte innerhalb und außerhalb des Kindergartens führten dazu, dass Schwester Euthymia bei den Jungen und Mädchen inzwischen fast zu einer »guten Bekannten« geworden ist. Zum Beispiel besuchten sie das Geburtshaus der künftigen Seligen, in dem heute noch Verwandte von ihr wohnen und wo ein Gedenkstein für sie aufgestellt ist. Sie gingen eine Straße im Ort entlang, die nach der Ordensfrau benannt ist. Und sie

Ein großer Moment:
Die selbst gebastelte
Euthymia-Kerze wird
entzündet.

besuchten den Taufstein in der Pfarrkirche, wo Schwester Euthymia das Sakrament der Taufe empfing. »Dazu hatten die Kinder gleich eine Beziehung«, beobachtete Monika Philipp. »Einige haben ja die Taufen ihrer Geschwister erlebt.«

Immer wieder suchte die Leiterin Anknüpfungspunkte zum Leben der Kindergartenkinder. »Wo der Unterschied zwischen einer Seligen und einer Heiligen liegt, können wir den Jungen und Mädchen in diesem Alter noch nicht vermitteln«, sagt Monika Philipp. »Aber sie verstehen es durchaus, dass Schwester Euthymia schon als Kind schwach und krank war und trotzdem vieles in Angriff genommen hat.« Sie habe sich immer gesagt: »Ich kann das wohl«, machte Monika Philipp den Kindern klar. Höhepunkt des Projekts war das Gestalten einer großen Kerze zum Gedenken an Schwester Euthymia. Dabei durften die Jungen und Mädchen ein Porträt der künftigen Seligen verzieren.

Eifrig schneiden die Kinder aus Wachs-Platten schmale Streifen und formen aus den Stücken Kugeln. In den kleinen Händen werden diese warm und geschmeidig, so dass die Kinder sie auf die Kerze setzen und festdrücken können. Das möchte Jouline ohne fremde Hilfe tun. »Ich kann das wohl. Das hat Schwester Euthymia auch immer gesagt«, macht die Sechsjährige der Kindergarten-Leiterin klar. Doch als der goldene Strahlenkranz ein wenig aus den Fugen gerät, muss Monika Philipp die Kinder trösten: »Wir nehmen die Kugeln einfach wieder herunter und kleben sie wieder auf.« Ein paar Tage später gibt es im Kindergarten eine kleine Feier, auf die alle 52 Kinder schon gewartet haben. Jeweils eine Familie eines Kindergartenkindes holt die Kerze nach Hause, wo sie einige Tage verbleibt und dann zur nächsten Familie weitergereicht wird – bis zur Seligsprechung am 7. Oktober. »Schon gleich am Anfang ließen sich 15 Familien in die Liste eintragen«, freut sich die Kindergarten-Leiterin.

Die erste Station ist Familie Harpel. Martina Harpel, die Mutter der sechsjährigen Vanessa, ist gekommen, um bei der kleinen Feier die Kerze in Empfang zu nehmen – mitsamt einem liebevoll gestalteten Faltblatt. Darauf erinnert die ehemalige Grundschullehrerin Anni Tebbe in Bild und Text an einige Stationen im Leben von Schwester Euthymia.

»Ich finde es gut, dass die Kinder einbezogen werden und mehr über Schwester Euthymia erfahren«, sagt Martina Harpel, »zumal der regionale Bezug gegeben ist.« Zu Hause möchte die Familie »die Texte von dem Faltblatt zusammen lesen, die Bilder anschauen und die Gebete sprechen«. Bei Harpels gibt es noch einen ganz besonderen Grund, sich mit der künftigen Seligen zu beschäftigen, denn sie gehört sozusagen zur Familie: Die Tante von Martina Harpel ist eine Nichte von Schwester Euthymia.

Die Euthymia-Kerze wird gebastelt.

ANNETTE SAAL

Facharbeit über Schwester Euthymia

Großmutter brachte Elke Hülsmann auf die Spur der Ordensfrau

Eine 18-jährige Schülerin hat eine Arbeit über das Leben und Wirken von Schwester Maria Euthymia geschrieben. Elke Hülsmann verfasste die Facharbeit in einem Grundkurs Religion der zwölften Klasse am Bischöflichen Fürstenberg-Gymnasium in Recke. Die lebenslange Verehrung ihrer Oma brachte die Jugendliche auf die Spur der Ordensfrau.

Um sich ein umfassendes Bild zu verschaffen, besuchte Elke Hülsmann die Clemensschwestern in Münster, das Grab auf dem Zentralfriedhof und die Gedenkstätte im Geburtsort Halverde. Sie machte Fotos und führte Tonband-Interviews durch. Einen lokalen und aktuellen Bezug sollten die Schülerarbeiten haben, gab Religionslehrer Dr. Norbert Hecker vor. Elke Hülsmann entschied sich für das Thema »Euthymia«, weil ihre Großmutter eine besondere Beziehung zu der Ordensfrau hatte.

»Ich habe eigentlich nie mit meiner Oma über Euthymia gesprochen, wusste aber, dass sie einmal im Jahr zu ihrem Grab nach Münster fuhr, um Dank zu sagen.« Bis zu ihrem Tod im vergangenen Jahr trug Elkes Großmutter ein kleines Silbergefäß mit Erde von Euthymias Grab um den Hals. Elke wollte mehr darüber wissen, warum ihre Oma dieser Frau große Bedeutung zumaß. Es interessierte sie, warum viele Menschen ihre Hoffnungen auf Schwester Euthymia setzen.

Zunächst durchforstete die Schülerin, die im niedersächsischen Voltlage wohnt und in Recke zur Schule geht, die Euthymia-Sammlung der Großmutter mit Gebeten, Bildern und Büchern. Dann forschte sie im Internet. Zweimal besuchte sie die Clemensschwestern in Münster. Beeindruckt war sie, als Schwester Raphaelis Banniza ihr das Archiv von Euthymia öffnete.

Mit Unterstützung ihres Lehrers Dr. Norbert Hecker hat die 18-jährige Schülerin Elke Hülsmann eine Facharbeit über Schwester Euthymia geschrieben.

»Ich finde es bewundernswert, dass ein Mensch wie Schwester Euthymia trotz eigener körperlicher Schwächen so selbstlos war.« Erstaunt ist sie über die Zahl der mehr als 45 000 Gebetsanhörungen.

»Als Ziel habe ich mir gesetzt, meine Mitschüler und auch Lehrer darauf aufmerksam zu machen, dass das Wesentliche oft im Kleinen und Verborgenen liegt und dass jeder, seien seine Mittel auch noch so gering, das Leben ein bisschen lebenswerter machen kann«, schreibt die Schülerin in der Einleitung zu ihrer über 15 Seiten umfassenden Schrift. Genau dies habe Euthymia in ihrem Dienst an Gott und den Mitmenschen vorgelebt, ohne Dank zu erwarten oder zu klagen. »Man muss nichts Großes tun, um Großes zu vollbringen.« Kapitelweise beschäftigt sie sich mit der Biographie, dem Glauben, dem Wirken, der Grabverehrung und den aktuellen Entwicklungen im Umfeld der Seligsprechung. Ihrer Arbeit schloss sie eine umfassende Quellensammlung an.

Gemessen an heutigen Medien-Idealen hätte Euthymia keine Chance, bekannt zu werden oder Schlagzeilen zu machen, urteilt Elke Hülsmann über die Ordensfrau. Sie stehe stattdessen für die Frage, ob ein Leben nur dann erfolgreich ist, wenn wir reich, schön und mächtig sind. Euthymia sei eine Frau aus dem Volk und werde von ihm verehrt als eine der ihrigen. »Durch ihre Menschenliebe, an der niemand zweifeln konnte, und durch ihr gütiges, fast unmerkliches Lächeln, war sie geradezu ein Quell des Friedens.«

Die Arbeit habe Maßstäbe gesetzt, lobt Religionslehrer Dr. Norbert Hecker. Auch in einer neunten und elften Klasse hat er mit den Schülern über Euthymia gesprochen. Bei vielen sei das Interesse entflammt, weil sie aus Halverde und Hopsten stammen und mehr über die Schwester ihrer Heimat erfahren wollen. Sie möchten auch wissen, was Seligsprechung bedeutet.

Auszüge aus Elke Hülsmanns Arbeit werden demnächst in einem Andachtsheftchen in der Gedenkstätte Halverde nachzulesen sein. Die Arbeit steht auch auf der Internetseite der Schule unter der Adresse *www.fuerstenberg-gymnasium-recke.de* unter dem Stichwort Projekte: »Ausgewählte Facharbeiten«.

KARIN WEGLAGE

Nie Zank und Streit

Erinnerungen von Schulfreundin Else Schnitker

Else Schnittker, inzwischen verstorben, war die Schulfreundin von Emma Üffing. Als sich die 83-Jährige im Mai 1999 im Seniorenstift in Halverde erinnerte, hatte sie ihre Freundin Emma »noch so vor Augen«. Beim Tod von Schwester Euthymia, sei ihr ein Licht aufgegangen. »Wie oft habe ich sie auf dem Schulhof im Stillen beobachtet und mich immer wieder gefragt, was ist das für ein Mädchen?« Vor allem nach dem Empfang der heiligen Kommunion sei ihr Emma Üffing aufgefallen. »Sie sah dann aus, als hätte sie den Heiland ganz persönlich getragen. Ja, so als wäre sie mit Christus unterwegs. Diese unvergleichliche Haltung. Wie habe ich Emma im Stillen verehrt. Nie ein böses Wort, kein Zank, kein Streit. Wir hatten sie alle in unser Herz geschlossen.«

Else Schnitker

»Vorbild ja, Fürbitte nein«

Die Euthymia-Verehrung aus evangelischer Sicht

Aus den ersten zaghaften ökumenischen Aktivitäten, die im Jahr 1979 zwischen der katholischen Pfarrgemeinde St. Josef und der evangelischen Pfarrgemeinde Nord/Pictoriusstraße in Warendorf während einer gemeinsamen Bibelwoche gestartet wurden, ist heute ein aktives und lebendiges Miteinander der beiden Gemeinden geworden. Rita Bögel, die mit ihrem evangelischen Ehemann diese erste Bibelwoche gemeinsam mit den Pfarrern Josef Sturm und Reinhard Lienenklaus organisierte, bezeichnet heute dieses erste Zusammentreffen der beiden Gemeinden als »Pfingstereignis«.

Inzwischen sind die gemeinsamen Bibelabende, die am letzten Donnerstag im Monat stattfinden, für einen immer neuen Kreis von Menschen interessant geworden. »Alles ist langsam gewachsen«, berichten Rita Bögel und die Clemensschwester Huberta Reekers. Die Krankenhaus-Pastoralreferentin arbeitet seit 1990 im Josephshospital Warendorf. Seit dieser Zeit ist sie in der ökumenischen Arbeit der beiden Pfarreien engagiert tätig. Eine echte Verbundenheit sei unter den Teilnehmern der Abende spürbar. Heute seien ein unkompliziertes Miteinander und der Besuch in der jeweils anderen Kirche selbstverständlich.

Zu den gemeinsamen Bibelabenden ist inzwischen ein »Ökumenisches Gesprächsforum« hinzugekommen, das sich mit der Vielfalt der christlichen Kirchen, aber auch mit anderen Glaubensrichtungen wie Judentum, Islam oder Buddhismus auseinandersetzt.

So ging es im Rahmen dieses Gesprächsforums auch um Schwester Maria Euthymia. Hieran nahm auch der Pfarrer der evangelischen Pfarrgemeinde Nord/Pictoriusstraße, Volker Liepe, teil. Elke Seul sprach mit ihm:

Frage: Herr Liepe, Sie haben sich mit großem Interesse im Rahmen des Programms des ökumenischen Kreises den Vortrag über das Leben und Wirken der Clemensschwester Maria Euthymia angehört, die am 7. Oktober 2001 vom Papst selig gesprochen wird. Was hat die Geschichte dieser eigentlich ganz schlichten, aber trotzdem ungewöhnlichen Ordensfrau mit Ihnen gemacht?

Antwort: Das hängt grundsätzlich davon ab, was »Heilige« oder »Selige« mit ihrem Glauben in ihrem Leben und mit ihrem Leben gemacht haben.

Mir als einem evangelischen Christen ist das Leben einer Nonne von der Gestaltung des Lebensverlaufs eher fremd. Nichts desto weniger bin ich beeindruckt von dem, wie authentisch Euthymia gelebt hat. Unter Authentizität verstehe ich die Übereinstimmung von tiefem Glauben dieses Menschen mit der Gestaltung des gesamten Lebens: die Konsequenz, mit der sie ihren Glauben in ihrem Leben umgesetzt hat und ihr Leben hat bestimmen lassen.

Ich möchte an dieser Stelle etwas in die Kirchengeschichte zurückschauen. Auch die Evangelische Kirche hat »Heilige«. In der Bibel ist ja nicht von einzelnen, sondern vom ganzen Volk Israel als dem »heiligen Volk« die Rede. Wenn der Apostel Paulus im Neuen Testament zum Beispiel die Christenmenschen in Rom grüßt, so schreibt er in seiner Briefeinleitung »An alle Geliebten Gottes und berufenen Heiligen in Rom.« Heilig bedeutet da soviel wie Gott zugehörig. Ein Christenmensch, der auf den Namen des Vaters und des Sohnes und des Heiligen Geistes getauft ist, ist dann Gott zugehörig – in diesem Sinne »heilig«. Er oder sie gehört zur »Gemeinschaft der Heiligen«. Nehmen wir andererseits die Bezeichnung »Selige«. Jesus benennt zum Beispiel in den Seligpreisungen des Matthäus-Evangeliums diejenigen, welche als selig zu bezeichnen sind. Er nennt unter anderem die, welche geistlich arm sind, welche Leid tragen, die barmherzig sind, die reinen Herzens sind, die den Frieden suchen und noch einige andere.

Der Evangelist Markus schreibt im 16. Kapitel seines Evangeliums: »Wer da glaubt und getauft wird, der wird selig werden«. In diesem Sinne sind uns evangelischen Christenmenschen Heilige und Selige nicht fremd.

Der Reformator Philipp Melanchthon, ein Freund und Weggefährte Martin Luthers, hat in einer der reformatorischen Bekenntnisschriften durchaus Anerkennenswertes über die Heiligen gesagt. Ich denke im Besonderen an die Apologie der Augsburgischen Konfession. Auf dem Augsburger Reichstag im Jahr 1530 gab es für die Protestanten die Gelegenheit und die Notwendigkeit, ihre Lehre Kaiser Karl V. darzulegen. Das taten die Protestanten unter Führung Melanchthons. Martin Luther selbst konnte ja nicht teilnehmen, da über ihn die Reichsacht verhängt war. In dreifacher Hinsicht benennt er, Melanchthon, die Heiligen als ehrenswert: zum einen deshalb, weil an ihrem Leben im besonderen Maße Gottes Gnade sichtbar wird, zum anderen weil die Heiligen durch ihren Lebenswandel – ich nannte das »Authentizität zwischen Glauben und Leben« – ein Beispiel zur Stärkung unseres Glaubens geben, zum dritten dadurch, dass sie zur Nachfolge ermutigen, »ein jeder nach seinem Beruf«.

Die Abgrenzung im Verständnis zur katholischen Kirche ist so formuliert: »So können wir ihre Meinung und Gewohnheit von Anbeten oder Anrufen der Heiligen nicht loben noch annehmen. Denn wir wissen, dass wir unser Vertrauen sollen setzen auf Christum; da haben wir Gottes Zusage, dass er soll der Mittler sein, so wissen wir, dass allein Christi Verdienst eine Versöhnung für unsere Sünde ist.«

Zusammengefasst also: Vorbild und Antrieb ja, Fürbitte und Anrufung nein.

Frage: Also kennen Sie in der evangelischen Kirche doch den Begriff der Heiligen?

Antwort: Ja, wir kennen und gebrauchen diesen Begriff. Die katholische und evangelische Kirche sprechen beide von Heiligen, wir meinen aber nicht dasselbe. Von eines Menschen Heiligkeit zu sprechen, ihn als Heiligen zu bezeichnen, betrachten wir als nicht möglich. Nur Gott steht es zu, über die Heiligkeit eines Menschen zu urteilen.

Frage: Trotzdem gibt es in der evangelischen Kirche auch großartige Menschen, die viel geleistet haben und die als Vorbilder gelten – zum Beispiel Johann Hinrich Wichern, der Gründer der Diakonie. Gibt es andere?

Antwort: Ja, das stimmt. Es gibt viele großartige Menschen, die als Vorbilder gelten können. Mir fallen Namen ein wie Martin Luther King, Dietrich Bonhoeffer, Mutter Teresa – um nur einige zu nennen.

Diese Menschen beeindrucken mich, weil das, was sie geglaubt haben, in ihrem Leben von ihnen auch konsequent umgesetzt worden ist. Ihr Glauben, Reden und Handeln stimmen nahezu vollständig überein. Dadurch sind sie »glaub-würdig« – sie sind im hohen Maße authentisch. Menschen, die eine solche Authentizität im Glauben leben, sind für mich Vorbilder.

Frage: Würden Sie Schwester Maria Euthymia auch in die Reihe dieser Vorbilder einordnen?

Antwort: In diesem Sinne kann auch Schwester Maria Euthymia als beeindruckend angesehen werden.

Frage: Also auch ein Vorbild?

Antwort: Die Fokussierung von »Vorbild« auf einen konkreten Menschen fällt mir schwer. Da schwingt dann gleich so viel von Nachahmung, Nachvollzug von Lebensgestaltung, besonderer Qualität mit. Ich will das an einer Prämisse meines Glaubens beschreiben, was mich hier zögern lässt. Jeder Mensch ist ein einmaliges Geschöpf und wird vom Schöpfer so geliebt, wie er oder sie ist. Deshalb muss auch jeder Mensch sein eigenes Leben leben in der konsequenten Übereinstimmung zwischen dem, was er glaubt und dem, wie er handelt. Authentizität ist in diesem Sinne nicht von einem anderen Menschen auf mein Lebenskonzept übertragbar. Jeder Mensch – ob Schwester Euthymia, ob ich oder du – ist durch den Sündenfall mit der Erbschuld belastet. Niemand ist also in der Lage, aus eigener Kraft mehr Nähe zu Gott zu gestalten als andere. Gottes große Gnadengabe ist es, dass er uns in Jesus Christus rechtfertigt, unser Verhältnis zu ihm in Ordnung bringt. Dies geschieht »ohn' all mein Verdienst und Würdigkeit«. Mein Glaube ist keine Gegenleistung. Das Leben eines jeden Menschen kann immer nur eine dankbare Antwort auf Gottes große Liebestat sein.

Frage: Können Sie sich vorstellen, dass Ihre Familie von Schwester Euthymia beeindruckt wäre?

Antwort: In gewisser Weise ja. Meine Frau hat viele Jahre als Nachtwache in einem münsterischen Krankenhaus gearbeitet. Sie hat mir berichtet, was Ordensfrauen in der Krankenpflege dort sonst leisten und geleistet haben. Wir haben großen Respekt davor. Es gibt da zutiefst menschliche Leistungen, die nie einer breiten Öffentlichkeit bekannt geworden sind. Euthymia ist da eine unter vielen für mich.

Frage: Ihre Kinder sind 19, 18 und 13. Wäre für sie das Leben von Euthymia vorbildhaft?

Antwort: Nun, die Lebensform einer Ordensgemeinschaft ist für sie schlecht vorstellbar und nachvollziehbar. Euthymia als menschliches Beispiel für eine große Übereinstimmung von Glauben und Leben, für Authentizität – in diesem Sinne könnten meine Kinder mit diesem Thema etwas anfangen.

Frage: Wie erklären Sie sich aber die ungeheure Welle der Verehrung, die seit der Stunde ihres Todes bis zum heutigen Tag Schwester Maria Euthymia entgegengebracht wird?

Antwort: Erklärungsversuche dafür gibt es bestimmt zahlreiche. Je nach dem, von welcher Lebens- und Sinndeutung man ausgeht, fallen sie entsprechend aus. Mir genügt es, das Faktum zur Kenntnis zu nehmen, dass es so ist, wie es ist. Für mich bleibt wichtig: Wenn ein Mensch Großes im Glauben oder im Handeln vollbracht hat, dann hat das letzten Endes Gott selbst bewirkt. Insofern zeigt jedes Glaubensvorbild, jeder Mensch, der sich in irgendeiner Weise im Glauben aus der Vielzahl anderer hervorhebt, Gottes Wirken an ihm und in ihm.

Frage: Es ist aber durch viele Beispiele belegt, dass Schwester Maria Euthymia geholfen hat, wenn sie um Beistand gebeten worden ist?

Antwort: Das ist zweifelsohne nicht in Frage zu stellen. Andererseits halte ich eine noch so große Anzahl konkret erfahrener Hilfestellungen nicht für einen hinreichenden Erweis oder Beweis für eine legitime Verallgemeinerung, für die Formulierung irgendeiner Gesetzmäßigkeit. Andererseits gibt es Dinge zwischen Himmel und Erde, die sich unsere Schulweisheit nicht träumen lässt. Dass sich viele Menschen von Euthymia in ihren Problemen verstanden wissen, in ihrem Glauben gestärkt wurden, ja konkrete Hilfe in ihrem Leben erfahren haben, weist letztlich auch wieder nur auf Gott selbst zurück. Schwester Euthymia ist für mich da so etwas wie ein Fenster, durch das in diesen Fällen Gottes Gnade und Hilfe für die betroffenen Menschen gestrahlt hat. Wo das so ist, ist das sehr viel.

Frage: Also letzten Endes – um Schwester Euthymia zu zitieren: »Alles für den großen Gott«?

Antwort: Ich möchte lieber sagen: »Alles durch den großen Gott.«

Das »Euthymia-Zentrum«

An der Loerstraße in Münster

Das große Kirchenportal an der Loerstraße in Münster war lange verschlossen. Hinter der schweren Bronzetür verbarg sich – auch wenn viele Passanten dies glaubten – nicht die Mutterhauskirche, sondern das Refektorium der Clemensschwestern. Die Kirche liegt ein Stockwerk darüber. Im Sommer 2001 kündete ein leuchtend-gelbes Plakat Umbauarbeiten an. Jetzt ist die Arbeit vollendet. Ein würdiges und einladendes »Euthymia-Zentrum« ist entstanden, das Besucher, Pilger und Beter oder einfach nur neugierige Passanten in das Mutterhaus der Clemensschwestern zieht, an den Ort, wo Schwester Euthymia lebte und arbeitete. Schon kurz nach der Nachricht aus Rom, dass Schwester Euthymia in die Schar der Seligen aufgenommen würde, kam die Diskussion darüber in Gang, wie eine würdige Gedenkstätte auszusehen habe und wo sie anzusiedeln sei. Erwägungen, die letzte Ruhestätte der Schwester in die Mutterhauskirche zu verlegen, wurden schnell verworfen. Das Grab auf dem Zentralfriedhof hat schließlich im Laufe der Jahre eine solche Anziehungskraft entwickelt, dass eine Verlegung nicht in Frage kam. Mit einer schlichten und lichtdurchfluteten Kapelle des Ostbeverner Architekten Peter Wörmann wird das Grab nun aufgewertet und geschmückt. Gleichzeitig wünschten die Clemensschwestern, dass auch in ihrem Mutterhaus an der Raphaelsklinik ein Ort der Verehrung entstehen sollte. Generaloberin Sr. M. Pacis Helleberg sagt auch, warum: »Das Mutterhaus war für Schwester Euthymia ein ganz entscheidender Ort.« Hier trat sie nämlich 1934 mit 46 anderen Frauen bei den Clemenssschwestern ein. Hier verbrachte sie ihr Noviziat und legte 1936 die zeitlichen und 1940 die Ewigen Gelübde ab. Hierher kehrte sie nach ihrer Zeit in Dinslaken zurück und übernahm die Leitung des Waschhauses. Hier starb sie schließlich am 9. September 1955.

Schon kurz nach Beginn der Bauarbeiten, die unter der Leitung des engagierten Kölner Architekten Holger Beckmann standen, tauchte die Frage nach einem Namen für die neue Gedenkstätte auf. Über 430 Leser der

Baustelle »Euthymia-Zentrum«.

»Westfälischen Nachrichten« beteiligten sich während der Sommerferien 2001 per Postkarte oder »online« an einem Namenswettbewerb. Zwei Reisen zur Seligsprechung nach Rom sowie je zehn Bücher und Videokassetten über das Leben Euthymias waren zu gewinnen. Die Einsendungen kamen aus ganz Deutschland, eine Postkarte trudelte gar aus Paris ein. Die Bandbreite der Vorschläge reichte von kunstvollen Begriffen wie »Euthymianum« bis hin zu kleinen thematischen Sätzen wie »Ein Leben aus dem Glauben schenkt Kraft«. Die Jury, der die Generaloberin Sr. M. Pacis Helleberg, Prälat Martin Hülskamp, Norbert Göckener von der Bischöflichen Pressestelle sowie die Zeitungsredakteure Elke Seul und Johannes Loy angehörten, entschied sich für einen prägnanten und einfachen Namen: »Euthymia-Zentrum«. Dieser schlichte Begriff enthält den Namen der neuen Seligen, er weist auf die Lage der Gedenkstätte im Zentrum Münsters hin und umschreibt am besten ihre Gestaltung und Aufgabe.

Das »Euthymia-Zentrum« ist über das Kirchenportal an der Loerstraße zugänglich. Für Behinderte steht ein Aufzug bereit. Der Besucher betritt durch die Bronzetür den zentralen Verehrungsraum. Im Zentrum befindet sich der alte neugotische Altar, der bis zum Krieg in der Mutterhauskapelle stand. »Vor diesem Altar hat Schwester Euthymia die erste und die ewige Profess abgelegt und sich damit für immer an unsere Gemeinschaft gebunden«, erläutert Schwester Pacis. Neben dem Altar steht ein 100 Jahre alter Schrein mit Reliquien der Seligen. Über dem Verehrungsraum befindet sich die große Mutterhauskirche, in der Pilgergruppen Gottesdienste feiern können. Ergänzt wird der Verehrungsort im hinteren Bereich durch vielfältige Informationsmöglichkeiten. In einem Filmraum können Gruppen den Euthymia-Film »Treu im Kleinen« sehen. Schautafeln und Vitrinen informieren über ihr Leben. Erinnerungsgegenstände ermöglichen den direkten Bezug zu Euthymia. Darüber hinaus gibt es Gelegenheit zum Gespräch, so wie es bislang auch schon viele Menschen bei den Clemensschwestern suchten.

Das »Euthymia-Zentrum« als neue Stätte des Gedenkens, der Verehrung, des Gebets und Gesprächs wird sich schnell in Münsters »Gute Stube« einfügen. Nicht nur Gäste und Gruppen von außerhalb werden sich heimisch fühlen, auch die Münsteraner werden hier eine eine neue Oase der Ruhe und Einkehr im hektischen Stadtgetriebe für sich entdecken.

Johannes Loy

»Das Gebot der Liebe beispielhaft gelebt«

Der Künstler Alfred Grimm schafft ein Mahnmal

»Es ist die schlichte und doch zupackende Art dieser Ordensfrau, die mich als Mensch begeistert und als Künstler herausfordert.« Alfred Grimm, Künstler aus Hünxe, betrachtet intensiv das Modell, das vor ihm auf dem Tisch steht. »Deshalb habe ich mit meiner Plastik versucht, das liebevolle Handeln von Schwester Euthymia so einzufangen, dass Erwachsene und Kinder es quasi mit den Händen greifen können.«

Auch wenn Alfred Grimm Schwester Euthymia nicht persönlich kennengelernt hat, ist er doch mit ihr »eng verwoben«, wie er selber sagt. »Ich wurde 1943 geboren. Zu dieser Zeit begann sie im Dinslakener Krankenhaus zu arbeiten.« Doch bewusst von ihr gehört hat Grimm, als die Tageszeitung in Dinslaken die Ordensschwester zur wichtigsten Frau des 20. Jahrhunderts kürte. Erst danach hat er sich über sie durch weiterführende Texte und Bilder informiert. »Sie hat ja nicht nur einfach ihren Dienst getan, sondern hat Menschen geholfen, die, weil sie ansteckende Krankheiten hatten, von den meisten gemieden wurden. Gegen den Widerstand von SA und SS hat sie das Gebot der Liebe beispielhaft gelebt«, beschreibt er seine Faszination.

Dass der Kirchenvorstand der St.-Vincentius-Gemeinde und die Krankenhausverwaltung ausgerechnet ihn, den evangelischen Künstler, beauftragt haben, für Schwester Euthymia anlässlich der Seligsprechung ein Kunstwerk zu schaffen, hat ihn überrascht. Doch jetzt, nachdem er sich in das Leben dieser Frau vertieft hat, ist es für Grimm mehr als nur ein Auftragswerk: »Ich mache es mit Herzblut. Es ist mir eine gnadenvolle Pflicht!«

Als man Grimm zum ersten Gespräch durch das Krankenhaus führte und ihm zeigte, wo die Baracke gestanden hat, in der Schwester Euthymia während des Zweiten Weltkrieges wirkte, klickte es. »Bis dahin hatte ich noch keine Vorstellung über Art, Umfang und Größe des Projektes«, erinnert sich Grimm. Doch von jetzt auf gleich nahmen die Pläne konkret Gestalt an. Diese musste der Künstler zunächst gegen seine Auftraggeber verteidigen. Dem Kirchenvorstand und der Krankenhausverwaltung schwebte eine Büste vor. Doch Grimm winkte ab. Das sei veralteter Stil, da sei er der falsche Mann.

Für Grimm, dessen Handschrift die Dinslakener bereits durch das Mahnmal für die Juden kennen, war klar: Seine Plastik durfte nicht abstrakt, sondern musste konkret werden: »Ich wollte das Leiden anschaulich, fassbar werden lassen, um auf diese Weise auch dem Leben und Wirken der Ordensfrau gerecht zu werden.« Nachdem er dem Gremium seine Pläne dargestellt hatte, bekam er wichtige Schützenhilfe: Pastor Bernhard Kösters, der die Akzentuierung des Künstlers unterstützte. Grimm erhielt den Zuschlag.

Standort des Mahnmals ist im Park des St.-Vinzenz-Hospitals, an der Stelle, wo früher die Barbara-Baracke stand. Nicht nur die Erwachsenen, auch die Kinder können das Wirken der Ordensfrau quasi mit den Händen greifen. Anschaulichkeit ist für Grimm höchstes Gebot.

Als Basis für die Plastik dient ein Betonsockel. Darauf wird eine Lage von Kopfsteinpflaster gelegt. Angedeutet wird die Baracke, die den überwiegenden Teil der Plastik ausmacht, durch Pfähle aus Eichenholz. Sie ist 3,20 Meter breit, drei Meter lang und 2,60 Meter hoch. Ein schiefergedecktes Holzdach gibt den Menschen, die an dieser Stelle im Gebet verharren möchten, ausreichenden Schutz.

In der Baracke steht die in Bronze gegossene Nachbildung eines Krankenhaustisches, auf dem ein Arztbesteck (Schere und OP-Messer) sowie Medikamenten- und Pillendose liegen: alles Gegenstände, die in Größe und Form der Vorkriegszeit entsprechen. Auf die Ar-

beitsplatte wird die Schale für ein Lebenslicht aufgeschweißt. An die Ordensfrau erinnert ein Porträt der erwachsenen Clemensschwester. Ein kleines Foto aus den Tagen ihrer Jugend erscheint ergänzend im Bilderrahmen.

Unten auf der Ablage des Nachttisches liegen persönliche Gegenstände: die geöffnete Bibel mit einer charakteristischen Textstelle, ein Kruzifix und ein Rosenkranz. Alle diese Gegenstände erinnern an die tiefe Religiösität von Schwester Euthymia und sind in Bronze gegossen. Diese Anordnung der Gegenstände hat für den Künstler eine besondere Bedeutung: »Die Gegenstände, die an ihre tiefe religiöse Bindung erinnern, liefern quasi das Fundament für ihr Wirken als Krankenschwester«, sagt Grimm. Zugespitzt: Ohne ihr intensives Gebet hätte sie das Gebot der Nächstenliebe nicht in dieser Weise leben können.

Seitlich des Nachttisches, an der Längsseite der Baracke, befindet sich der bronzene Abguss einer alten, hölzernen Sitzbank, worauf eine Schale mit Brotkrusten und ein Soldatengeschirr, ein sogenannter Henkelmann mit Suppe und Löffel, steht. Denn, so erläutert Grimm, Euthymia habe nicht nur die Körper der Kranken gepflegt und geheilt, sondern auch ihren großen Hunger gestillt. Neben dem Löffel liegt ein DIN-A-4 Blatt mit dem Lebenslauf der Ordensfrau.

Unter der Sitzbank steht ein Paar alte, abgetragene Soldatenschuhe. Der verschlissene Zustand des Materials weist auf die Armut und das Elend der Fremdarbeiter hin. Darüber hinaus stellt dieses Paar Schuhe eine direkte Verbindung zu einem anderen Kunstwerk von Grimm her: Für sein Judenmahnmal im Stadtpark hat Grimm einen Container mit Damen- und Herrenschuhen einbezogen. Schuhe, die die Juden den Nazis abgeben mussten, bevor sie in den Gaskammern ermordet wurden.

Diese schreckliche Zeit mit Kindern und Jugendlichen aufzuarbeiten, ist Grimm ein wichtiges Anliegen. Das Denkmal für Euthymia geht darüber hinaus. Er hofft, dass die Menschen hier innehalten und beten. Grimm weist auf den Behälter für das Licht und sagt: »Ich hoffe, dass hier das Licht für Euthymia nie ausgeht.« Seine Bitte ist fast schon Gewissheit.

JÜRGEN KAPPEL

»Es grenzt an ein Wunder«

Das Schicksal der Euthymia-Station in Ruanda

Über 800 000 Kinder, Frauen und Männer sind 1994 in Ruanda in nur drei Monaten einem der grausamsten Massaker der Menschheitsgeschichte zum Opfer gefallen. In dem schwarzafrikanischen Staat verübten militante Hutus Völkermord an dem Volksstamm der Tutsi und an moderaten Hutus. Über eine Million Flüchtlinge, Hunderttausende von Verletzten und Kriegswaisen gehörten zu den Überlebenden des Genozids in einem der ärmsten Länder dieser Welt.

Inmitten dieses Landes leitet die aus Stadtlohn stammende Clemensschwester Milgitha, geborene Paula Kösser, eine Kranken-Station und das Wohnhaus der Schwestern. Es trägt den Namen »Euthymia-Haus«, benannt nach der aus Halverde stammenden Clemensschwester M. Euythmia, die Papst Johannes Paul II. am 7. Oktober selig gesprochen hat. Für die 65-jährige Schwester Milgitha, die seit 28 Jahren die Kranken- und Missions-Station in Kaduha leitet, ist die Selige mehr als nur ein großes Vorbild.

Schwester Milgitha beschreibt es als ein Wunder, was damals geschehen ist. Damals, das war 1994. In Ruanda tobt ein Bürgerkrieg unbeschreiblichen Ausmaßes. In wenigen Wochen werden 800 000 Menschen auf brutale Weise ermordet. Das bis dahin Unvorstellbare ist über das Land hineingebrochen. Milizen des Volksstamms der Hutu morden, plündern, zerstören. Die Opfer sind Angehörige des Volksstamms der Tutsi, aber auch Hutus, die gegen den Völkermord eintreten. Erst in letzter Minute entscheiden sich die Schwestern Milgitha und Quirina, mitten im Bürgerkrieg ihre Missions- und Kranken-Station in Kaduha zu verlassen und sich nach Deutschland ausfliegen zu lassen. Wenige Wochen später kehren sie wieder zur Station zurück. »Als wir unsere Station in Kaduha erreichten, konnten wir es nicht fassen: Das Euthymia-Haus, das Wohnhaus unserer Schwestern, zeigte keine Kriegsspur, obwohl rundherum Kirche, Pfarrzentrum und viele Hütten geplündert und zerstört waren«, sagt Schwester Milgitha. Für die 65-jährige Schwester grenzt es an ein Wunder: »In unserer Abwesenheit waren alle Tutsi, wie geplant, in Sicherheit gebracht worden. Alle Hinterbliebenen im Euthymia-Haus sind gerettet worden. Wir danken Gott und Schwester M. Euthymia, die sich unserer Aufgabe und Not annahmen.«

Wenig später nehmen die Schwestern wieder ihre ambulante Kranken-Station wieder in Betrieb. Mit dem noch lebenden Personal und neuen Mitarbeitern gilt es neu anzufangen. Täglich kommen Kranke, Arme, Menschen, die ihre Angehörigen suchen. Bittsteller bekommen Hilfe, soweit es den Schwestern möglich ist. Aber bei allem steht immer wieder die bange Frage im Raum: Ist auch dieser Mensch ein Mörder?

Die Kraft, weiterhin in Ruanda zu arbeiten, nimmt Schwester Milgitha nicht zuletzt aus der Verehrung zu Schwester Euthymia. »Was

Die stellvertretende Generaloberin der Clemensschwestern, Schwester Margret, besucht Schwester Milgitha (rechts). Das Foto entstand vor der Druckerei der Diözese Butare, der Imprimerie Euthymia.

Die Station der Clemensschwestern leistet unersetzliche Hilfe. Viele Menschen werden medizinisch behandelt.

uns mit Recht Mut macht, ist die Verehrung unserer Mitschwester Maria Euthymia.« Eine Verehrung, die schon früh einsetzte, die Verehrung einer schlichten Ordensfrau mit großem Glauben an Gott und nicht geringerer Liebe zu den Menschen.

Als Schwester Euthymia am 9. September 1955 im Alter von 41 Jahren in Münster stirbt, besucht die damals 19-jährige Paula Kösser gerade die Realschule der Vorsehungs-Schwestern in Münster. Die aus Stadtlohn stammende junge Frau erinnert sich noch gut an den Tod der Clemensschwester: »Wir Schülerinnen waren sehr betroffen und machten uns auf den Weg zum Mutterhaus der Clemensschwestern, um die Situation genauer zu erfahren. Bei den Schwestern wurden wir aufgeklärt über das bescheidene, unauffällige Leben von Schwester Euthymia. Wir baten um ein Päckchen Totenbildchen, worauf sich ihre kurze Lebensbeschreibung und ein Foto befanden. Sogleich verspürten wir eine Ehrfurcht und Anziehungskraft der Verstorbenen zum Gebet.«

Bei ihren Besuchen am Grab von Schwester Euthymia sieht Paula Kösser immer wieder viele Beterinnen und Beter. Auffällig sind die vielen Dankesschreiben nach Gebetserhörungen.

Von 1957 bis 1960 erlernt Paula Kösser dann die Krankenpflege bei den Clemensschwestern in der Raphaelsklinik in Münster. In dieser Zeit trägt sie die Anliegen und Nöte der Patienten an die Grabstätte von Schwester Euthymia. »Im Vertrauen auf Gott hatten wir hin und wieder Erfolg. Ich bin fest davon überzeugt, dass Schwester Euthymia in vielen seelischen Nöten geholfen hat und viele Verzweifelte zum Glauben an Gott zurückfanden.«

Nach Abschluss der Krankenpflege-Ausbildung tritt sie 1960 in die Gemeinschaft der Barmherzigen Schwestern (Clemensschwestern) in Münster ein. Nach Beendigung des Noviziats wird sie gleich als verantwortliche Krankenschwester in einer Inneren Abteilung eingesetzt. »Das war oft nicht so einfach, und somit bediente man sich im Stillen der Hilfe Gottes und suchte Vorbilder wie Schwester Euthymia.«

1972 wird Schwester Milgitha von der Generaloberin angesprochen für eine Missionsarbeit in Ruanda. Bischof Gahamanyi aus der Diözese Butare sucht dringend personelle Hilfe für seine Kranken-Stationen. »Mir war es eine große Ehre, diesen Auftrag anzunehmen.« Zusammen mit Schwester Ignatis ist sie die erste Clemensschwester, die für die Missionsarbeit in Ruanda bestimmt wird. 1973 treffen sie in Kaduha ein und beziehen eine abgelegene Station am Rand des Urwalds. Die Hauptstadt des Landes, Kigali, liegt 130 Kilometer entfernt, die nächst größere Stadt Butare 90 Kilometer.

Weit und breit gibt es keine ärztliche Versorgung. Schwester Milgitha notiert: »Kein Tele-

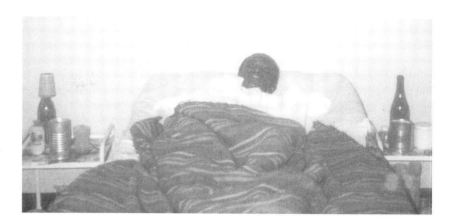

Die Krankenzimmer sind schlicht, aber die Pflege der Schwestern gleicht aus, was an Komfort fehlt.

fon, keine Elektrizität, keine offizielle Wasserversorgung. Wenig Interessenten, die sich bereit erklären, hier zu arbeiten wegen der armen und schlechten Lebensbedingungen.« In der Diözese Butare finden sie überraschend eine Druckerei, die den Namen Euthymia trägt, die »Imprimerie Euthymia«, die schon mehrere Jahre Druckschriften für die Diözese erstellt.

In den folgenden Jahren leisten die Schwestern viel für die medizinische Versorgung der Menschen. In sechs Gemeinden bieten sie ihre Hilfe an. Aufgebaut werden die ambulante Behandlung, Kranken- und Wundversorgung, stationäre Unterbringung, Apotheke, Labor, Krankentransport, Wochenstation, Entbindungsstation, Mütterschule und Ernährungszentrum, Impfstelle, Kinder- und Schwangerenversorgung in Außenstationen und nicht zuletzt die Unterbringung von Waisenkindern, Schülern und Heimatlosen.

Unterstützt werden die beiden Schwestern wenig später noch von Schwester Quirina aus Münster. »Wir versuchen, allen zu helfen, nach Möglichkeit zu pflegen und zu geben. Dank unserer Wohltäter können wir vielen Armen in ihrer großen Not helfen«, sagt Schwester Milgitha.

Zu dieser Zeit arbeiten Staat und Kirche gut zusammen, und es gelang, die Not im Land etwas zu lindern. Wenige Monate vor dem Völkermord im Juni 1993 notiert Schwester Mariata, die im Mutterhaus der Clemens-

Nur ein Notbehelf sind die Kranken-Bahren, auf denen die Schwerkranken oft kilometerweit zur Kranken-Station gebracht werden.

schwestern den Kontakt zu den Mitschwestern in Ruanda hält und den Förderkreis regelmäßig informiert: »Das Gesundheitswesen ist immer noch unzureichend. Auf etwa 30 000 Einwohner kommt ein Arzt. In den vergangenen Jahren ist durch die Hilfe kirchlicher und nichtstaatlicher Organisationen aber ein Fortschritt erreicht worden.« Die Kindersterblichkeit konnte gemindert, die Ernährungssituation verbessert werden. 32 Betten zählt die Station. Allein 1992 werden fast 2000 Schwerkranke an 15 000 Pflegetagen behandelt, die ambulante Kranken-Station zählt in diesem Jahr fast 40 000 Aufnahmen.

In der Mütterschule werden ebenfalls in diesem Jahr fast 8000 Mütter unterrichtet. Informiert wird über die Nahrungszubereitung, Hygiene, Kinderkrankheiten, Familienplanung und Bodenbearbeitung. An die Kinder

In dieser Kirche, die nur wenige hundert Meter von der Kranken-Station und dem Euthymia-Wohnhaus entfernt liegt, wurden während des Völkermords 2000 Menschen zusammengepfercht und brutal ermordet.

werden zwischenzeitlich warme Mahlzeiten ausgeteilt. In der Mütterschule sind zu der Zeit auch 17 Waisenkinder, deren Eltern zum Großteil an Aids gestorben sind. An die Bedürftigen werden Lebensmittel ausgegeben.

Niemand ahnt, dass wenig später der mühsame Aufbau im Land vernichtet wird und in der nur 50 Meter vom Euythmia-Wohnhaus gelegenen Pfarrkirche 2000 Menschen zusammengepfercht und brutal ermordet werden.

Der im April 1994 beginnende Völkermord der Hutus an dem Volksstamm der Tutsi macht auch vor den Kranken-Station in Kaduha nicht halt. Zunächst kommen die ersten Verwundeten aus der Nachbar-Pfarrei. Mit ihnen kommen aber auch die Verfolger, die nur eines im Sinn haben: Tutsi und alle, die sich ihnen in den Weg stellen, zu ermorden. »Die Menschen kamen dann in Scharen und flüchteten in die Pfarrkirche, wo sie glaubten, sicher zu sein. Kranke und Verwundete kamen zu uns ins Gesundheitszentrum«, erinnert sich Schwester Milgitha. Hilfe ist weit und breit nicht in Sicht. Einen Schutz der Polizei gibt es nicht. Furchtbare Nachrichten dringen immer wieder durch; der Pfarrer der Nachbar-Pfarrei, seine Mitbrüder und die

Ordensschwestern im benachbarten Ort sind bereits getötet.

Mit den Helfern der Kranken-Station organisiert Schwester Milgitha in den Flüchtlingscamps sanitäre Einrichtungen und Wassereinrichtungen. »Wir waren Tag und Nacht im Einsatz. Die Zahl der Flüchtlinge nahm ständig zu.« Unterdessen umzingeln militante Hutus das Dorf. »Sie standen rund um uns, wie im Kreis auf den Hügeln, besonders am späten Abend. Sie sangen Kriegslieder und kündigten den gewaltsamen Tod an.« Täglich gibt es Überfälle. Immer mehr Menschen kommen ums Leben.

Die unvorstellbare Nacht des Grauens setzt am 20. April ein. Gegen 20 Uhr werden die Schwestern aufgefordert, die Flüchtlinge zu verlassen und sich in ihr Euthymia-Wohnhaus einzuschließen. Gegen zwei Uhr morgens explodieren die ersten Granaten. Das große Massaker beginnt. In neun Stunden werden in Kaduha 15 000 Menschen auf grausame Weise getötet. Allein in die Kirche treibt man 2000 Menschen hinein und tötet sie nacheinander. »Wir erwarteten einen Ansturm auf unser Haus und unsere Station, worin sich unsere Kranken, Kinder und das Personal befanden. Wir blieben wie durch ein

Die Waschküche in Kaduha sorgt für saubere Bettwäsche in der Kranken-Station. Ein Bild mit Symbol-Charakter. Die von Schwester Milgitha verehrte Schwester Euthymia leitete von 1948 bis kurz vor ihrem Tod 1955 die Wäscherei des Mutterhauses der Clemensschwestern und der Raphaels-klinik in Münster.

Wunder von allem verschont«, beschreibt sie die in Todesangst verbrachte Nacht. Zu den Überlebenden gehören auch 100 Tutsi, die die Schwestern versteckt halten können.

In den folgenden Wochen werden die wenigen Überlebenden gepflegt, Verwundete behandelt. Massengräber werden ausgehoben, bevor Hunde und Schakale sich der Beute bedienen. Im Mai ziehen 200 000 Flüchtlinge durch Kaduha. Ihr Ziel ist das 70 Kilometer weit entfernte Zaire, wo sie Sicherheit suchen. Plünderungen sind an der Tagesordnung. Erst Anfang Juni können die beiden Schwestern Milgitha und Quirina das erste Lebenszeichen nach Deutschland weitergeben. Schwester Milgitha fährt nach Butare, spricht mit dem Bischof, organisiert Lebensmittel und Medikamente. Die Angst verdrängt sie: »An den vielen Sperren wurde ich kein einziges Mal kontrolliert. Ich war sicher und vermutete, weil ich Schwester Euthymias Toten-Bildchen in der Kitteltasche trug, naiv gesagt, aber für meine persönliche Einstellung war es wie eine Kraft von Gott.«

Erst auf wiederholtes Drängen des Subpräfekten verlassen die Schwestern im Juni ihre Station mit den 100 überlebenden Tutsi und 30 Angestellten und kehren über Zaire zurück nach Deutschland. »Ich übergab alles im Vertrauen an Schwester Euthymia.« Doch der Aufenthalt in Münster ist kurz. Als die Sicherheit in Ruanda halbwegs wiederhergestellt ist, kehrt Schwester Milgitha wenige Wochen später zurück an ihre Wirkungsstätte. Alle Hinterbliebenen in der Station überleben den Völkermord. Die Station ist weder geplündert und zerstört. Die Station kann die Arbeit wieder aufnehmen.

Über Schwester Euthymia sagt Schwester Milgitha: »Sie lässt uns praktisch die tiefe Bewegung der Gnade Jesu Christi erfahren, die in der Verehrung an ihrer Grabstätte lebendig wirkt, um uns offen zu halten für den Frieden in der Weltkirche.« An der Seligsprechung von Schwester Euthymia nahm neben den 3000 Pilgerinnen und Pilgern aus dem Bistum Münster auch Schwester Milgitha teil.

JOHANNES BERNARD

Eine ehrenvolle Aufgabe

Norbert Kellmann pflegt seit drei Jahren die Grabstelle von Schwester Euthymia

Seit 1998 geht Norbert Kellmann drei Mal wöchentlich in aller Frühe auf den Zentralfriedhof, um die Grabstelle von Schwester Euthymia in Ordnung zu halten. Für den 47-jährigen Gärtner und Hausmeister im Mutterhaus der Clemensschwestern an der Klosterstraße 85 ist dies eine »ehrenvolle Aufgabe«.

Norbert Kellmann

1959 hatte Norbert Kellmann als Kind einen schweren Unfall. Im Krankenhaus in Dülmen rieten Clemensschwestern den besorgten Eltern, das Grab von Schwester Euthymia in Münster aufzusuchen, um für die Gesundung ihres Sohnes zu beten. Ab 1960 fuhr Norbert Kellmann dann regelmäßig mit zum Grab.

Auch in späteren Jahren fuhr Norbert Kellmann mit seiner Frau und den drei Kindern zwei Mal jährlich nach Münster. »Ich habe nie damit gerechnet, das Grab jemals zu pflegen«, sagt der heute 47-Jährige.

Seit April 1998 ist Kellmann im Mutterhaus der Clemensschwestern an der Klosterstraße als Gärtner und Hausmeister tätig. Beim Vorstellungsgespräch erfuhr er dann, dass es mit zu seinen Aufgaben gehörte, die Grabstelle von Euthymia auf dem Zentralfriedhof zu pflegen. »Über diese ehrenvolle Aufgabe habe ich mich sehr gefreut.«

Dreimal in der Woche, »in aller Frühe, um die Beter nicht zu stören«, sucht Kellmann die Grabstelle auf. Er sortiert die alten Blumen aus, entfernt Kerzenwachs und hält die vielen brennenden Kerzen auf Abstand, gießt die frischen Blumen, ordnet alles immer wieder neu, damit der Gesamteindruck stimmt.

Die vielen Votivgaben, die Besucher an der Grabstelle zurücklassen, übergibt Kellmann nach einer längeren Verweildauer ins Archiv der Clemensschwestern, wo sie gesammelt werden. »Nichts kommt weg«, versichert Kellmann, der gerade die vielen verschiedenen Votivgaben wie Teddybären, kleine Danktafeln, Rosenkränze, Plaketten, beschriftete Kerzen und Steine sehr schätzt. »Das macht die besondere Atmosphäre an der Grabstelle aus.«

Genügend Arbeit hatte Kellmann auch in den vergangenen Wochen, während der Bauarbeiten für die neue Grabkapelle über dem Grab von Euthymia liefen. Denn in unmittelbarer Nähe zur neuen Kapelle hatten Verehrer von Schwester Euthymia weiterhin Kerzen und Blumen niedergelegt. »Die Grabkapelle ist gelungen. Die alten Leute haben endlich die Möglichkeit, im Trockenen zu sitzen«, freut sich Kellmann über die Neugestaltung der Euthymia-Grabstelle.

BERND SCHUMACHER

Fundgrube eines einfachen Lebens

Archiv der Clemensschwestern gibt lebendiges Zeugnis

Der blaue Arbeitskittel und die Holzschuhe, die Schwester Euthymia in der Waschküche trug, von ihr abgeschriebene Gedichte, eine Kniebank, auf der sie mit Vorliebe betete, ihr abgearbeiteter Profess-Ring, ein Zopf von ihrem Haar, Bilder und Devotionalien vom Grab, Dankesbriefe. Der Euthymia-Raum im Archiv der Barmherzigen Schwestern (Clemensschwestern) an der Klosterstraße 85 in Münster ist eine Fundgrube von Zeugnissen über das Leben der bekannten Ordensfrau. Fast alles sind unscheinbare Dinge, die ihr Leben in Einfachheit dokumentieren.

Das ohnehin große Interesse an dem heiligmäßigen Wirken des »Engels der Liebe«, wie Schwester Euthymia auch genannt wird, ist in den Monaten vor der Seligsprechung am 7. Oktober in Rom noch gewachsen. Allerdings kommen Besucher

weniger aus wissenschaftlichem Forscherdrang, sondern weil sie das seelsorgerische Gespräch suchen, berichtet Schwester Annetta Siepe, Archivarin und »Hüterin dieses Schatzes«.

Um aber den vielen Ratsuchenden gerecht zu werden, hat der Orden Schwester Raphaelis Banniza eingesetzt, die auch den Ausstellungsraum betreut. Im Bewusstsein der Menschen ist Euthymia mehr Ansprechpartnerin als Forschungsobjekt. Druckfrisch ist ein 80-seitiges Findbuch zu Euthymia, das die 75-jährige Ordens-Archivarin Annetta Siepe zusammengestellt hat. In ihm sind alle Quellen, Fotos, Bilder, Dokumente, Schriftstücke akribisch aufgeführt. Eine Schautafel spannt den Bogen von der Kindheit der kleinen Emma Üffing in Hopsten-Halverde, über ihren aufopferungsvollen Einsatz für Kriegs-

Die Ordens-Archivarin Annetta Siepe am 101 Jahre alten Reliquienschrein, der auch die Reliquie der seligen Schwester Euthymia aufgenommen hat.

gefangene und Zwangsarbeiter im St.-
Vinzenz-Hospital in Dinslaken bis zur
Dokumentation des Seligsprechungs-
prozesses.

Beeindruckend auch der schlichte Glaskasten
mit den Fotos von der verletzten Hand ihrer
Mitschwester Avelline Koenen. Die Finger
waren in die Walze der Bügelmaschine
geraten, gequetscht und verbrannt. Am Tag
nach Euthymias Tod hatte Avelline am
offenen Sarg der mit 41 Jahren früh
Verstorbenen um Fürbitte gebeten. Neben
den Bildern der verkohlten Finger belegen
Fotos die Heilung.

In der »Positio Super Miraculo«, der Schrift
über dieses Wunder ohne ärztliches Zutun,
ist der Seligsprechungsprozess
zusammengefasst. Ein Schaukasten
dokumentiert die letzten Stunden der
Ordensfrau. Das Nachthemd, das sie in der
Sterbestunde trug, der Totenbrief,
Rosenkranz und Kreuz aus dem Sarg.

Weitere Exponate im Schauraum stammen
von dem französischen Priester Abbé Emile
Eche, der an Euthymias Seite im Dinslakener
St.-Vinzenz-Hospital Kranke betreute.
Anlässlich der Seligsprechung Euthymias
und der damit verbundenen Errichtung
einer Verehrungskapelle wird das Euthymia-
Archiv samt dem Ordensarchiv der
Clemensschwestern in die Loerstraße ziehen.
Für die »Schwester Archivarin« ist das eine
willkommene Entwicklung, hat sie ohnehin
Mühe, die vielen Meter Archivkästen zweck-
dienlich unterzubringen und die kostbaren
Exponate umfassend zu zeigen.

Denn das Euthymia-Archiv ist nur ein
kleiner Teil des Ordensarchivs, das 193 Jahre
Ordensgeschichte bezeugt. Es konnte trotz
des verheerenden Bombenangriffs von 1943,
dem 50 Schwestern zum Opfer fielen, nur
dadurch gerettet werden, weil es im Keller
von Schloss Darfeld ausgelagert war.

Das Archiv des Mutterhauses birgt nicht nur
die Ordenschronik, Baupläne, die Akten
der zahlreichen Töchterhäuser, Bücher,
Schriften, Zeitungen, sondern auch
zahlreiche Quellen zur münsterschen
Geschichte, zur Geschichte des Doms,
seltene Bilddokumente vom Klarissenkloster,
Gemälde und wertvolle Kunstgegenstände.
Einen großen Teil davon hat Schwester An-
netta bereits als Computerdateien erfasst.
Viele historische Glas-Dias hat sie für das
Bildarchiv eigenhändig reproduziert, um
Kosten zu sparen. Zahlreiche Diplom-
arbeiten und Dissertationen begleitete sie.
Ein Exponat liegt der Schwester besonders
am Herzen: Der 101 Jahre alte goldene
Reliquienschrein, den die Ordensoberin
Helena Pael zu ihrem 50. Geburtstag zum
Geschenk bekam.

Dieser Schrein hat auch die Reliquie der selig
gesprochenen Schwester Euthymia aufgenommen.

Karin Weglage

Zwei neue Selige

Bernhard Groß freut sich auf die Seligsprechung seines Vaters

»Die beiden Seligen haben vieles gemein-sam«, sagt Bernhard Groß über seinen Vater Nikolaus Groß und Schwester Euthymia. Still betrachtet Bernhard Groß das Bildnis seines Vaters Nikolaus. »Auf den ›Blauen Niko‹ möchte ich nicht mehr verzichten«,

sagt er und deutet mit seinem Zeigefinger auf das von Patrick Schoden gemalte Bild. »Denn hier sind viele zeitgenössische Details festgehalten, bis hin zum Krawattenknoten.« Das Bild von Nikolaus Groß hängt an zentra-ler Stelle und beherrscht das Büro von Bern-hard Groß. So, wie der tote Vater, der am 7. Oktober selig ge-sprochen wird, auch das Leben des Sohnes bestimmt.

Doch die Präsenz des Vaters vermittelt nicht den Eindruck von Last. Für Bern-hard Groß ist der Vater vielmehr ein Vermächtnis, das er seiner Generation und der seiner Kinder weitergeben möchte. Die Ankündigung, dass der Vater in Rom selig gesprochen wer-den soll, ist in der Be-ziehung von Vater und Sohn sicher der Höhepunkt.

Dass er diese Feier als Sohn miterleben darf, ist nicht nur kir-chengeschichtlich ein ungewöhnliches Er-eignis. Da werden tiefe Empfindungen wach.

»Ja, was fühlt man, wenn man nach der langen Zeit des War-tens erfährt, dass der eigene Vater selig gesprochen wird?«

Nikolaus Groß mit Sohn Bernhard 1929

»Er reißen sich vier mehr Familien an den Christus wie an der Folge wurde. Vom jedem Platz, hingegen, der in der Nachbarhe mit seiner Kinde eingenommen wird, für die Dide und Liebe vertrieben, sind Leben und Bewegung haben hin in Seelig genommen.«

Groß hält inne, so, als wenn er diesen Augenblick noch einmal erleben würde. »Ich bin still in die Kirche gegangen und habe mich dort hingesetzt und gebetet«, erzählt er. »In diesem Augenblick habe ich vor allem Dankbarkeit gefühlt; Dankbarkeit gegenüber allen, die geholfen und die den Prozess betend begleitet haben.«

Den ersten Hinweis hatte Groß im Mai von seinem Freund Robert Lendzian bekommen. Dieser hatte von Bischof Lettmann erfahren, dass Kardinal Meisner von Köln und Bischof Luthe aus Essen den Papst während eines Essens gebeten hatten, Nikolaus Groß am 7. Oktober selig zu sprechen.

Der Papst versprach, es zu tun. Diese Nachricht seines Freundes wurde Groß im Essener Generalvikariat bestätigt. Es fehlten zwar noch die schriftlichen Dekrete, aber für Groß war klar, dass es hinter die Worte des Papstes kein Zurück mehr gab.

Am 4. August 1934 wird Bernhard Groß in Köln geboren. Er ist das sechste von sieben Kindern des katholischen Arbeiterführers, der am 23. Januar 1945 in Berlin-Plötzensee hingerichtet wird. Nur wenige Jahre hat Bernhard Groß seinen Vater erleben dürfen. Und doch lässt er keinen Zweifel daran, dass dieser ihn und seine Geschwister entscheidend geprägt hat.

»Unser Vater ist immer konsequent seinen Weg gegangen«, beschreibt ihn Groß. »Nicht im stillen Kämmerlein, sondern offen, ja vor aller Welt hat er die Menschen aufgerufen, kein Unrecht hinzunehmen. Dass er diesen Weg gegangen ist, ohne sich zu verbiegen, hat uns viel mit auf unseren Lebensweg mitgegeben. Mehr, als wenn er uns länger erhalten geblieben wäre.«

Das gilt auch für seine Frau Elisabeth. Da ist sich Groß sicher. Überhaupt sei der Vater ohne sie nicht zu verstehen. Sie sei mindestens ebenso prägend für die Familie gewesen. »Ohne seine Frau hätte unser Vater diesen Weg nicht so konsequent gehen können. Sie hat ihm das nötige Gottvertrauen geschenkt, das ihm die Kraft gerade für seinen letzten schweren Gang gab«, erinnert sich Groß.

Er verweist auf den letzten Brief. »Ich versuche mir immer wieder diese Situation vorzustellen«, sagt er und skizziert seine Gedanken: kurz vor der Hinrichtung. Der Gefängnispfarrer kommt herein und spricht von der Möglichkeit, noch einmal einen Brief schreiben zu können, der dann als Kassiber aus dem Gefängnis geschmuggelt werden soll.

Ohne lange nachdenken zu können, mit gefesselten Händen, schreibt Nikolaus seinen letzten Brief an die Familie. Den Brief, der auf ergreifende Weise die Liebe zu seiner Frau und den Kindern deutlich macht, der aber auch ein Schlaglicht auf die große Glaubenskraft des Mannes wirft. »Beide, Vater und Mutter, haben an die große Kraft des Gebetes geglaubt«, sagt Groß. »Mich hat sein Vertrauen auf das Gebet, das in allen 29 Briefen aufleuchtet, die er uns geschrieben hat, immer wieder fasziniert.«

Diese Briefe, insbesondere der letzte, sind für den Sohn das eigentliche Erbe. »Das merke ich vor allem jetzt, wo sich so viele Menschen auf den Weg nach Rom machen«, sagt er. Gerade in diesen Briefen gebe der Vater den Menschen die Chance, sich zu orientieren. In einer Zeit, wo Werte und Normen schneller fallen als Aktienwerte an der Börse, verweist Nikolaus Groß auf die Kraft der Liebe und des Rechtes sowie auf die Bedeutung von Ehe und Familie.

»Gerade in die heutige Zeit kann das Lebenszeugnis meines Vaters wirken«, ist Bernhard Groß überzeugt. »Zum Beispiel, wenn man daran erinnert, wohin es führt, wenn man wieder faschistischen Ideologien anhängt.«

Nicht erst heute haben die Menschen den Familienvater und katholischen Gewerkschafter schätzen gelernt. Die Verehrung für Groß hat schon früh eingesetzt. Bereits unmittelbar nach der Hinrichtung hat ein Priester der Witwe Elisabeth Groß geschrieben, dass man beabsichtige, den Seligsprechungsprozess einzuleiten. »Damit haben die Menschen damals doch ein Licht für meinen Vater entzündet. Ein Licht, das nicht mehr ausgegangen ist«, freut sich Groß.

Und das verbindet nach Ansicht von Bernhard Groß seinen Vater und Schwester Euthymia, die ebenfalls am 7. Oktober in Rom selig gesprochen wird. Für Groß eine glückliche Fügung. Nicht nur, weil er die Ordensfrau bereits früh verehrte, die in Dinslaken, wo er seit langem lebt, als »Engel von St. Barbara« bekannt wurde. Auch weil beide viel gemeinsam haben – was auf den ersten Blick überraschend erscheint.

»Sicher, Euthymia war eher der dienende Mensch und Vater der aktivere«, sagt Groß. Das schreibt er aber ihrer beruflichen bzw. persönlichen Lebenssituation zu. »Beide waren aber auf ihre ureigene Weise Widerstandskämpfer.« Denn auch Euthymia habe dem Bösen widerstanden. Wie der Vater habe sie mit ihrem Leben und Handeln eine überzeugende Antwort auf die bohrende Frage der Nachkriegsgeneration gegeben: »Was habt ihr getan?« Wie der Vater habe sie in der furchtbaren Zeit des Naziterrors die Kraft gefunden zu widerstehen, um der Menschen und um Gottes willen.

»Wenn das alle getan hätten, hätte man das Dritte Reich und den Holocaust vielleicht nicht verhindert, aber diese Zeit hätte menschlichere Züge bekommen«, ist sich Bernhard Groß sicher.

Diese Botschaft kann man nach der Erfahrung von Groß gerade auch jungen Menschen vermitteln. Oft erzählt er Schülerinnen und Schülern von beiden künftigen Seligen und zieht Parallelen in die heutige Zeit, indem er fragt: »Wo könnt ihr denn widerstehen – im Kleinen euch treu sein?«

Dass beide Personen in Rom selig gesprochen werden, macht ihn sehr glücklich. Für die ganze Familie Groß – die Kinder des zukünftigen Seligen leben noch alle – ist die Feier in Rom ein großes Ereignis. Die Familie wird mit anderen Pilgern mit dem Bus nach Rom fahren. »Dafür will ich mir viel Zeit nehmen. Dieser Tag wird für mich der schönste Tag meines Lebens werden.«

Nur einen Wunsch hat Bernhard Groß noch. Nach seiner Pensionierung hat er noch einmal die Schulbank gedrückt und ist Diakon geworden. »Ich hoffe, dass sich von den Leuten, die den Gottesdienst in Rom planen, einer daran erinnert, dass einer der Söhne des selig zu sprechenden Groß Diakon ist.«

Denn stünde er als Diakon des Heiligen Vaters bei der Seligsprechung mit am Altar, wäre sein Glücksgefühl nicht mehr zu steigern.

Jürgen Kappel

Ein Wunsch ging in Erfüllung: Diakon Bernhard Groß (rechts) assistiert am Papstaltar.

Mit den Händen getröstet

Eine Ermutigung für Pflegende

Das Leben von Schwester Euthymia spielte sich wesentlich bei denen ab, die auf der Schattenseite des Lebens standen, deren Lebenshoffnungen durch Krieg, durch Verwundung und Krankheit durchkreuzt waren. An deren Schicksal nahm sie Anteil. Dies wurde zur Quelle ihrer Heiligkeit. So vollendete sich ihr Leben und wurde zum Trost für viele über ihren Tod hinaus.

Als im Rahmen des Seligsprechungsprozesses ihre Gebeine erhoben wurden, wurde ein Säckchen mit Überresten der Hand zurückbehalten, um davon, wo es gewünscht wird, einige Reliquien hingeben zu können.

Schwester Euthymia betrachtet ihre Hände: Detail der 6. Station des Kreuzwegs im St.-Paulus-Dom in Münster. Der Künstler Bert Gerresheim schuf Schwester Euthymia als Begleiterin Jesu.

Damit wurde unser Blick auf etwas Wesentliches im Leben der Seligen gerichtet: auf ihre Hände.

Die Hand ist wohl eines der sprechendsten, ausdrucksstärksten Symbole für das Leben von Schwester Euthymia. Sie diente den Menschen wesentlich mit ihren Händen. In der Pflege, wie sie Kranke bettete, aufrichtete, fütterte, wie sie die Kranken wusch, den menschlichen Unrat wegbrachte, die Betten bezog, Verbände anlegte, die schmutzige Wäsche besorgte – was damals schwere körperliche Arbeit war. Es sind alles Verrichtungen, die eben mit den Händen zu tun sind.

Indem wir nun in dieser Symbolik auf ihr Leben schauen, kann uns eine neue Achtung und Aufmerksamkeit für die Menschen geschenkt werden, die heute präsent sind für andere, für uns selbst mit ihren Händen, mit ihrer Hände Arbeit.

Ich denke besonders auch an pflegende Angehörige zu Hause, in der Familie, an die Schwestern und Pfleger in den Krankenhäusern, Sozialstationen, Altenhilfeeinrichtungen, an die Ärzte und andere Therapeuten, die »be-hand-eln«.

Ich denke an die Mütter und Väter mit den vielen »hand-lichen« Verrichtungen für ihre Kinder: an die Hand nehmen und wieder loslassen, Sicherheit geben und begleiten mit den Händen . . . Oder zu denken ist auch an Liebende, die sich die Hand halten, umarmen, berühren. Ich denke schließlich an alle Berufe, wo besonders die Hände wichtig sind: Hand-werk, Hand-arbeit . . .

Aufmerksam werden auch einmal so für unsere eigenen Hände: Sind sie Hände des Grußes und der Freundlichkeit, Hände, die freudig geben und unverkrampft empfangen können? Sind sie helfende und vielleicht sogar heilende Hände?

Oder sind unsere Hände eher Drohsymbole,

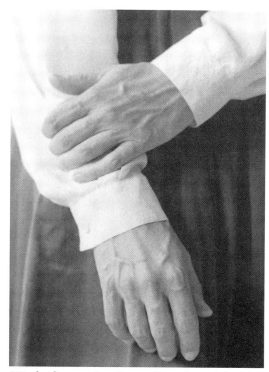

Hände dienen: sie pflegen Menschen, richten Kranke auf und waschen sie, bieten Hilfe an.

gierig packende oder abstoßende Zeichen? »Alles für den großen Gott« ist eine Art Leitmotiv im Leben der seligen Schwester Euthymia gewesen. Das lässt mich denken an ihre gefalteten Hände, Zeichen des Gebets, der Hingabe an Gott. Wie vielen mag sie – gerade auch im Sterben – die Hände gefaltet haben, dann ihre Augen geschlossen haben? Oder ich denke an Situationen bei den Todkranken, wo Worte kaum noch hinreichen können, sie kaum noch gehört werden, wo aber das Auflegen der Hände noch Trost vermitteln kann.

Trost hat es ja schwer. Schnell wird im Hintergrund »billige Vertröstung« gehört. Ich glaube aber nicht, dass das Wort Trost ein verbrauchtes Wort ist. Jeder von uns weiß: Ich kann nicht leben ohne Trost, vielleicht zunächst erst deshalb, weil in uns Menschen die Angst lebt, die Welt, unser

Leben könne in Trostlosigkeit versinken. Und was ist das für eine schlimme Erfahrung, wenn ein Beter im Alten Testament schreit: Ich suchte einen, der mich tröstet, aber es war keiner zu finden.

Trösten meint: Ich bin jetzt für dich da. Du kannst dich auf mich verlassen. Es wird schon alles gut.

Die Mitte des Trostes ist die Hoffnung: Wer keine Hoffnung hat, der kann auch nicht wirklich trösten; dass da jemand ist, dem ich auch dann noch vertrauen kann, wenn alle mich verlassen haben.

In jedem wirklichen Trost ist die Zuversicht enthalten, dass es weitergehen kann mit meinem Leben – und wenn es schließlich der Schritt in den Tod ist. Aber der kann geschehen im Vertrauen, dass ich nicht ins Nichts falle, sondern die endgültige Gemeinschaft mit Gott finde. Deshalb nennt Paulus Gott den »Gott allen Trostes« (2 Korinther 1,3).

Schwester Euthymia hat solchen Trost, so denke ich mir, wohl eher mit ihren Händen ausgedrückt als mit Worten.

Und ich glaube, Schwester Euthymia hatte das lebendige Bewusstsein, in Gottes Hand zu sein. Das lässt uns das Wort des Propheten Jesaja als Trostwort auch für uns hören: »Sieh her: Ich habe dich eingezeichnet in meine Hände. – Ich vergesse dich nicht!« (Jesaja 49,16).

DIETER GEERLINGS
Domkapitular, Vorsitzender des
Caritasverbandes für die Diözese Münster

»Was ist fromm?«

Schwester Euthymia als Thema einer Schulstunde

»Eigentlich hat sie das gemacht wie Jesus«, sagt Jovan, als er in einer Religionsstunde vom Leben und Wirken Schwester Euthymias hört. Und Kevin ergänzt: »Ihr eigenes Leben hat sie nicht interessiert, nur das der anderen Menschen.«

Ein erstaunliches Fazit für Zehnjährige. Die 18 Jungen und Mädchen der Klasse 4c der Johannesschule, Katholische Grundschule in Sassenberg, hatten vor der Gesprächsrunde über Schwester Euthymia mit der Klassenlehrerin Cilly Rutemöller und der Referendarin Monika Gillibert im Rahmen einer Unterrichtsreihe »Menschen in der Nachfolge Jesu« das Gleichnis vom barmherzigen Samariter erarbeitet. Ein Farbholzschnitt von Thomas Zacharias steht vor der Tafel auf einem Notenständer. Und daneben das Bild der Clemensschwester Euthymia. Schnell erkennen die Kinder – hier sind Bezüge vorhanden. Hier ist ein Gleichnis aus der Bibel von einem Menschen bis in die letzte Konsequenz verwirklicht worden.

Verwunderung wird spürbar in der Klasse, als sie von Emma Üffings Entwicklung hören. Ein kleines Kind, das kränklich ist, sehr viel bei der Mutter bleiben muss, während ihre vielen Geschwister draußen spielen dürfen, entwickelt sich zu einer hilfsbereiten, stets ruhigen und liebevollen Schwester. Und sie nimmt ihren Geschwistern auch noch die Arbeit ab.

»Dat kann ick wuoll«, hat sie stets gesagt, wenn jemand in der Familie meinte, die Arbeit sei vielleicht zu schwer für sie. Schließlich war sie ja nicht so stark wie ihre Geschwister. »Nun, das hat sie sicher getan, weil ihre Geschwister ja auch Arbeit für sie übernehmen mussten, weil sie vielleicht nicht immer so viel leisten konnte«, meint Fabian. »Das war so etwas wie Geben und Nehmen.«

Respektvolles Schweigen: Emma Üffing hatte Probleme mit dem Lernen. Aber sie war unglaublich fleißig und übte so lange, bis sie alles verstanden hatte. Und dann hatte sie auch noch gute Noten. Das ist einfach cool. Anerkennung von Kevin: »Ich finde es toll, dass sie trotz ihrer Krankheit so gute Noten in der Schule gekriegt hat.«

Doch als aus Emma dann Üffings Nönneken wird, weil sie auch noch fromm ist – Zwischenfrage aus der Klasse: »Was ist fromm?« – viel betet und auch noch gerne sonntags zur Kirche geht, werden die Ohren der Zehnjährigen ganz lang – dass es so was gibt!

Üffings Nönneken geht dann ins Kloster, wird Ordensfrau. Wird als Krankenschwester ausgebildet und legt wieder alle Prüfungen mit »sehr gut« ab. Das Mutterhaus der Clemensschwestern in Münster mit der Raphaelsklinik ist fast allen Kindern bekannt. Aus Emma Üffing wird Schwester Maria Euthymia, die als Krankenschwester nach Dinslaken in das St.-Vinzenz-Hospital geschickt wird. Der Zweite Weltkrieg bricht aus. Und nun kommen bei den Kindern zu den langen Ohren noch erstaunte Augen dazu. Wie schrecklich Krieg ist, wissen alle. Und alle haben Angst davor, auch wenn sie diese schweren Zeiten nur aus den Erzählungen der Großeltern kennen: »Mein Opa war auch im Krieg – er hat viel Schlimmes erlebt«, kommt es aus der Runde.

Euthymia hat im St.-Vinzenz-Hospital Menschen gepflegt, die ansteckend krank waren. Sie waren als Gefangene nach Deutschland gebracht worden. Die körperlich nicht sehr kräftige Schwester Euthymia umsorgt diese Menschen, die kein Deutsch sprechen können, die Heimweh nach zu Hause haben, die niemand haben will und um die sich eigentlich sonst niemand mehr kümmert. Sie arbeitet

Schwester Euthymia kannst du bitte den Krieg
auf halten. Und die den Krieg machen wollen, dass
du sie zu Vernunft bringen kannst dass sie
sich nicht mehr streiten und kempfen
sollen

Schwester
Euthymia

»*Schwester Euthymia, kannst du
bitte den Krieg aufhalten. Und die
den Krieg machen wollen, dass
du sie zur Vernunft bringen kannst.
Dass sie sich nicht mehr
streiten und bekämpfen sollen.*«
*Das erbittet eine Zehnjährige,
die aus Osteuropa nach
Deutschland umgesiedelt ist.*

für diese Menschen Tag und Nacht mit liebevoller Hingabe – ohne Angst vor Ansteckung. Sie sorgt unter großen Mühen dafür, dass sie etwas zu essen bekommen. Die Zehnjährigen staunen. Sie finden es eigentlich nicht verwunderlich, dass Euthymia dafür von den Kranken »Engel der Liebe« genannt wird.

Dann wird Schwester Euthymia auf Wunsch der Oberen in die Waschküche versetzt. Arbeit in der Waschküche eines Krankenhauses vor mehr als 50 Jahren. Wieviel Tonnen an Wäsche wohl in einem so großen Krankenhaus wie zum Beispiel der Raphaelsklinik zusammen kommen? Damals gab es keine so perfekten und vollautomatischen Waschmaschinen und Trockner wie heute. Da musste viel Arbeit mit großem Kraftaufwand geleistet werden. Dass Euthymia davon völlig ausgelaugte Hände hat – für Zehnjährige heute kaum vorstellbar. »Wäre sie denn nicht lieber in der Krankenpflege geblieben? Das hat sie für ihr Leben gern getan.« Und: »Die Kranken zu pflegen, das war ihr Lebenssinn, und daran hat sie sich hochgezogen.« Sicher wäre sie gerne in der Krankenpflege geblieben, aber wenn »die Oberen es wollen«, dann gehorcht eine Ordensfrau. Die Zehnjährigen können so viel Gehorsam nicht nachvollziehen.

Euthymia verrichtet ihre schwere Arbeit

in der Waschküche mit ebenso liebevoller Hingabe, wie sie die schwerkranken Kriegsgefangenen gepflegt hat. Und sie nützt jede freie Minute, um zu beten. Sie ist immer freundlich und hilfsbereit. Viele Menschen, die sie damals kennengelernt haben, berichten heute noch mit großer Ehrfurcht und Anerkennung von ihr. »Ihr eigenes Leben hat sie wohl gar nicht interessiert, sondern nur das der anderen«, kommt ein Kommentar aus der Schülerrunde.

Die Blicke der Kinder werden traurig: Euthymia wird schwer krank. Sie hat Krebs. Und sie stirbt bald darauf. Für die Zehnjährigen nur folgerichtig: Viele Menschen besuchen sie schon in der Klosterkapelle, als sie dort aufgebahrt ist. Viele Menschen bitten sie um Hilfe. Und viele Menschen erhalten Hilfe. In mehr als 150 000 Briefen, die im Kloster der Clemensschwestern in Münster aufbewahrt werden, berichten Menschen darüber: »Ich war arbeitslos. Euthymia hat mir geholfen, dass ich wieder eine Arbeit finde.« Mütter berichten, dass ihr Kind eine schwere Krankheit überstanden hat. Die Menschen glauben fest daran, dass sie es war, die ihnen geholfen hat. Und sie sind dankbar. »Das ist doch heute noch so. Ich war an ihrem Grab auf dem Friedhof in Münster. Alles voller Kerzen und Blumen«, berichtet Jenny.

Nun wird Euthymia die hohe Ehre der Seligsprechung zu teil. Die Kinder finden das ganz in Ordnung. Und in aller Sachlichkeit eine leichte Kritik: »Wenn das auch schon lange her ist, dass sie gestorben ist.« Aber gleich die nächste, ebenso sachliche Feststellung: »Wichtig ist, dass sie geehrt wird. Sie hat doch so vielen Menschen geholfen.« Als die Kinder sich zum Ende der Stunde wieder an ihre Plätze setzen und Eindrücke über das Gehörte aufschreiben, wird es mucksmäuschenstill in der Klasse. Sie haben ein Blatt mit dem Bild Euthymias vor sich liegen. Sie schreiben und malen. Sie sprechen mit »Emma«, »Üffings Nönneken« und Euthymia, stellen Fragen und sie haben einiges auf dem Herzen. Jenny freut sich, dass Euthymia den Menschen so gerne geholfen hat. Sie weiß, was es heißt, an Krebs zu sterben. Ihr Großvater, an dem sie sehr hing, hat das gleiche Schicksal erlebt. Mit Tränen in den Augen schreibt die Zehnjährige: »Euthymia, vielleicht siehst du meinen Opa.«

Die unterschwellige Angst vor dem Krieg und das Vertrauen in den Beistand Euthymias wird in den kurzen Sätzen deutlich: »Schwester Euthymia, kannst du bitte den Krieg aufhalten. Und die den Krieg machen wollen, dass du sie zur Vernunft bringen kannst, dass sie sich nicht mehr streiten und bekämpfen sollen«, schreibt eine andere Schülerin. Aber auch Dankbarkeit wird spürbar: »Danke, dass du auch geholfen hast, wenn Krieg zwischen euch war. Wieso schmeißt du dein Leben für die Menschen weg?«

Zum Gleichnis vom barmherzigen Samariter fällt den Kindern noch die Geschichte mit den Aussätzigen ein. Was Euthymia geleistet hat, findet die uneingeschränkte Anerkennung der Zehnjährigen. Lena schreibt: »Ich finde es toll, dass du allen Menschen geholfen hast, auch in der Waschküche. Dass du jedem geholfen hast und jeden lieb hast.«

Dass Euthymia auch nach ihrem Tod den Menschen hilft, wenn sie um Beistand gebeten wird, ist für einen der Zehnjährigen ganz sicher: »Bestimmt hast du meinem Bruder geholfen, als der Bauchschmerzen hatte. Und ich wünsche, dass die Erde gesund bleibt und die Tiere.«

Liebevoll, sie hat nie an sich gedacht, sie war nie sauer – das beeindruckt die Kinder. Und spürbar wird in all ihren Reaktionen: Solche Menschen brauchen wir heute auch. »Ich finde das toll, dass du den Menschen geholfen hast. Ich wünschte, dass du am Leben wärst«, schreibt Annika. Ein Wunsch, der sich mehrmals in den Briefen wiederfindet. Und Kevin verspricht: »Dein Grab steht voller Kerzen, und wenn ich kann, dann stelle ich auch eine Kerze an dein Grab.«

ELKE SEUL

Ein Lächeln geschenkt

Helmut Wolters malte für die Gedenkstätte in Dinslaken ein Euthymia-Porträt

Rund 150 Stunden malte Helmut Wolters an dem Porträt der seligen Schwester Euthymia. Das Öl-Bild hängt in der Krankenhauskapelle des St.-Vinzenz-Hospitals in Dinslaken, wo eine Gebetsecke eingerichtet wurde.

Seit dem 2. September 2001 gibt es in der Kapelle des St.-Vinzenz-Hospitals in Dinslaken eine Gedenkstätte für die selig gesprochene Schwester Euthymia. Im Zentrum dieser Gedenkstätte hängt ein Porträt der Ordensfrau, das Helmut Wolters gemalt hat. Nicht nur der Maler verehrt die Selige, auch seine Kinder und Enkel sehen in ihr eine wichtige Fürsprecherin.

Jugendlich wollte er sie malen, »so wie sie hier in Dinslaken gewesen ist«. Helmut Wolters hält eine Fotografie mit Euthymias Porträt in den Händen, denn das Original hängt seit Anfang September in der Kapelle des St.-Vinzenz-Krankenhauses. Wolters deutet auf das

Gesicht der Ordensfrau: »Ich habe das Porträt von Schwester Euthymia schlicht gehalten. Denn einfach und bescheiden hat sie hier in Dinslaken ja gelebt und gearbeitet.« Wolters schmunzelt. »Und ich wollte sie zu einem verhaltenen Lächeln bewegen«, ergänzt er.

Dann zeigt der 75-jährige Wolters auf den goldfarbenen Hintergrund. »Die Farbe Gold habe ich bewusst als Hintergrund gewählt – wie bei früheren Heiligenporträts«, sagt er. »Diese Farbe deutet das himmlische Paradies an, in dem sich Euthymia sicher befindet.«

Ende vergangenen Jahres hielt Pastor Bernhard Kösters vor der Kolpingsfamilie in Dinslaken einen Vortrag über Euthymia. In diesem

Rahmen sprach er von seinen Plänen, eine Gedenkstätte zu errichten. Doch der Pastor wollte nicht vor einer Fotografie beten. Denn ein Foto, so seine Begründung, zeige immer nur die Diesseitigkeit und vermittle nicht den transzendenten Charakter der Seligen. Unter den Zuhörern saß Helmut Wolters. Als er den Geistlichen von seinen Plänen reden hörte, fasste er spontan den Entschluss, Schwester Euthymia in Öl zu malen.

Schon seit seiner Jugend hat Helmut Wolters gerne gezeichnet. Seitdem er als Rentner in Dinslaken lebt, hat er sich der Ölmalerei gewidmet. »Eigentlich male ich ja vor allem gegenständliche Themen. Porträts sind nicht unbedingt meine Stärke«, sagt Wolters.

Doch in diesem Fall fühlte er sich herausgefordert. Wolters bot Pastor Kösters noch während der Kolpingveranstaltung an, ein Porträt der Ordensfrau zu malen. »Ich male auf jeden Fall ein Porträt«, kündigte Wolters dem Pfarrer an, »wenn es Ihnen gefällt, können Sie es ja behalten.«

Noch im Januar begann Wolters mit der Arbeit. Seine Frau hatte ihm ein farbiges Motiv aus einer Broschüre herausgesucht, das ihm als Vorlage diente. Im Februar kam Pfarrer Kösters zum ersten Mal vorbei, um dem Maler über die Schulter zu sehen, und war von dem Bild sehr angetan. Seitdem beobachtete er den Fortschritt des Bildes mit großem Vergnügen.

Bis August arbeitete Wolters an dem Porträt. Rund 150 Stunden verbrachte er vor der Staffelei, um das Bild zu vollenden. Am 2. September war es dann soweit. Nach einem feierlichen Gottesdienst hängte Helmut Wolters das Bild gemeinsam mit Pastor Kösters in der Kapelle auf, wo die Dinslakener jetzt »ihre Euthymia« vor allem im Gebet anrufen können.

Wolters, der in Dinslaken geboren wurde, weiß noch genau, dass Euthymia in der niederrheinischen Stadt schon früh verehrt wurde. Bereits 1953 legten die Clemensschwestern im St.-Vinzenz-Hospital kleine Bildchen von der Ordensfrau unter die Kopfkissen der Kranken. Und so wundert es nicht, dass die Verehrung bis heute nicht abgerissen ist. Sogar bei den Kindern ist sie weiterhin lebendig.

Als eines seiner Enkelkinder mit einem Schienbeinbruch im Krankenhaus lag, sagte Helmut Wolters: »Ich habe auch zu Euthymia gebetet.« Als der neunjährige Benedikt den Opa besuchte, brachte er ein kleines Bild mit, auf der die Familie rund um einen Tisch saß und der Opa vor der Staffelei Euthymia malte.

An diese Zeit des Malens denkt Helmut Wolters gern zurück. Denn intensiv hat er sich in diesem Monaten mit Euthymia beschäftigt. Das Bild vermisst er. Im Esszimmer, wo es zum Trocknen hing, ist nun ein leerer Platz. »Sie fehlt mir.«

Jürgen Kappel

7.
Der Abschluss im Bistum

Allerheiligen mit einer Seligen

Abschließende Feiern des Bistums Münster am 1. November 2001

»Selig die Barmherzigen;
denn sie werden Erbarmen finden.«
        Aus dem Evangelium an Allerheiligen
                (Mt 5,7)

Am Stiftungsfest der Clemensschwestern, dem Allerheiligen-Tag, fanden die Festlichkeiten zur Seligsprechung von Schwester Euthymia ihren Abschluss auf Diözesanebene – ein einfühlsam gewählter Tag, wie die Anlässe und Veranstaltungen bewiesen.

Allerheiligen: Am Gedenktag aller, »die ihr ewiges Ziel bei Gott erreicht haben«, feierte Bischof Reinhard Lettmann im voll besetzten St.-Paulus-Dom in Münster ein Pontifikalamt.

Allerheiligen mit einer neuen Seligen – Schwester Euthymia durfte an diesem Tag quasi in die große Schar von Christen zurück-

treten, deren Leben bereits gelungen ist, dies mag ganz in ihrem Sinn gewesen sein. Die zeremoniell angemessene Heraushebung der Monate zuvor stand zuweilen in spürbarer Spannung zu der zurückhaltenden Bescheidenheit, wie sie die schmächtige Bauerstochter aus Halverde gelebt hat.

Bischof Lettmann entließ Schwester Euthymia in seiner Predigt »in die Reihe der Glaubenden« nicht ohne den Wunsch, die Selige möge weiterhin »ihre Freundschaft mit Gott in die Waagschale werfen in der Solidarität mit uns«. Eigens verwies der Bischof auf die gelungene Gestaltung der neuen Grabkapelle auf dem Zentralfriedhof in Münster, die Hervorhebung und Einbettung sorgsam austariert. Dort ruhe Schwester Euthymia »in der Mitte der Mitschwestern, und sie liegt unter unseren Verstorbenen«.

Schwester Euthymia gerecht werden heißt, über aller festlichen Freude die Tränen und das Leid anderer nicht zu vergessen. Einbezogen in die Fürbitten im Dom waren die Heimatlosen, die Flüchtlinge, die Opfer von Krieg, Terror und Gewalt ebenso wie die Kranken und Sterbenden. Mit einem Gebet von Schwester Euthymia bekräftigte die Gemeinde die Anrufung Gottes: »Herr, hilf mir, denn ich brauche Kraft, die selbst im Weinen noch ein Lächeln schafft.«

Die Hoffnung der Gottesdienst-Teilnehmer auf ein Leben, das mit Rückenstärkung Euthymias gemeistert und bei Gott vollendet wird, fand Ausdruck im Gesang der Schola der Clemensschwestern und des Domchores: »Auferstehen werd' auch ich und den Auferstand'nen sehen, wenn er kommt und wecket mich . . .«

Stiftungsfest: Euthymia Üffing ist die erste selig gesprochene Clemensschwester. Innerhalb der vergangenen fast 200 Jahre haben zahllose »Barmherzige Schwestern der allerseligsten Jungfrau und schmerzhaften Mutter Maria« Menschen in Not und Krankheit beigestanden, sich in selbstloser Liebe für Bedürftige aufgerieben.

Die Seligsprechung von Euthymia würdigt den barmherzigen Einsatz aller Clemensschwestern; sie macht das segensreiche Wirken der Ordensgemeinschaften im Bistum Münster bewusst; sie ermutigt junge Menschen, vertrauensvoll einer Berufung zu einem Leben nach den Evangelischen Räten Armut, Ehelosigkeit und Gehorsam zu folgen.

In den Fürbitten des Dankamtes an Allerheiligen erbaten die Gläubigen für die Ordensleute von Gott »Mut zur lebendigen Antwort auf Deinen Ruf«. Schwester Euthymia hat in manchen schweren Stunden ihres harten Ordensalltags gebetet: »Herr, gib mir Kraft mit auf den Weg und ein Lächeln und einen nimmermüden Schritt.«

Oratoriumaufführung: Einen abschließenden künstlerischen Zugang zum Leben und Wirken von Schwester Euthymia eröffnete das Oratorium der münsterischen Stadtdekanats-

kantorin Jutta Bitsch nach Texten des Havixbecker Diakons Gisbert Wellerdiek in der Halle Münsterland.

Domkapitular Martin Hülskamp, der mit diesem Tag seine Tätigkeit als Vizepostulator im Seligsprechungsverfahren abgeschlossen sah, bewertete im Rückblick die außerordentliche Resonanz auf die Feierlichkeiten und Gebetsangebote als eindrucksvollen Beleg für die »Suche heutiger Menschen nach Antworten aus dem gelebten Glauben«.

Den beiden Leitgedanken des Tages – Euthymia im Kreis der Heiligen und Euthymia als Mitglied einer Ordensgemeinschaft – fügte das moderne Musikdrama einen wichtigen dritten Gedanken zu: Schwester Euthymia als dringend nötige Fürbitterin in den Zerrissenheiten unserer Tage.

»Nicht bei Schwester Euthymia setzt das Oratorium an«, machte der Spiritual des Priesterseminars, Paul Deselaers, die Zuhörer auf den Spannungsbogen aufmerksam, »sondern bei einem Grundzug unserer Zeit, der als Angst, Zweifel, Einsamkeit benannt wird.« Seit den Terroranschlägen vom 11. September 2001 seien »uns die Abgründe solcher Not erneut näher gekommen«.

Klare Kontraste zwischen Angst und Vertrauen, Fremdenhass und Nächstenliebe, Hochmut und Demut öffneten Augen und Ohren: hier die Geradlinigkeit einer zierlichen, aber willens- und glaubensstarken Ordensfrau; dort die Irrwege, Sackgassen und Umwege nicht weniger heutiger Menschen.

Gute Musik schwingt nach, gute Gedanken geben uns Orientierung. »Wo die Güte und die Liebe, da ist Gott.« Diese gläubige Zuversicht durchklang das Oratorium. »Lass mich, Herr, deine Hände sein.« Dieser persönliche Wunsch nach tätiger Nächstenliebe sieht die einzelne Christin, den einzelnen Christen in den Spuren von Schwester Euthymia.

»Dat kann ick wuoll.« – Und was trauen wir uns zu?

Hans-Josef Joest

Sie liebte Gott mit ganzem Herzen

Bischof Reinhard Lettmann predigte Allerheiligen über Schwester Euthymia

Das Euthymia-Gemälde von Leonhard Klosa schmückte beim Dankamt den Hochchor.

Am Fest Allerheiligen denken wir nicht nur an die großen und bekannten Heiligen, deren Feste wir feiern und deren Namen im Heiligenkalender verzeichnet sind. Wir gedenken all derer, die ihr ewiges Ziel bei Gott erreicht haben. Viele von ihnen haben uns im Leben nahe gestanden: Eltern, Verwandte sowie gute Freunde. Wir sind ihnen über den Tod hinaus verbunden, und sie nehmen an unserem Leben Anteil. Am Allerheiligen-Fest richten wir gleichsam einen ersten Blick zum Himmel. In einem

Wort über die Heiligen heißt es: »Unser Himmel ist erfüllt mit Sternen, die sich einer nach dem anderen aufzählen lassen« (Regel von Reuilly).
Unter den Sternen, die wir am Himmel leuchten sehen, würden wir auch Schwester M. Euthymia aufzählen. Seit der Seligsprechung am 7. Oktober 2001 dürfen wir sie namentlich in der Allerheiligenlitanei anrufen. Wir danken Gott, dass er sie uns geschenkt hat.
Das Wort über die Heiligen lässt uns einen

zweiten Blick tun auf die Erde. »Die Zärtlichkeit der großen Heiligen hat die Erde mit Güte erfüllt. Ihre Seele war rein, da sie in allem und über alles Gott suchten.«

Ihre Seele war rein, da sie in allem und über alles Gott suchten: das gilt auch für Schwester M. Euthymia.

Ein Gesetzeslehrer fragte Jesus: »Meister, welches Gebot im Gesetz ist das wichtigste?« Er antwortete: »Du sollst den Herrn, deinen Gott, lieben mit ganzem Herzen, mit ganzer Seele und all deinen Gedanken« (Mt 22, 36 – 39).

Mit ganzem Herzen, mit ganzer Seele: Der Pfarrer von Ars sagte einem Besucher, der ihn um Rat fragte: »Wenn Sie so weiter machen, werden Sie dem lieben Gott nichts als die entkräfteten Reste eines Herzens darbringen, das sich für Interessen verbraucht, die nicht die seinen sind.«

»Alles für den großen Gott«: Das war der Leitsatz für Schwester M. Euthymia.

»Man liebt Gott nicht mit Resten«: nicht mit Resten der Zeit, die man sonst nicht brauchen kann; nicht mit Resten des Interesses, die vielleicht noch frei und nicht schon endgültig beansprucht sind; nicht mit Resten des Herzens; nicht mit Resten des Lebens. Mit ganzem Herzen, mit ganzer Seele, mit allen Gedanken: so liebte Schwester M. Euthymia Gott. Und das im Alltag, ohne große, Aufsehen erregende Taten zu vollbringen. Das können wir von ihr lernen, das machte ihre Seele rein: dass sie in allem und über alles Gott suchte.

Wir hören das Wort Jesu an den Gesetzeslehrer bis zum Ende: »Du sollst den Herrn, deinen Gott, lieben mit ganzem Herzen, mit ganzer Seele und mit all deinen Gedanken. Das ist das wichtigste und erste Gebot. Ebenso wichtig ist das zweite: Du sollst deinen Nächsten lieben wie dich selbst.

In unserem Wort über die Heiligen heißt es: »Die Zärtlichkeit der großen Heiligen hat die Erde mit Güte erfüllt.«

Schwester M. Euthymia war eine Frau mit Herz. Sie begegnete den Menschen mit einer schlichten Güte und Herzlichkeit. Das war es, was um sie herum ein Klima der Menschlichkeit verbreitete; eine heilende Atmosphäre, in der Menschen nicht krank, sondern heil werden können.

»Die Zärtlichkeit der großen Heiligen hat die Erde mit Güte erfüllt.« Menschlichkeit, Herzlichkeit, Güte: davon lebt unsere Welt. Auch und besonders im Zeitalter der Technik und der Maschinen. Alle Menschen warten darauf, dass jemand gut zu ihnen ist, sie ermutigt, sie tröstet und ihnen Kraft gibt. Wo die Güte des Herzens das Leben prägt, ist Platz auch für den Schwachen, Verletzten, Verwundeten. Die Erfahrung von Herzlichkeit und Güte weckt im Menschen die Hoffnung, im Grunde des Lebens einer letzten Güte zu begegnen.

In unserem Wort über die Heiligen heißt es weiter: »Die Heiligen aller Zeiten sind unsere Weggefährten.« Sie stehen mit uns in der Reihe der Glaubenden. Wir dürfen sie anrufen, dass sie mit ihrer Fürbitte unseren Weg begleiten. So rufen wir auch Schwester M. Euthymia an, uns auf unserem Lebensweg zu begleiten und zu beschützen. Sie hat ja unter uns gelebt, ihr Grab ist mitten unter uns, doch sie lebt in der Herrlichkeit Gottes. Sie kann bei Gott ihre Freundschaft mit Gott in die Waagschale werfen in der Solidarität mit uns Menschen (Urs von Balthasar).

Wir singen in unseren Gottesdiensten das Lied: »Ubi caritas et amor, Deus ibi est«. »Wo Güte und Liebe, da ist Gott.« Es endet mit der Bitte: »Mit den Heiligen wollen wir schauen dein Antlitz, Christus, dereinst in Herrlichkeit.«

> »Die Heiligen aller Zeiten sind unsere Weggefährten.
> So ist unser Himmel erfüllt mit Sternen, die sich einer nach dem anderen aufzählen lassen,
> während wir dem Schauen ohne Ende entgegengehen.«

Gebet in Noten

Das Oratorium von Jutta Bitsch nach Texten von Gisbert Wellerdiek

Angst gegen Zuversicht, Hochmut gegen Demut, Fremdenhass gegen Nächstenliebe. Solche Worte können nachdenklich machen. Wahrhaft aufrüttelnd jedoch sind Worte selten allein. In Klang getauchter Text dagegen kann tief bewegen, geradezu gefangen nehmen. Fast 900 Menschen erlebten dies an Allerheiligen 2001 im Congress-Saal der Halle Münsterland. Hier fand die Uraufführung des Oratoriums »Schwester Maria Euthymia« statt, die zum Abschluss der Seligsprechungsfeierlichkeiten einen faszinierenden musikalischen Glanzpunkt setzte.

Dabei ging es keineswegs darum, das aufopferungsvolle Leben der neuen Seligen einfach nachzuerzählen. Der Glaube Schwester Euthymias war für Textdichter Gisbert Wellerdiek Dreh- und Angelpunkt. Dem als einem der wesentlichen Leitfaktoren des Oratoriums nachzuspüren, galt sein besonderes Interesse.

So vertiefte sich der Autor unter anderem in das handgeschriebene Gebetbuch der bescheiden lebenden Schwester, um die Spiritualität ihres Betens in Text umsetzen zu können. Ihr bedingungsloses, gläubiges Vertrauen durchzieht wie ein roter Faden das Oratorium, das insgesamt eine Stunde Auseinandersetzung mit der Gedankenwelt der neuen Seligen bietet.

Auch Angst, Hochmut und Fremdenhass sind gravierende Themen in diesem bewegenden Werk. Sie stehen für Phänomene unserer Zeit, die der Textdichter als harte Kontraste dem Charisma der Clemensschwester gegenüberstellt. Dem Hörer wird deutlich, wie viel Einsamkeit, Zweifel, wie viel Hass, aber auch Selbstverliebtheit unsere Welt regieren. Aus all dieser Kälte leuchtet das Glaubenszeugnis Euthymias umso strahlender hervor. Genau um diesen Gegensatz geht es in dem Werk, das damit zum Mittler wird zwischen der großen Seligen und einer oft finsteren Welt, die durch Vorbilder wie sie vielleicht ein wenig heller werden könnte.

Den Auftrag zur Vertonung erhielt Jutta Bitsch, Stadtdekanatskantorin in Münster. Als erfahrene Komponistin, die bereits mehrere Oratorien geschrieben hat, legt sie ihrem neuen Opus eine eindrucksvolle Klangfarbenvielfalt zugrunde, die aus den Kontrasten des Textes erwächst. Holz- und Blechbläser, Trommel und Becken für die Kälte unserer Zeit; Streicher, Vibraphon und Glocken für die Wärme Schwester Euthymias: Diese instrumental heraufbeschworenen atmosphärischen Gegensätze gehen unmittelbar unter die Haut.

Das eigens für die Realisierung des Euthymia-Oratoriums zusammengestellte Kammerorchester für Neue Musik »Klangspektrum« aus Münster zeigte sich bei der Uraufführung in brillanter Verfassung. Konzentriert, energievoll und technisch bewundernswert sicher trugen die 30 Instrumentalisten wesentlich zum tiefen Eindruck des Werkes bei.

»Straßen, Schluchten, Menschen. Angst. Ich kann nicht fliehen. Angst. Ich kann nicht. Angst.« Hier, schon zu Beginn des Werkes, wurde deutlich, dass dissonante Klangreibungen eine wesentliche Rolle bei der Vertonung spielen. Wie das Wort »Angst« im Sopran des Studentischen Madrigalchores brillant in der Höhe flirrte, das war so wirkungsvoll, dass es sich dauerhaft in den Ohren festsetzte. Auch das anschließende zaghafte Suchen nach Gott, das mit einer gewissen Ratlosigkeit in einen tiefen Fagott-Ton ausschwang, verfehlte seine Wirkung nicht.

Wiederum als Kontrast sang Ursula Ott (Sopran) von der Einsamkeit des modernen Menschen. Leuchtkraft, gute Intonation und

Uraufführung des Oratoriums vor 900 begeisterten Zuhörern mit dem Studentischen Madrigalchor Münster, dem Kammerorchester für Neue Musik »Klangspektrum« Münster, der Sopranistin Ursula Ott und dem Bassisten Egon Dämmer (großes Bild), den Sprechern Schwester Maria Voß und Peter Jahreis (oben). Vom Publikum gefeiert: Komponistin Jutta Bitsch und Autor Gisbert Wellerdiek (rechts).

Ausdrucksstärke zeichneten die Sängerin, die schwierige Passagen zu bewältigen hatte, das ganze Werk hindurch aus.

Obwohl die Klangsprache über weite Strecken atonal ist, erfuhr man schon im ersten Abschnitt des Oratoriums eine wohltuende musikalische Gliederung: prägnante Sprünge, Reibungen, auch bestimmte Instrumente kehren klug durchdacht immer wieder, so dass sich auch Musik in modernem Gewand einprägsam zeigt.

Nur mit hervorragenden Musikern lässt sich eine solche Komposition angemessen realisieren. Mit dem studentischen Madrigalchor hatte Jutta Bitsch eine sehr gute Wahl getroffen. Die fleißige Probenarbeit unter Leitung von Ulrich Haspel zahlte sich aus: gut 30 Sängerinnen und Sänger bewältigten die hohe musikalische Herausforderung vortrefflich. Präzise in Ton und Rhythmus, homogen im Gesamtklang deuteten sie eindrucksvoll die Glaubenskraft Schwester Euthymias.

Mindestens ebenso intensiv setzte der Chor Fremdenhass und Hochmut in Szene. Aus verschiedenen Ecken des Saales flogen gesprochene Wortfetzen durch den Raum, die sich zu gewaltiger Lautstärke auftürmten. In Egoismus umgebogene Fragmente von Vaterunser (»geheiligt werde *mein* Name«) und Gloria erhielten auf diese Weise wirkungsvoll Nachdruck. Egon Dämmer schaltete sich an diesen Stellen mit warmer, tragender Bassstimme ein. Ebenso wie die Solosopranistin beeindruckte auch er durch eine hervorragende sängerische Leistung, die in Technik und Ausdruck nichts zu wünschen übrig ließ.

Dass die Einbeziehung des Raumes und eine gewisse Choreographie des Chores im Oratorium eine wichtige Rolle spielen, zeigt sich auch an der Stelle, wo der Hochmut triumphiert. Hier marschiert der Chor, begleitet von Trommel und Becken, durch den Raum, spricht im Marschrhythmus, lacht selbstverliebt. »Meine Hände, meine Füße. Sie gehören mir.« Das herabstürzende Glissando spiegelt den unwirklichen Glanz der Selbstbezogenheit, die sich so sicher wähnt.

Wie ein Fels in der Brandung steht dagegen die alte Melodie des »Ubi caritas«. Jedes Mal, wenn die Stimmung umschlägt zur Selbstlosigkeit Schwester Euthymias, ist man beeindruckt von dem Klangfarbenwechsel in der Tonsprache. Wie Vibraphon, Glocken und engelgleiche Sopranstimmen die Liebe besingen, das berührt unmittelbar. Wie unruhige Geigentremoli in ruhige Cellopassagen wechseln, wie plötzlich eine tonale Musik den Herrn als Hirten besingt, dies alles ist nicht nur wirkungsvoll, sondern kreativ kompositorisch durchdacht.

Am Ende des Oratoriums fühlt man sich dem Wesen Euthymias tatsächlich enger verbunden, auch wenn aus ihrem Leben nur kurze biographische Fragmente gesprochen vorgetragen werden. Dass Schwester Maria Voß und Peter Jahreis dies in unpathetischer Art und Weise tun, verdient ebenfalls Anerkennung.

Als schließlich ganz am Schluss der Chor a cappella Euthymias Bekenntnis »Es ist ja alles für den großen Gott« singend noch einmal verdichtet, als danach die Solovioline die Intensität dieser Aussage noch weiter trägt, da dauert es eine Weile der Atemlosigkeit, bis der Beifall einsetzt. Verdienter, lang anhaltender Beifall für eine grandiose Leistung aller Beteiligten.

MAGDALENA SAAL

Eine ungeheure Anziehungskraft

Die Predigt von Weihbischof Werner Thissen in Halverde

Am ersten Oktobersonntag waren wir in Rom zusammen. Und jetzt am ersten Novembersonntag sind wir in Halverde zusammen. Schwester Maria Euthymia hat eine große Anziehungskraft. Sie kann Menschen zusammenbringen.

Um die Anziehungskraft von Schwester Euthymia zu erleben, muss man nicht nach Rom fahren. Man kann diese Anziehungskraft jeden Tag spüren an ihrem Grab auf dem Zentralfriedhof in Münster.

Warum ist die Anziehungskraft von Schwester Euthymia so groß? Warum zieht sie mehr Menschen an als ein Superstar? Weil sie kein Superstar ist. Weil sie eine von uns ist.

Bei manchen herausragenden Menschen der Weltgeschichte hätte ich Angst, wenn ich ihnen von Angesicht zu Angesicht gegenüber stehe. Bei Schwester Euthymia hätte ich keine Angst, wenn ich ihr von Angesicht zu Angesicht gegenüber stehe. Sie wäre mir gegenüber genau so liebenswürdig und hilfsbereit, wie sie es zu den kranken Polen, Russen und Franzosen war. Schwester Euthymia ist keine Persönlichkeit, die Angst macht. Schwester Euthmyia ist eine Persönlichkeit, die Mut macht. Auf dreifache Weise macht Schwester Euthymia Mut.

Als Schwester Euthymia bei den Clemensschwestern in Münster eintreten will, haben die Oberen Bedenken. Sie ist so klein, so wenig robust. Zwar hat sie gute Schulnoten. Aber die hat sie sich mit viel Fleiß hart erarbeiten müssen.

Ob die zwanzigjährige Emma Üffing wohl selbst auch Bedenken hat, als sie sich bei den Clemensschwestern in Münster bewirbt? Schaffe ich das wohl, den anstrengenden Dienst als Krankenschwester? Kann ich das durchhalten, die Trennung von der Familie, das anfordernde Leben als Ordensfrau? Wir wissen nicht, was damals in Emma Üffing vorging. Aber wir wissen, dass sie mit gutem Mut ihr Ziel angeht, Ordensfrau zu werden. Sie schaut nicht auf all das, was sie nicht kann, auch nicht auf all das, was andere besser können. Sie klagt nicht über ihre Grenzen, die sie ja doch mit Sicherheit gespürt hat. Sie setzt das ein, was sie an Fähigkeiten hat. Aber das setzt sie auch ganz ein.

Schwester Euthymia macht Mut, nicht über die eigenen Grenzen zu klagen, sondern die eigenen Fähigkeiten einzusetzen. Die aber auch ganz einzusetzen.

Hätte Schwester Euthymia sich aussuchen können, in welcher Zeit sie hätte leben wollen, sie hätte sich wohl kaum die christenfeindliche und Menschen verachtende Zeit des Nationalsozialismus ausgesucht. Aber sie kommt gar nicht auf den Gedanken, sich das auszusuchen. Mit gutem Mut tut sie das, was die Zeit erfordert. Das gilt für ihren Dienst an den Kriegsgefangenen und Zwangsarbeitern. Das gilt für ihren Dienst in der Waschküche.

Wir klagen heute manchmal darüber, dass unsere Zeit so viele Probleme hat. Dass die Kirchen leerer werden. Dass die Gewaltbereitschaft zunimmt. Dass Gentechnologie oder Terrorismus uns vor ganz neue Fragen stellen.

Schwester Euthymia macht Mut, vor den Problemen der Zeit nicht wegzulaufen. Sie macht Mut, die Gefahren und Chancen der Welt wahrzunehmen, mit Entscheidungen und mit Augenmaß. Schwester Euthymias Leben und Wirken machen deutlich: Jede Zeit ist Gottes Zeit, auch die unsere.

Manche der Kriegsgefangenen, die Schwester Euthymia in Dinslaken gepflegt hat, sahen in ihr die Hand Gottes am Werk. In einer Welt voller Angst und Hass und Leid so viel Güte und Menschenfreundlichkeit, das konnte nur mit Gott zu tun haben.

Dankamt in St. Peter und Paul in Halverde (oben). Weihbischof Thissen
fügte eine Reliquie der Seligen in das Gedenkbild ein (rechts).

Das ist nun ein halbes Jahrhundert her. Aber als Selige der Kirche bleibt Schwester Euthymia die ausgestreckte Hand Gottes. Oft wissen wir nicht weiter vor lauter Fragen und Sorgen. Oft stehen wir wie im Dunkel und sehen kein Licht. Oft scheint sich unser Leben im Kreis zu drehen, banal, ohne Sinn und Ziel.

Aber da ist eine Hand, die ich ergreifen kann. Eine Hand, die mich stützt und führt. Ich ergreife die Hand jedes Mal, wenn ich Schwester Euthymia um ihre Fürbitte bei Gott anrufe. Schwester Euthymia macht mir Mut, mich der Hand Gottes anzuvertrauen. Der Name Euthymia ist Programm. Man kann den Namen übersetzen mit »Guter Mut«. Schwester Euthymia gibt uns guten Mut, uns selbst anzunehmen. Sie gibt uns guten Mut, unsere Zeit anzunehmen. Sie gibt uns guten Mut, die Hand Gottes anzunehmen.

Aber auch der Name Halverde kann Programm sein. Halv-erde, halb Erde und – so würde ich hinzufügen – halb Himmel. Wo Menschen sich verhalten wie Schwester Euthymia, da berühren sich Himmel und Erde. Und da wir Menschen aus Fleisch und Blut sind, angewiesen auf unsere Sinne, freue ich mich, dass der Künstler Leonard Klosa uns in seinem Kunstwerk Schwester Euthymia mit ihren Lebensstationen vor Augen stellt. Die Segnung des Euthymia-Altares gleich und das Einsetzen der Reliquien von Schwester Euthymia sagen Dir und mir: Hab guten Mut wie Schwester Euthymia.

Unsere Sinne werden heute auch besonders angesprochen durch den Gesang des Kirchenchores, der sein 100-jähriges Jubiläum feiert. Ob Schwester Euthymia auch in ihrem Kirchenchor mitgesungen hat? Ich vermute eher nicht, denn Singen war das einzige Fach in ihrem Zeugnis, in dem sie eine schlechte Note hatte. Sie sehen, auch eine Selige kann nicht alles. Keiner kann alles. Aber jeder kann etwas. Wenn er das einsetzt zum Lob Gottes und zur Hilfe für die Menschen, dann ist sein Leben groß und gut. Selige Schwester Euthymia, gib uns dazu guten Mut.

Ganz für die Menschen da

Dankfeier der Clemensschwestern mit Weihbischof Friedrich Ostermann

»Schwester Euthymia ist in der Christusbegegnung eine Frau geworden, die ganz für die Menschen da war«. Das betonte Weihbischof Friedrich Ostermann in seiner Predigt in der Mutterhauskirche der Clemensschwestern beim Pontifikalamt am 4. November 2001.

Ostermann erinnerte an die Kinder- und Jugendzeit Euthymias. Bei den Volksmissionen sei es damals üblich gewesen, ein Wort aus der Bergpredigt zu wiederholen: »Seid vollkommen, wie Euer Vater im Himmel vollkommen ist.«

In ihren Aufzeichnungen werde deutlich, dass dieses Wort Lebensorientierung für sie war.

»Ich werde Euch hier nicht wiedersehen. Aber wenn ich beim Heiland bin, bete ich für Euch.« Mit diesen Worten hatte sich Euthymia angesichts ihrer schweren Krankheit in der Waschküche verabschiedet. »Das ist christliche Vollkommenheit«, sagte der Weihbischof.

Vor dem Pontifikalamt hatten die Gläubigen im Euthymia-Zentrum vor dem Altar gebetet, vor dem schon Schwester Euthymia betete und ihre Gelübde als Clemensschwester ablegte.

2000 Gläubige waren dabei, als Bischof Reinhard Lettmann am 20. Oktober 2001 das Euthymia-Zentrum an der Loerstraße und die neu errichtete Kapelle auf dem Zentralfriedhof einweihte (oben). Das Euthymia-Zentrum beherbergt den neugotischen Altar der alten Mutterhaus-Kapelle, vor dem Schwester Euthymia selbst gebetet hat. Darin ist auch eine Reliquie der Seligen enthalten. Ein Rundgang informiert auf Schautafeln über das Leben der Schwester; in Vitrinen sind persönliche Gegenstände der Ordensfrau aufbewahrt. In einem Filmraum können sich Gruppen über ihr Leben informieren. Ratsuchende finden in einem Gesprächsraum ein offenes Ohr. Das Euthymia-Zentrum ist täglich von 10 bis 17 Uhr geöffnet (rechts). Das Dankamt in der Mutterhauskirche am 4. November 2001 zelebrierte Weihbischof Friedrich Ostermann (links).

Eine Reliquie für Borken

Im neu errichteten Barockaltar der St.-Johannes-Kirche

Borken ist stolz auf eine Reliquie von Schwester Euthymia. Während eines Gottesdienstes am 6. November 2001 mit Bischof Reinhard Lettmann wurden Handknochen der Seligen in den neu errichteten Barockaltar der St.-Johannes-Kirche eingesetzt. Bischof Lettmann betonte in der Predigt: »Die Hände von Schwester Euthymia waren betende Hände. Euthymia hat viel im Stillen gebetet. Es waren starke Hände. Schwester Euthymia hat in ihrer Krankenpflege Männern die Treppe hochgeholfen. Es waren liebevolle Hände, mit denen sie den Kranken und Kriegsgefangenen Speise reichte. Es waren zarte Hände, die Tränen des Schmerzes getrocknet haben. Es waren tröstende

Hände. Oft hat Schwester Euthymia die Hand eines sterbenden Menschen gehalten, auch bei den kriegsgefangenen Männern.« Für alle Christen sei es wichtig, helfende Hände zu haben.

Die ursprünglich barocke Ausstattung der mehr als 300 Jahre alten Kirche war um 1900 entfernt worden. Vor einigen Jahren regte der damalige Propst von Borken, Gerhard Wulf, eine Rekonstruktion des Barockaltars an. Bischof Lettmann stiftete zwölf Festmeter bestes Eichenholz. Handwerker führten die kunstvollen Schnitz- und Schreinerarbeiten ehrenamtlich aus.

JOHANNES BERNARD

In der voll besetzten St.-Johannes-Kirche segnete Bischof Reinhard Lettmann den neu errichteten Barockaltar.
Schreinermeister
Josef Baumeister fügte die Euthymia-Reliquie in den Altar ein.

St.-Barbara-Baracke wieder entdeckt

Der heutige Bewohner Gerhard Marx vertraut auf die Fürsprache der Seligen

Sie ist wieder aufgetaucht: die St.-Barbara-Baracke aus Dinslaken. In Kevelaer steht die ehemalige Isolierbaracke des St.-Vinzenz-Hospitals, in der die selige Euthymia viele Menschen aufopfernd pflegte.

Im März 2001 hatte das Kevelaerer Blatt berichtet, dass die Baracke, in der Schwester Euthymia während des Zweiten Weltkrieges die ansteckend Kranken – darunter auch viele Zwangsarbeiter und Kriegsgefangene – gepflegt hatte, in Kevelaer wieder errichtet worden war. Nachdem die St.-Barbara-Baracke in Dinslaken abgebaut worden war, hatte die Firma Deuka sie 1959 oder 1960 gekauft und in Kevelaer aufgebaut. Bis 1992 wurde in der Baracke Geflügel gezüchtet. Heute wohnt der ehemalige Zechenarbeiter Gerhard Marx aus Kamp-Lintfort mit seiner Frau Helmi, seinem Sohn und dessen Familie in der mehr als 40 Meter langen Baracke aus Holz.

In seiner Jugend hatte Heinz Deckers, der nach einer Operation an Diphtherie erkrankt und in die Isolierbaracke verlegt worden war, den »Engel von St. Barbara« – so nannten die Kranken Schwester Euthymia damals – persönlich kennen gelernt. Noch heute steht ihm die liebevolle Krankenschwester vor Augen.

Als er erfährt, dass die Barbara-Baracke in Kevelaer steht, macht Deckers sich auf den Weg, um zu recherchieren, ob es sich um dieselbe Baracke handelt. Während seiner Ermittlungen trifft er auf Schwester Ingeburga. Sie hatte bereits in den 80er Jahren versucht, etwas über die Baracke zu erfahren. Schon früh stieß sie auf die Kevelaerer Fährte.

Im Rahmen seiner Suche erfährt Deckers, dass es einen Zeitzeugen in Kevelaer gibt, der bescheinigen kann, dass es sich um die richtige Baracke handelt: Es ist Heinrich Tenhagen, 70, aus Keylaer. Gemeinsam mit Heinz Vahnenbruck, 68, ebenfalls aus Dinslaken, macht Deckers sich nach Kevelaer auf. Heinz Vahnenbruck wohnte früher unmittelbar neben der Baracke. Er hatte Schwester Euthymia früher Essen gebracht, damit sie es an die Kranken verteilen konnte.

Heinrich Tenhagen ist sich sicher: Es ist die St.-Barbara-Baracke aus Dinslaken, die 1959 oder 1960 in seiner Nachbarschaft errichtet worden ist. Damals war er Mitglied des Kirchenvorstandes. In der Ausgabe der Zeitschrift »Das Bistum Münster« Nr. 4 hatte er ein Bild der Baracke gesehen, in der Schwester Euthymia gewirkt hatte. Am alten Gitter zum Kohlen- oder Kellerschacht hatte er die Baracke wiedererkannt. Deckers bittet Tenhagen, seine Aussage niederzuschreiben. Dem kommt er gerne nach. Mit einem Brief kehren die Dinslakener nach Hause zurück und übergeben ihn ihrem Pastor, Bernhard Kösters.

Dieser ist froh, dass die Baracke, in der Euthymia soviel Gutes gewirkt hat, wieder gefunden wurde. Auch der jetzige Besitzer, Gerhard Marx, glaubt, dass Euthymia ihm geholfen hat. Er hatte vor einiger Zeit einen schweren Herzinfarkt. Dass er wieder so gut »zurecht ist«, schreibt er der Seligen zugute.

JÜRGEN KAPPEL

Gerhard Marx bewohnt die Holzbaracke heute.

Die vergessene Glocke

Seit 13 Jahren läutet Bösensell im Namen Schwester Euthymias

Im Turm von St. Johannes in Bösensell läutet seit 13 Jahren eine Glocke, die die Gläubigen zu Gottesdienst und Gebet ruft. Sie ist Schwester Euthymia geweiht. 40 Gemeindemitglieder begleiteten seinerzeit den Glockenguss in der Gießerei Petit & Gebr. Edelbrock in Gescher. »Folgende Ereignisse sind in 1988 besonders zu erwähnen«, verzeichnete der 1995 verstorbene Pastor Wilhelm Geier in der Pfarrchronik: »Die Anschaffung von zwei neuen Glocken, die am 14. Mai 1988 dem heiligen Antonius dem Großen und der Schwester Maria Euthymia geweiht wurden.« Sie sollten das »ernst klingende historische Geläut« der beiden Totenglocken von 1507 und 1656 durch einen »helleren freundlichen Klang« ergänzen.
Die der Clemensschwester geweihte Glocke trägt auf ihrer Wandung einen Inschriftenkranz mit den Worten: »Schwester Maria

Euthymia. Ich diente und mein Lohn ist Frieden.« In der Mitte der Inschrift befindet sich ein reliefartiges Brustbild der Ordensfrau. Auf der Flanke, etwas oberhalb des Schlagrings, steht in Großbuchstaben geschrieben: »Schwester Maria Euthymia, bitte für unsere Pfarrgemeinde.«
Obgleich die Segnung der Glocken damals ein vielbeachtetes Ereignis war, geriet die Euthymia-Glocke in der Folgezeit etwas in Vergessenheit. »Glockenexperten des Bistums, den Blick wohl geschärft durch die bevorstehende Seligsprechung der Clemensschwester am 7. Oktober in Rom, entdeckten sie bei einer Inspektion des mit sechs Glocken ausgestatteten Geläutes im September wieder«, sagt Küster Franz Keuter.
Der Küster weiß, dass der damalige Pfarrer Wilhelm Geier ein großer Verehrer Euthymias war. Deshalb trägt die 350 Kilogramm schwere Glocke aus Bronze mit der Tonlage »h1« den Namen der Clemensschwester aus Halverde. Die Gemeinde war von der Existenz der Euthymia-Glocke überrascht, stellte Keuter nach der Wiederentdeckung fest.
Der Küster nahm sogleich Kontakt mit seinem Vorgänger auf. Der 81-jährige Heinrich Brüggemann war 30 Jahre Sakristan von St. Johannes. »Ich war sogar beim Glockenguss in Gescher dabei und bei der Einsegnung der Glocken«, erinnert sich Brüggemann. Ursprünglich sei 1988 nur eine neue Glocke für die Kirche geplant gewesen. Dann habe Pastor Geier eines Tages freudig berichtet: »Wir haben so viele Spenden zusammen, dass wir uns eine zweite leisten können.« Damals sei gemunkelt worden, die Schwester des Pastors habe sie gestiftet. Der Pfarrer aber habe sich nie über den Spender geäußert.

Die Euthymia-Glocke von Bösensell.

KARIN WEGLAGE

Gütiger Gott,
du hast die selige Schwester Euthymia berufen,
nach der vollkommenen Liebe zu streben und dir
in den Kranken und Gefangenen selbstlos zu die-
nen. Auf ihre Fürsprache gib auch uns den Geist
der Liebe. Und leite uns an zu helfen, wo Men-
schen in Not und Bedrängnis sind. Darum bitten
wir durch Jesus Christus, unseren Herrn.
Amen.

Inhalt

2. DER SELIGSPRECHUNGSPROZESS

7. Der Abschluss im Bistum

Umschlaggestaltung:
Buttgereit und Heidenreich, Haltern

Fotos:
Joachim Busch (70, 77, 119, 221, 224, 228, 229)
Jürgen Peperhowe (1, 9, 10, 11, 13, 22, 24, 25, 41, 48, 54)
Archiv der Clemensschwestern
Redaktion und Archiv der Bistumszeitung »Kirche+Leben«
Aschendorff Verlag
Archiv der Bischöflichen Pressestelle Münster